環北太平洋の
環境と文化

Peoples and Cultures of the North Pacific Rim

北海道立北方民族博物館・編

北海道大学出版会

序

　日本で北方地域の研究が本格的に始まったのは1980年代なので，そう古いことではありません。流氷が南下する寒冷地気候をもつ国としては，かなり遅かったように思います。

　戦前の1910年頃から，北の文化が日本人に注目され，調査された時期がありました。調査地域は，当時領有していた樺太（サハリン）や千島（クリール）をはじめとし，朝鮮半島の北から沿海州，新疆ウイグル地区，ウランバートルにまで達していました。しかし，その流れは太平洋戦争とともに閉ざされる結果になって，日本の北方研究が大きく遅れたことは否めません。

　戦後の復興によって，北への思いが再燃しました。ソビエト連邦の崩壊まで，ロシア領土内へは足を踏み入れることができなかったので，この地域を除く，極北，亜極北地域に調査地を求めた研究者たちは，精力的に北方文化研究に力を注ぎました。ちょうど日本の経済力が上向きになって，為替バランスが変わり，海外調査がやりやすくなったことも味方しました。1993年からはロシア共和国内での調査も可能になり，日本に近い北方地域の研究が50年を経て再開されたのです。これによって日本の北方研究は北方圏全体に広がることになりました。

　北海道立北方民族博物館は，このような北方研究の拠点の1つとして存在意義をもっています。博物館の設立が決まった時から網走市の斬新な考えで，「北方民族文化・国際シンポジウム」が企画され，当時としては珍しい手づくりのミニ国際シンポジウムが行われるようになりました。岡田宏明の長年の夢が，関係者の皆さんのご努力と安藤哲郎網走市長（当時）のご理解によって実現

したのです。この国際シンポジウムは2005年に20回目を迎えましたが，よくぞ続いてきたものと，今，感慨を新たにしています。

　一方，1991年に開館した道立北方民族博物館は，国際シンポジウムを引き継ぎ，これに加えて館内の研究報告や博物館ニュースの発刊を続けてきました。そこには同館学芸員と若い研究者たちの数々の業績が含まれています。もし，北方民族文化専門の博物館がなかったならば，このような成果は生まれなかったでしょう。

　この論集は，上のような一連の動きのなかで積み上げられた論文から選んだもので，北方文化の世界的な研究を，日本語で読むことのできる得がたい書物になりました。

　北方文化は優れた「省エネルギー文化」です。極寒の地でいかに生きるか，身近な資源だけで寒さに耐えて生き抜く方法を，文字どおり生死をかけて育んできた文化でもあります。その点で，人間が発達させた高度な文化といえるでしょう。例えば，寒さを防ぐ家は，高い位置に住む工夫がなされ，大型アザラシ1頭分の油脂を焚いて温めるだけで一冬を過ごすことができます。そして衣服は，体温で温めた空気を外に逃がさない工夫が徹底的に講じられました。北方の衣類を原点として現代文明に採り入れられているのを見ても真価がうかがえますし，これからも北方の知恵を活かしていくことが期待されます。

　北方文化はまた，優れて環境適応を果たした文化でもあります。最少のエネルギーで効果的に狩猟，漁撈を行い，決して生態系を崩すことはありませんでした。動物の種類が少なく，1種類の個体数が多いので，狩猟，漁撈の技術を最高にまで発達させ得たからだと思います。季節の変化が大きいことも北方地域の特徴ですが，移り変わる厳しい自然環境にも対応してきました。そのなかにはまた「待つことの大切さ」も示唆されています。地球上の人口が増大し量と速さを競う文明化の進行が著しいなかで，北方文化の真髄を深く知り，もう一度人類のものとして取り戻すことは無駄ではないと思います。

　「文化」と「環境」をキーワードにした本書は，北方民族博物館の設立に情熱を傾け，また館長としてその活動にも携わった岡田宏明とも関係の深いもの

といえるでしょう。最初に北海道大学図書刊行会から出していただいた彼の著書が「文化と環境」という表題だったからです。岡田宏明は，「北を愛する」という言葉をよく使いました。自身も北を愛し，1960年から1999年まで40年間，アラスカへ通って現地調査をもとに，古文化の復元や文化変容の実態について研究を続けました。アラスカの最北の地，ポイント・バローから最南端のアネット島まで，また東のアラスカ・ハイウエイから霧のアリューシャンまで，小型飛行機やヘリコプターに乗り，時には犬橇やスノーモービルで移動を繰り返してきました。現地の青年との心のつながり，自然の神秘，石器時代の心を知り，厳しいなかにも北の文化と一体になった魅力的な日々を過ごしてきたのだと思います。私は研究仲間として時には反目しながらも，長年，ともに北の研究に時を費やせたことを幸せに思っています。

　北方文化もまた文明社会への移行時に，様々な困難に遭遇しました。しかし，それを乗り越え，今新しい社会へ再構築されようとしています。私たちは，研究を通して得られた伝統の素晴らしさを知っています。試行錯誤の末の文明との調和も見えてきました。

　これらのことを多くの人びとに知っていただくのが願いであり，北を愛する人びとにこの論集を捧げたいと思います。

　最後になりましたが，以前に書かれた原稿に新しい資料を加え，英文論文を日本語に直し，また新しく論文を書き起こしてくださった方々の労をねぎらい，企画から編集まで多くの時間を費やしてくださった関係者の皆様，主として担当された北海道立北方民族博物館の中田篤さんはじめ学芸員の皆様に，心から感謝を申し上げます。

　　2006年3月

岡 田 淳 子

目　次

序　　　　　　　　　　　　　　　　　　　　　　　　　　　岡田淳子……　i

序　論　北方諸民族の生活と文化……………………谷本一之……　1
　　　　　——北方民族文化シンポジウムと北方文化研究
　　北方民族博物館とシンポジウム　1
　　北方地域の文化変容　3
　　本書の構成　6
　　おわりに　9

I　環北太平洋圏の自然と文化……………………………………　11

1　北太平洋圏の生態系………………ミルトン・フリーマン……　13
　　　はじめに　13
　(1) 生物学的生産性　16
　(2) 経済的に重要な脊椎動物　18
　(3) 人類による海洋を起源とする食物の利用　24
　(4) 人類の生態的適応　29

2　先史期における北太平洋沿岸地域
　　　の海獣狩猟………………………ウィリアム・ワークマン……　34
　(1) 北太平洋沿岸諸族による海獣類の利用　34
　(2) 海獣類捕獲の方法　36
　(3) 銛と人類史　38
　(4) 海獣狩猟の長所と短所　45
　(5) 海獣狩猟の起源　47
　(6) 先史海洋適応への理解　50
　(7) 北太平洋沿岸における海獣類利用　51
　(8) 海獣狩猟の発達　56
　(9) 海獣類と人間の精神的な関係　57

3　極北地域における毛皮革の利用と技術……………齋藤玲子……　65
　　　はじめに　65
　(1) 動物の種類・部位別の特徴と利用　66
　(2) 皮加工技術とその分布に関する考察　68
　(3) 皮加工における要点　79
　(4) 考察と課題　80

II 北ユーラシア ……………………………………………… 85

第1章 北ユーラシア内陸部 ………………………………… 87

1 シベリア諸民族の移動様式 ………… イーゴリ・クループニック …… 88
──伝統的な様式と近代の変容

はじめに　88
(1)「連続体」モデル　90
(2) ロシア人の干渉　93
(3) ソビエトの国家政策　94
(4) 現在の発展　97

2 タイガのトナカイ牧畜 ……………………………… 中田　篤 …… 105
──ツァータンによる秋季の日周放牧活動

はじめに　105
(1) モンゴルのトナカイ牧畜民ツァータン　106
(2) 秋の1日のトナカイ管理スケジュール　108
(3) 秋の放牧活動の特徴　111
(4) トナカイの統率行動　112
まとめ　114

3 北方ユーラシアのツンドラ地帯における
トナカイ多頭飼育──ネネツとチュクチの比較 …… 佐々木史郎 …… 117

はじめに　117
(1) トナカイ飼育民の食料事情──ネネツとチュクチの比較　118
(2) トナカイ多頭飼育の成立過程　122
結論　128

第2章 北ユーラシア東岸 ……………………………………… 133
──沿海地方，北海道からカムチャツカ

1 話者による危機言語の記録とその活用 ……………… 津曲敏郎 …… 134
──ウデヘ語絵本作りをとおして

はじめに　134
(1) 言語の危機への取り組み　135
(2) 話者自らが記すことの重要性　136
(3) ウデヘ語の絵本を作る　138
(4) 音声資料を併せ残す意味　139

2 北方諸民族の声の彩 ………………………………… 甲地利恵 …… 144
──アイヌ音楽から考える

        はじめに　*144*
　　(1) アイヌ音楽における様々な声　*145*
　　(2) コリヤーク，チュクチ，イヌイト　*148*
　　(3) 研究の可能性　*149*

　3　カムチャツカ半島コリヤークの伝統的生業　………大島　稔……*155*
　　　　──トナカイ遊牧の変遷
　　　カムチャツカ先住民族の概況　*155* ／生業活動の現況　*155* ／分
　　　析の視点　*156* ／定住化・国営化・集住化　*158* ／定住化以前
　　　158 ／国営化の問題　*159* ／集住化の問題　*159* ／遊牧方法の変
　　　化　*160* ／機械化のもたらした生活の変化　*161* ／社会的側面の
　　　変化　*164* ／ペレストロイカ以後の変化　*165* ／まとめ　*166*

　4　カムチャツカにおける漁業と先住民社会　……………渡部　裕……*168*
　　　　──日本人の果たした役割
　　　　はじめに　*168*
　　(1) カムチャツカにおける漁業の歴史　*169*
　　(2) カムチャツカ先住民における北洋漁業の記憶　*173*
　　(3) 先住民社会における日本　*177*
　　(4) 文化接触の意味するもの　*178*

　資料紹介　コリヤークのガーディアンとチャーム…………笹倉いる美……*182*
　　　　はじめに　*182*
　　　　北方民族博物館所蔵資料の検討　*182*
　　　　おわりに　*190*

III　北アメリカ …………………………………………………………… *193*

第1章　北アメリカ西岸 ……………………………………………… *195*
　　　　──アラスカからカナダ

　1　ポート・モラー　………………………………岡田宏明・岡田淳子……*196*
　　　　──気候条件と生態環境を克服した人びと
　　　　はじめに　*196*
　　(1) 遺跡の編年と気候変化　*197*
　　(2) 食料資源　*199*
　　(3) 社会的信仰の発展と特色　*206*

　2　サケをめぐる混沌 ……………………………………岩崎まさみ……*213*
　　　　──カナダ北西海岸先住民のサケ漁
　　　　はじめに　*213*

(1) ブリティッシュ・コロンビア州におけるサケ漁　214
　　　(2) 1970年代から1990年代の変化　217
　　　(3) サケ漁をめぐる現在の問題　220
　　　おわりに　223

　3　「私たちの文化」の生まれるとき………………………岡庭義行……226
　　　──アラスカ・チムシアンにおける文化の持続・再生・開発
　　　はじめに　226
　　　(1) アラスカ・チムシアン　228
　　　(2) キリスト教への改宗　231
　　　(3) アラスカへの移住　233
　　　(4) メトラカトラの分裂　234
　　　(5) ダンカン・ソサエティ・モデル　235
　　　おわりに　238

第2章　カナダ北東部 …………………………………………………245

　1　物語のタペストリー……………………………………大村敬一……246
　　　──地図とナヴィゲーションにみるイヌイトの環境観
　　　はじめに　246
　　　(1) イヌイトの地図──再演された旅の物語　247
　　　(2) 地名のネットワークと絶対方位──ナヴィゲーションの基礎知識　256
　　　(3) 物語のタペストリー──イヌイトの環境観　259

　2　イヌイトの食物分配に関する覚書 ……………………岸上伸啓……265
　　　──カナダ国ケベック州アクリヴィク村の事例を中心に
　　　はじめに　265
　　　(1) アクリヴィク村における現代の食物分配　265
　　　(2) 食物分配の社会・経済・文化的な重要性　271
　　　結論　272

　3　定住と生業 ……………………………………スチュアート ヘンリ……277
　　　──ネツリック・イヌイトの伝統的生業活動と
　　　　　食生活に見る継承と変化
　　　はじめに　277
　　　(1) ペリーベイのネツリック・イヌイトの伝統的生業　277
　　　(2) 1960年代以降の生業と食生活　281
　　　(3) 考　察　283
　　　まとめ　287

資料紹介　明治大学政治経済学部寄託
　　　　　アラスカ収集の銛頭類 ……………………………角　達之助……292
　　はじめに　292
　　調査に至る経緯──民族学班　292
　　資料紹介　295
　　おわりに　305

　　初 出 一 覧　309
　　執筆者紹介　312

凡　　例

　民族名の日本語表記については，研究者間でもさまざまな意見の違いがある。本書では，読者の便を考慮し，基本的には北海道立北方民族博物館の表記基準に従って統一した。

序　論　北方諸民族の生活と文化
　　——北方民族文化シンポジウムと北方文化研究——

谷 本 一 之

北方民族博物館とシンポジウム

　北海道立北方民族博物館は，1991年に開館してから2005年で15年目になった。その開設準備事業の1つとして，1986年から「北方諸民族の生活と文化」を基本テーマに4回の国際シンポジウムが開催されてきた。シンポジウムは，博物館が開館してからも引き継がれ，2005年で20回を迎えた。北方研究に特化した国際シンポジウムを20年間中断せず開催してきた例はほかになく，国際的にも高い評価を得てきているといえる。このシンポジウムは，毎年異なった主題を設定して開催してきているが，この20回を通観することで，現代の北方研究の全体像や関心の方向が明らかになり，さらに北方諸地域が当面する問題，課題が浮き彫りにされてくる。
　第1回の主題は「北太平洋圏における海への適応」であるが，ここで図らずも，現代の，特に日本の北方に対する関心がベーリング海峡を挟んだ極東シベリアとアラスカ，そしてアメリカ北西海岸にあることが明示されている。この間に発表された約170編の論考が対象とする地域は，当初の10年ぐらいはユピック，イヌピアク，イヌイト，そして北西海岸インディアンが居住する北米大陸であるが，次第に，チュコト半島，そしてカムチャツカを含む極東シベリア，アムール流域，サハリン，クリル諸島を結束する，いわゆるオホーツク海域圏を対象とする論考が多くなってきている。これは長年鎖国状態にあったこれらの地域が，ソビエト政権の崩壊によって外国人研究者にも開放されたという状況を反映している。筆者も1989年に，ロシア科学アカデミーの民族学研

究所とシベリア研究の共同プロジェクトを立ち上げ，ペベック周辺のアイヨン，ウスツチャウンでチュクチを対象に現地調査を実施してきた。

　第2回目は「北の民族と生活—人と動物のかかわり」をテーマとしている。北方の人びとの生存は，そこに生息する動物に大きく依存している。陸獣のトナカイ，クマ，海獣のクジラ，アザラシ，特にサケを中心とした湖川の魚などの漁狩猟と遊牧に関する論考が多い。生存戦略として最も効率的であるといわれているトナカイ遊牧は，コケを求めて群を追う移動生活を基本としている。この移動は，民族集団の分類，分布の歴史的展開の重要な要素として取り上げられてもいる。

　ツンドラでトナカイを追って移動しながら生活する遊牧民に対して，もっぱら海獣や魚を獲って生活する定住民というカテゴリーは，例えば「ツンドラ・チュクチ」と「海岸チュクチ」といった生業形態の分類だけではなく，文化のカテゴリーとしても論議されてきている。これらのテーマは第3回の「北方民族の漁撈をめぐる文化—捕獲・利用技術と文化・社会」，第6回の「定住と移動」等で取り上げられている。人間と動物との関わりは，食料や衣服や道具等に利用するという実利的なものだけではない。北方民族の精神世界において，憑神としての動物神との関わりがシャマニズムの根幹であるとする論点が，第5回「北方の狩猟儀礼」，第7回「北方の精神文化における動物」での諸論考では共通して強調されている。

　北方先住民の歴史的展開は，いわゆる近代化という名の植民地支配によって，国民国家へ組み込まれる過程として理解されている。北方地域に投入される外部からの投資による開発がいかに自然環境，伝統的生活空間を破壊し，人びとの生活を困難にしているかといった状況が，第11回「開発と北方諸民族」，第13回「北方の開発と環境」で論議されている。ここでは，飼育するトナカイ頭数の激減，狩猟動物，海獣資源の枯渇等により余儀なくされる生業の転換が，地域経済の問題にとどまらず，先住民としての権益の回復という政治的課題と結びついているとする論点で共通している。この権益の問題は，失われた先住権の回復にとどまらず，新たに登場する天然資源の開発によって生ずる利益の配分の問題として論議されてもいる。

　第14回以後のシンポジウムでは，カムチャツカでの調査・研究の報告が一

気に増えている。これはカムチャツカが一番遅くに外国人研究者に開放されたことと，当館の職員を含む日本人研究者による研究プロジェクトが，集中的にカムチャツカで現地調査を実施してきていることの成果による。

これまでアイヌの民族問題，民族文化のあり方については，主に「旧土人保護法」に象徴される対和人との関係，同化政策による和風化の問題として論議されていたが，第14回「北方諸民族のなかのアイヌ文化―生業をめぐって」，第15回「北方諸民族文化のなかのアイヌ文化―儀礼・信仰・芸能をめぐって」，第16回「北方諸民族文化のなかのアイヌ文化―文化交流の諸相をめぐって」での集中的な論議によって浮き彫りにされたアイヌ文化の北方的性格は，アイヌ文化研究に新しい視座を与えるものといえる。この国際シンポジウムの成果の1つとして評価される。

20回を数えるこの国際シンポジウムの特徴の1つは，研究発表のほとんどが，現に研究対象地でフィールドワークを行っている研究者によるものであり，そのため論議もそれぞれの地域の最新の情報交換のなかで行われている点である。主に，そこで発表された170編のなかから選ばれた論考で構成された本論集は，北方研究の主要なテーマについて，ここ20年にもたらされた成果をまとめたものであるといえる。

北方地域の文化変容

北方諸地域に入ってよく耳にする"it was said"は，「昔はそうだったらしいと言っているのを聞いたことがある」というニュアンスをもって言われることが多い。つまり，失われたいわゆる伝統文化については，前の世代ではなく，その前の世代が知っていたこと，実践していたことであったわけである。いずれにしても，北方地域の文化変容には激変という言葉があてはまる。その変化の要因は様々で複合的であるが，その要因を人びとの日常生活のなかにどう垣間見ることができるのだろうか。

1979年の7月，アラスカ西南部のチェバックにいた時，何くれとなく調査の手伝いや生活の面倒をみてくれていた若い友人は，日曜になると私の手に5ドルを握らせ，教会に誘うのだった。この5ドルは教会で帽子が回ってきた時

に，それに入れる献金の額である。私はその5ドルを自分で出すつもりで差し出すのだが彼は決して受け取らず，結局いつも彼の5ドルを帽子の中に投げ込んでいた。無職の彼にとって5ドルは少ない額ではない。彼はどうも仏教徒である私を（日本人は仏教徒であると知っていた）キリスト教徒に改宗させたいと考えていたふしがある。その金額がいつも5ドルだったので，ある時彼に，なぜ5ドルなのかを聞いてみた。答えは，アンカレッジの教会に勉強に行った時に，聖書に5ドル献金しなければならないと書いてあると教えられたから，ということであった。彼がアンカレッジに行ったのは，できれば牧師の補助者になりたいからであった。教会は布教活動をより効果的に進めるために，先住民を補助者に指名することが多い。補助者になることは先住民社会では一種のステイタスになっている。チェバックにはその時でも，数は多くはないが古いシャマンの歌を知っている古老がいる状況だったが，古老たちはそれを理解しながらも自分がそれを伝えていくことにほとんど関心をもっていなかった。

　その後至るところでこうした補助者に出会った。1986年カナダ東北部に位置するバフィン島のイグルーリックで出会ったノアもその1人である。彼はバフィン島では知らぬ者はない伝統的ドラム・ダンスの名手である。昔の古い歌をたくさん知っているだけではなく，彼自身も多くの歌をつくっていて，集会には欠かせない存在になっている。しかし，伝統文化を体現している長老として尊敬されている彼にも，伝統文化破壊者としての一時期があった。若い時に牧師の補助者になって，悪魔にとりつかれるから，ドラム・ダンスを歌ったり踊ったりしないよう人びとに熱心に説いて回っていたのである。教会の影響力は強大で，この地域のドラム・ダンスの伝統は急激に衰退し，日常的にはドラム・ダンスは踊られなくなっていた。その後，彼はイヌイトの権利回復の運動に連動したドラム・ダンス復活の先頭に立つことになるが，彼のパフォーマンスには1つの特徴がある。彼は演ずる前に必ずキリスト教のお祈りをする。そしてうたう歌は彼の言い方によれば「汚い歌」，「よくない歌」を避けている。イヌイトの伝統を継承しようとする彼は，あくまでもキリスト者としての立場に立って行っている。それは彼だけではなく，イグルーリックの教会に出入りしている人の多くが，伝統に関してはノアと同じような立場に立っているのである。

アラスカでは12月を「ドラムの月」と言っていた。今は誰もそういう言い方はしないし，その言い方の背景になっている「冬は儀礼の季節」の実体も，その儀礼を行ってきた「カジギ(男の家)」に集まることもない。第一，以前はそれぞれの村に1つや2つはあったその小屋が存在していない。残っていたとしてもせいぜいスチーム・バスとして使っているくらいのものである。ここではすでにシャマンの影もない，それがキリスト教の圧迫によるものであることは明らかだが，シベリアではロシア正教の影響もさることながら，社会主義政権の集約化政策によるところが大きい。

　シベリアを歩いていると，地図に載っているのに誰も住んでいないという無人の村に出会うことがしばしばである。あちらこちらから集まってきた人びとが都会的な生活をするようになった状況のなかで，シベリアのシャマニズムはどうなっているのか，シャマンはいるのかいないのか。1996年の春，カムチャツカ北部のペンジン湾沿いのマニリ村で，葬儀に出席する機会を得た。亡くなったのは15歳の少女で自殺だった。灌木の生えたツンドラでの葬儀を取り仕切っていたのは，亡くなった少女の祖母だったが，その人のそばで何くれとなく手伝っている老婆がいた。誰かがそっと私に耳打ちした。「彼女がシャマンだ」。教えてくれた人は，昨日，シャマンはいるのかいないのかを聞いたら，「そんなのはいない」と即座に断定していたその人だった。後日，ドラム・ダンスの集まりに来ていたその老婆に，シャマンの歌を録音させてくれないかと頼んでみたが即座に断わられた。つまりシャマンはその程度には存在しているのである。

　シャマンの本場と目されているサハ共和国(ヤクート)では事情は少し違っている。1998年の2月，伝え聞いて，首都ヤクーツクから車で走って3時間ほどの寒村に住んでいるシャマンだという人を訪れた。夜，家の裏の小屋に案内された。室内の隅にある炉の熱で汗ばむほどに暖かかった。たくさんの金具のついた巫術用の衣装を着て，枠に7つの突起のついた大きな太鼓の把手を握り，裸電球のスイッチをひねって真っ暗闇の中で太鼓の連打が始まった。彼は後で家系図を見せてくれた。先祖は義賊で，家系のなかに何人かのシャマンの名前が点在している。以前は「黒いシャマン(冥界と通ずる)」だった彼は，今は「白いシャマン(天，中界に通ずる)」として，昔はシャマンの仕事の対象外で

あった，アルコール依存症の治療にもあたっているということだった。新しいタイプのシャマンの登場ということなるが，さらに積極的に「肉体から魂を分離させる技術者」という極めて現代的方向を目指す人も出てきている。

このように，シャマンをめぐる状況1つをとっても，地域によって状況は大きく異なっている。本論集の背景には，北の先住民の変わりつつある生活の経験を共有するフィールドワーカー，そして伝統的な物質文化の保管・研究の担い手としての博物館の知見を集約し，民族の将来を展望しようとする意図もある。

本書の構成

本論集の第I部「環北太平洋圏の自然と文化」は，地域として北米大陸，主にアラスカ，ベーリング海域を中心とし，民族としてエスキモー社会を扱いながら，この論集の基調をなす総合的な研究が提示されている。フリーマン論文は，北太平洋が生物学的に見ると極めて生産性が高いこと，そして民族誌的分析が人間の生態的適応戦略の理解に不可欠であることを指摘する。ワークマン論文は北太平洋地域の海獣狩猟の発達を狩猟のための道具，特に回転式銛の発達と関連させて論ずるとともに，「魂とともに人間の属性をもった動物」，それとの儀礼的な関係が海獣類の継続的な獲得を保証するとの知見に同意している。齋藤論文は，極北地域で最も重要な生活素材である動物の皮の用途，製革技術，製革道具等の比較研究である。製革技術は寒冷地においては普遍的技術ではあるが，ツンドラ地帯よりは，針葉樹林帯においてより複雑な技術が発達していることが指摘されている。

第II部第1章「北ユーラシア内陸部」は，環極北地域の生業にとって最重要のトナカイの遊牧，飼育の問題を扱っている。クループニック論文では，極北における先住民の適応戦略は，「ツンドラ＝移動(トナカイ飼育)」対「海岸＝定住(漁撈，海獣狩猟)」を両極端とする連続体のなかで生活様式を移行させていく自発的な集団流動にあるというユニークな見解が示されている。そして先住民グループがロシアの植民地システムに組み込まれることによってその流動性が高まったこと，またその後のソビエト政権の集団化，工業化政策が定住化

を促進し，そのことが先住民の現在の困難な状況の要因であると分析している。中田論文は，狩猟とトナカイ飼育が並行して行われる，いわゆる「タイガ（北方針葉樹林帯）型トナカイ飼育」を行っているモンゴルの牧畜民ツァータンのトナカイ飼育の実際の細部にわたる記述に特徴がある。佐々木論文はトナカイの多頭飼育を切り口に現状の分析が行われ，政治的，経済的，社会的状況の大きく違う西シベリアのネネツと極東のチュクチの多頭飼育を比較・分析することによって，トナカイ多頭飼育の成立条件に関する理論モデルの構築を試みている。そして，ソビエト政権崩壊後の深刻な経済状況のなかでのトナカイ飼育の今後について，「自然条件とも調和した，社会の需要に応えられる商業的なトナカイ飼育産業の育成」を提唱している。

　第II部第2章「ユーラシア東岸―沿海地方，北海道からカムチャツカ」の津曲論文は，消滅しようとしている言語の復権のための取り組みについて概説すると同時に，自身の研究領域であるウデヘ語の話者との共同作業によって絵本を作る活動が紹介されている。言語の危機を回避するために今，言語学者に求められているのは，「話者に働きかけて記録・保存への意識を促し，必要な支援を行い，話者を巻き込んだ活動を展開すること」であり，それが言語を生き残らせる1つの道であることに言及している。北方諸民族の伝統芸能の表現は民族特有の「声」に大きく依存している。甲地論文ではアイヌ，コリヤーク，チュクチ等の声の分析を通して北方諸民族の声の特質を明らかにし，その声が形成される背景について考察が進められている。カムチャツカの主要な生業であるトナカイ遊牧と漁業の問題についての大島論文と渡部論文は，最新の情報を提供している。前者は，佐々木論文と同じようにトナカイの多頭飼育を切り口に，定住化，国営化，集住化によってカムチャツカの伝統的生業システムがどう変化してきているのか，その変化によってもたらされる先住民文化の存続の危機的状況が報告されている。渡部論文は，1945年以前の日本企業によるカムチャツカの沿岸漁業を通しての，日本人とカムチャツカ先住民との文化接触を，第2，第3世代の記憶のなかから掘り起こそうという作業の成果の報告である。先住民社会に日本人と日本の文化がどのように受け入れられていたのか，興味深い事例が報告されている。

　第III部「北アメリカ」の第1章「北アメリカ西岸―アラスカからカナダ」の

岡田宏明・岡田淳子論文は，40年間にわたるアラスカにおける発掘調査の報告であるが，ここでは遺跡（貝塚）から発掘される食料資料の残存から，かつてここに住んでいた人びとの文化・社会の復元を試みている。ワークマンの北太平洋の考古学的総括の一翼を担うものであるといえる。岩崎論文は，カナダ北西海岸の先住民の先住権を，サケの漁業権確立の側面から捉え，裁判闘争，非先住民漁業者との対立，商業漁業と生業漁業，そしてサケの売れる生業漁業権と売れない生存漁業権等が複雑に絡み合う問題として提示し，「サケの民」でありたいとする先住民の願いを浮き彫りにしている。岡庭論文は岩崎論文と同じカナダ北西海岸のチムシアン・インディアンのなかの，後にアラスカに移住する特異な集団の事歴を追っている。宣教師ダンカンの理想とする宗教的コロニーの栄光と挫折の事例に論者は「文化は動態的過程として把握されるべきものである」とする理論を重ねている。

　第Ⅲ部の第2章「カナダ北東部」の大村論文はイヌイトの描く地図から，自在に移動するナヴィゲーションの技術や旅にまつわる物語，そして彼らの環境観を読み取っている。筆者も時々経験するのだが，エスキモーの人びとに書いてもらう地図は，独特の方位観が示されていてたいへん興味深い。岸上論文は，アクリヴィク村での現在の食物分配の特徴を検討し，それが依然としてイヌイトの世界観を反映した伝統的な食物分配のシステムにもとづいていることを明らかにしている。しかしこの食物分配の慣習が衰退しつつあり，この衰退がさらに進めば，イヌイトの社会関係や世界観などに大幅な変化を引き起こす可能性があることを指摘している。スチュアート論文もイヌイトの食生活の変化を取り上げている。この変化が定住に伴うものであること，そしてこの定住化がいわゆるスノーモービル・レボルーションによって促進されていることを明らかにしている。さらに，この変化が必ずしも生業伝統と食生活の消滅を必ずしも意味するものではないという見方も示している。

　「資料紹介」は，いずれも北方民族博物館の学芸員による収蔵資料の解説である。笹倉はコリヤークの護符について，ヨヘルソンの記述をもとにその役割や機能を紹介している。角の紹介は，2001年に明治大学政治経済学部から北方民族博物館に寄託された資料に関するものである。この資料は，1960年に明治大学が創立80周年の記念事業として行ったアラスカ学術調査で収集され

たものである．紹介されている資料は主に銛頭で，北アラスカのチューレ文化期に相当するものであり，一部は南西アラスカのものであることが明らかになっている．

おわりに

　前述のように，本論集は，20年にわたる国際シンポジウムの成果である『北方民族文化シンポジウム報告』のほか，2005年度で15号を数える『北海道立北方民族博物館研究紀要』に掲載された論考を中心に構成されている．発表から年月を経たために内容の一部が古くなり，執筆者の判断によって文章を改訂・追加したものや，本書のために全く新たに書き下ろされた論文も含まれている．

　この意味で，本論集は，ここ20年余りの北方文化研究，そして研究センターとしての北方民族博物館の活動の成果である．同時に，本論集は，今後さらに変貌していく北方先住民の生活を展望し，新たに研究活動を進めるうえでの道標ともなり得る重要な視点を含んでいるのである．

　本論集は，北方民族博物館・前館長の岡田宏明氏，岡田淳子氏から，北方民族博物館の研究活動支援のため寄附いただいた助成金の一部を使い出版したものである．岡田宏明氏は，北方文化の研究者として，また北方民族博物館の二代目館長として，北方民族文化シンポジウムの企画やその運営に深く関わってこられた．その意味で，本論集は，北方民族博物館における氏の功績を記念するものでもある．

I
環北太平洋圏の自然と文化

1 北太平洋圏の生態系

ミルトン・フリーマン／笹倉いる美訳

はじめに

　本稿において，「北太平洋圏」を北緯30度からベーリング海峡までとする。この地域は，北太平洋だけではなく，ベーリング海，オホーツク海，日本海，そして黄海などいくつかの周辺海域をも含んでいる。

　この大洋と海の複合体は，巨大な地理的な広がりと，この広がりから生じる気候的，生物学的な多様性にもかかわらず，一般に海流や生物学的なシステムが北の北極海や北緯30度以南の赤道付近の海とは異なっているために，1つのまとまりを形成している。

　本稿では，北太平洋圏に暮らす人間を理解するうえで重要な，この地域の海洋環境の物理的・生物的特徴を中心に論述する。そのため，北太平洋の生物資源の豊かさと分布に影響を与えている環境上の特徴の理解，そして，こうした再生し得る資源の近代的な産業的利用ではなく，前近代的あるいは生業を基盤とした経済活動に焦点をあてる。

　日本海と，非常に生産性の高い漁場は，暖流の影響を受ける地域にある（Kasahara 1964: 9）。ほとんどの魚類では，卵期と仔魚期には非常に狭い温度域にしか適応しておらず，稚魚の餌となるプランクトンの場合も同様である。

　海流の水温の影響は別として，海流には生物学的生産性に関係する2つの重要な影響がある。まず1つは，魚類の移動と生存に与える影響であり，もう1つは海流同士が出会ったときの水塊の混合である。

　海流は地図上では固定された場所に矢印で示されるが，実際の海流のシステ

ムは，非常にダイナミックで変化しやすいものであり，10年ごと，年ごと，あるいは月ごとにも強さや位置を変えることに注意しなければならない。本稿で触れるのは，琉球諸島から本州の側を流れる強い暖流である黒潮のような主要な海流だが，それ以外にも，より範囲が狭い局所的な海流のサブシステムが数多くある。例えば，オホーツク海だけでも20を数えるサブシステムがあることが分かっている(Favorite *et al.* 1976)。

　海流同士が出会うところで生じる水の塊の混ざりあいは，生物学的生産性を支えるのに重要である。というのは，水に溶けている栄養分が植物性プランクトンが発生する表層に再分配されるからである。このために，大陸棚(ここではたいてい生産性の高い漁場が見つかる)がとても狭いにもかかわらず，日本の東海岸沖には豊かな海の漁場がある。これらの生産性の高い海域は，北へ向かって流れる黒潮と，南へ向かって流れる親潮がぶつかることによって生まれる。つまり，生物学的生産性が高いレベルで保たれるには，水の混合とその結果生じる栄養素の循環が必要なのである。周辺の海はそうした主要な海流の相互作用を受けないでいるが，オホーツク海に関連して先述したように，それぞれが局所的ではあってもダイナミックな海流のシステムをもっている。さらに，こうした小さい海はたいてい浅いため(例えば黄海の平均的な深度は約50 m)，風や潮が生み出す波の効果は，主要な海流がなくても十分な混合を引き起こす。

　そうしたダイナミックな海流のシステムは，通常は生物学的生産性にとって好ましい状態をつくりだすが，同時に海水を冷却(あるいは暖化)する効果をもたらし，それによって特定の狭い温域に適応している魚種の群を激減させる場合もある。もちろん逆にいえば，好ましい海水状態が再生されれば，大量の個体群の増大を引き起こすことになる。図I-1.1は，1930年代の日本のイワシ漁の急激な衰えと続く約30年間にわたる不漁，そしてその後，40年前の崩壊前よりも高いレベルにまで漁獲量が急速に回復したことを示している(Chikuni 1985: 64)。これに関連した，歴史的記録として，1570〜80年，1690〜1720年，1800〜30年の間にも，同様にイワシの漁獲量が増加した時期があったことには注意しておいてもよいだろう(Gulland 1971: 51)。

　海洋での生物学的生産性を理解するうえで考慮しなければならないもう1つのものは水深である。一般に浅い近海域あるいは大陸棚のエリアの方が，沖合

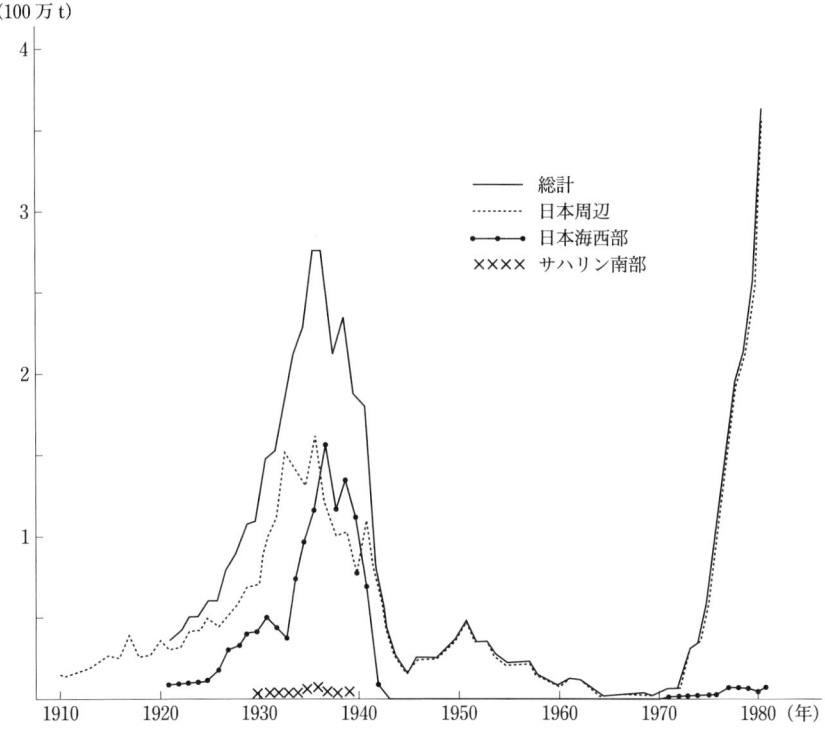

図I-1.1　日本近海におけるイワシの漁獲量(1910-81)
出所）Chikuni 1985：図22より作成。

の深い海よりも高い生物学的生産性を保持する。したがって，黒潮に比べて親潮の方が生産性が高いにもかかわらず，黒潮の影響範囲にある浅い海域には親潮に近い生産性がある(Chikuni 1985: 9)。非常に生産性の高いベーリング海は，その46.4%と非常に広大な大陸棚(水深0〜200 m)をもつが，オホーツク海と日本海では，大陸棚はそれぞれ26.5%と23.5%である(Miles *et al.* 1982: Table 2. 1)。

　そして，もう1つ触れる必要があるのは，海氷の影響である。氷が出現する海は，極端に低い温度と，1年のうちの数ヶ月間にわたって光エネルギーが，植物性プランクトンの生産を促す水塊に達することを妨げられるという点から，生物学的生産性のレベルが低いと信じられてきた。しかし，多くの冷たい海は

驚くべき生産量をもつ。北太平洋の最も北の海であるベーリング海は、非常に生産的な商業的漁場であり、大量に集中するセイウチ、オットセイと海鳥の群を支え、そして、夏には北極海にいるホッキョククジラ個体群の越冬場でもある。

氷で覆われた海の生産性が高い1つの理由は、浮いている氷の底面の重要性にある。この有益な面は、高い生産性をもつ浅海域をずっと沖に向かって広げ、地形を変化させることによって、海洋システム全体の生物学的生産性が豊かになる(Dunbar 1985: 11-13)。

海氷には生物学的生産性を高める別の効果がある。筆者は、水の混合が、光合成が可能な、照らされる表層に栄養物を再循環させるのに必要であると先述した。しかし、そのように混合され、層を成していない水の中では、プランクトン群集の調和は、絶えず沈む、あるいは海洋の上層から深いところへ押し流される危険にさらされている。そのようなプランクトン群集の一部沈下には2つの悪い影響がある。1つは生命プロセスを続けることができる光のあたる層から、植物性物質を取り除くことである。そしてもう1つは、プランクトンを食べる魚類や海獣類、海鳥類にとっては、おそらく1ヶ所に集中している方が都合がよい、食物となる有機体の広範な分散を引き起こす。

氷縁域のすぐ近くに安定した水の層ができることは明らかである。この安定性は、氷が解けるときにできる塩分(比重)と温度の階層化の結果である(Smith and Nelson 1986)。この氷縁付近への食物集中の明らかな影響は、極地において、氷塊、氷山、氷河の先端部などの存在と相関する、プランクトンを食べる海鳥類、アザラシ類、クジラ類の群である。

(1) 生物学的生産性

現在、全体的に、北太平洋の一次生産(つまり、海においてすべての動物の生命を支える植物性プランクトンの生産)に関する情報は断片的であるといわざるを得ない。しかし、北太平洋に関する入手可能な情報についての最近の報告は、この分野に有益な情報を提供している(Chikuni 1985)。

プランクトンの生産の変化は、地域と季節の両方から決定されるようである。

例えば，北に向かって黒潮が流れる琉球諸島沖の海域では，植物性プランクトンの生産は1月から5月の間に最高になり，海面から25m以内にそのほとんどが集まる。しかし，もっと北では，暖かい黒潮と冷たい親潮が混ざりあい，植物性プランクトンの生産は春と秋に2回のピークを迎える。

海水のサンプルに見る植物性プランクトン細胞は，暖流の影響を受ける海域よりも寒流の影響を受ける海域の方がかなり高く集中している。例えば，プランクトン細胞数は，親潮では海水1ℓあたり10^4〜10^6個であるのに対し，黒潮では10^2〜10^4個である。

北太平洋地域で最もプランクトンが集中しているのはオホーツク海北部で，1ℓあたり$7×10^6$個である。しかし，この莫大なプランクトンの最盛期は，実に短い季節だけのことで，水面下10mに限定される。

この海域の北部における一次生産の際だった季節性は，植物性プランクトンの成長に依存している動物性プランクトンにも影響を与える。したがって，動物性プランクトンの最大の生産は，植物性プランクトンの生産量が最大であるオホーツク海北部で起きる（オホーツク海南部での夏の平均値が海水$1m^3$あたり180mgのところ，春遅くに$1m^3$あたり2000〜3000mg）。

底生生物については，浅い沿岸域から沖合の深海にゆくに従って，多様性と量の双方が減少する。多様性は，南の暖水域と比較すると，北の冷水域でもより少なくなる。例えば，オホーツク海の深い中心部において，底生生物のバイオマスは海底$1m^2$あたり10mgでしかないのに対し，沿岸の浅海域ではその1万倍にもなる。そして，南北の傾斜に関しては，底生海藻類はオホーツク海で162種，千島列島海域で227種，日本海域で380種確認されている(Chikuni 1985: 17)。

多くの底生生物，様々な貝（ウニを含む）と食用海藻類は，ホヤ，ナマコ，エビ，カニ，イカと同じように経済的に重要である。例えばオホーツク海では，軟体動物が底生の動物性バイオマスの約30%を占めており，その多くがイガイ，二枚貝，巻貝など食用になる。

(2) 経済的に重要な脊椎動物

この地域では，先史から現代まで，魚類，海鳥類，海獣類が社会にとって特に重要な種だった。例えば北太平洋には 2000 種以上の魚，150 種以上の海鳥，50 種以上の海獣（ほとんどはクジラ目）が分布するが，この地域に成立してきたどの社会集団でも，組織的に利用してきたのはその一部にすぎない。

魚　類

先述した生産性についての情報から推測されるように，この地域の浅海域は，沖合や深海に比べて量や種の多様性において劣っていても，重要な食用になる種が豊かであるようだ。しかし多くの魚種は移動性が高く，1 年の異なる時期，異なるライフステージには，海の異なる場所にいる。

おそらくこのことについての最もよく知られた例はサケである。淡水の川（通常海からずっと内陸）で繁殖したサケは，自分たちが孵化した川へ産卵するために戻ってくる前に広大な海洋の移動を経験する。しかし，他の完全な海水魚種もまた，沖合と沿岸の間の移動を行ってきた。こうした動きはしばしば，温度や産卵の必要性に対する反応，あるいは食物となる種を魚が追った直接的な結果として生じる。

スケトウダラ（*Theragra chalogramma*），オヒョウ（*Hippoglossus stenolepis*），サバ（*Scomber japonicus*），マダラ（*Gadus macrocephalus*）といった種類の魚は，水温によって季節的に沿岸へ移動する。他の種，例えばメルルーサ（*Merluccius productus*）は，毎晩深海から水面近くに採餌のために移動し，ニシン（*Clupea harengus pallasi*）は浅く，塩分濃度の低い沿岸地域で産卵する。これらの行動の特徴は，資源を伝統的に使用してきた人びと，つまり季節的な食料の要求と彼らの利用できる技術に応じ，最も適した時期にその魚種を利用してきた人びとに知られていただろう。

いくつかの魚種は，その量と分布について，著しい，予測不能な年変動を見せる。これは，遠洋に広く分布し，特に温度に敏感な数種の場合である。マイワシ（*Sardinops melanosticta*）にはすでに触れたが，ニシン，サバ，カタクチイワシ（*Engraulis japonica*）も同様に海水温変化に影響される。これらの典型

的な種は，アジアとアメリカの両方の沿岸域に広く分布している。

　ニシンも多数の個体が広く分布している種である。ニシンは，1年の大半を沖合で過ごしているが，産卵のために岸に近づいてくるため，その季節には沿岸の漁師にも獲ることができる。しかし，産卵場所はおそらく水界地理学的な状況変化のため時代によって変わる。このことは，北海道沿岸と日本海付近で起こったが，どちらの場合も産卵場所はこの50年間以上北へ動いてきた(Gulland 1971: 52)。こうした魚の分布の歴史的な変化は，明らかにその地域における人間の居住にも大きな関わりをもっており，特にいつも自然界の捕食者によって追われている集団性の魚の場合，漁師／猟師にもっと大きな獲物をもたらす。これは例えばザトウクジラ(*Megaptera novaeangliae*)，ナガスクジラ(*Balaenoptera physalus*)，ミンククジラ(*B. acutorostrata*)，オットセイ(*Callorhinus ursinus*)など，すべてニシンを食べ，同様に人に捕えられるいくつかの海獣にあてはまる。

　分布がより限定的な種もある。6種のタイヘイヨウサケのなかで，ただ1種だけアメリカ側とアジア側の両方には分布しないサクラマス(*Onchorhynchus masou*)である。この特殊なサケは，3年の寿命の半分を塩水の中で過ごすが，それにもかかわらず，オホーツク海，日本海，太平洋北西部の沿岸域にとどまっているという点でタイヘイヨウサケの間ではユニークである。この種にとって，主な産卵河川はオホーツク海沿岸，サハリン沿岸，北海道の東・西海岸である。

　サケは，川を遡上・下降する時期が予測できることや，食料としての質のよさ，一般に魚体が大型であること(例えば成熟したマスノスケ(*O. tshawytscha*)は20 kg以上になることもある)などから，サケの遡上する川に接する人びとにとって重要な食料である。しかし，その生活史のある特徴が，時に問題を含むことになる。つまり，回帰してくる魚群の大きさの変動，性成熟の年齢に差があり(マスノスケの場合2〜6年)，個体群内で性成熟した一部だけが遡上することによる不確実性である。

　個体群サイズの変動の別の要因は，比較的短命な魚の場合であるが，その年の年齢集団の大きさである。初期の重要なライフステージにおける不運な水質変化によって，卵と稚魚が異常に高い死亡率を示す可能性がある。この変化の

しやすさについては，他で述べられているが(Suttles 1960; Piddocke 1965)，ここで私は，外洋や重要な河川で行われている商業的な漁業活動によって評価されるサケの豊富さと，上流部の簗や漁獲用罠などを用い，家族や小グループ単位で行う伝統的な漁撈活動の収量とを混同すべきではないと指摘したい。

いくつかのサケの種は，産卵するのに異なった条件をもっており，これが上流域への移動に影響を与えている。例えばシロザケ(*O. keta*)はベニザケ(*O. nerka*)のように上流では産卵せず，カラフトマス(*O. gorbuscha*)は河口のすぐ近くで産卵する(Gulland 1971: 52-53)。

この河川における分布の違いは，サケが産卵に冷水を要することからすると，温度の影響と思われる。異なるサケの種は，異なる時期に淡水に入る。夏の早い時期に入るサケは，産卵に適した冷たさになるまで淡水に長くとどまる。そのため，そうした種は低温の水を求めて遡上し続けるが，逆に遅く(秋に)やってくる種は，河口近くに適当な温度の場所を見つける。

海 鳥 類

多くの海岸に住む人びとは，彼らの食料の重要な部分を海鳥から得ていた。これは，鳥類が1年のある予測可能な時期に陸上に営巣する必要があり，そうした巣はしばしば非常に密集するため，時間や労力に比較してとても高い収量を得られるためである。補食動物から比較的安全な急な絶壁あるいは沖合の島は，特に多くの海鳥に好まれ，その結果生じた密集したコロニーは，限定的な場所においても，しばしば数万から数十万羽に達するほど多くの海鳥を収容している。例えばベーリング海のプリビロフ諸島は，島の小さな集まりで，陸地面積は約200 km^{2}しかないが，その急な絶壁には280万羽の海鳥の巣がある。

ベーリング海のこれらの小さな島の絶壁に巣を作る鳥は，ウミガラス類(*Uria aalge* and *U. lomvia*)を含み，北太平洋地域に約2000万羽生息すると推定されている(Tuck 1961: 81)。ウミガラス(*U. aalge*)は，より南方のカリフォルニアと日本海北部に広く分布している。北方では，ベーリング海峡の北緯67度までのいくつもの場所で，ウミガラスはハシブトウミガラス(*U. lomvia*)と営巣地や採餌場所を共有している。冬には，ウミガラスは海水面温度が15℃の暖かさでも生息できるが，ハシブトウミガラスは海水面温度が5℃

の海域に限定されるようである(Tuck 1961: 82)。多くの異なる海鳥が，好適な場所で，普通に営巣地と採餌場所を共有している。それらの必要条件は，安全な営巣地であるだけではなく，よい採餌場所でもあるということだ。多くの海鳥はプランクトンを餌とし，浮遊性の甲殻類や海面近くで採餌する小さな魚を捕獲する。ウミガモ類を含む他の鳥は，浅い沿岸域で，甲殻類，魚類，軟体動物，ウニなどの底生生物を食べている。

アリューシャン列島では，獲得可能な肉の総重量の点から見ると，海鳥の重要性は海獣の1/50にすぎないことが指摘されている(Yesner 1977)。しかし，多くの島嶼や海岸に暮らす人びとの経済における鳥の重要性は，年間に寄与する肉の量で評価することはできない。この量は明らかに，当てにならないほど少ない。ベーリング海のセントローレンス島では，様々な鳥がいるにもかかわらず(約80種が生息し，そのうちの70%がそこで繁殖していると思われる)，ここに住むシベリア・エスキモーによる猟は，最も大量に生息する限られた種，主に2種のウミガモ；ホンケワタガモ(*Somateria mollissma*)とコオリガモ(*Clangula hyemalis*)，4種くらいの海鳥(ウミガラス属とエトロフウミスズメ属；ウミガラス類とウミスズメ類)を対象としてきた。

ケワタガモはほとんどが春と秋の渡りの時期に獲られ，絶壁に巣を作る海鳥は夏に(この季節は換羽中のガン類も獲られる)，そしてコオリガモは冬の数ヶ月の間に獲られる(Fay and Cade 1959: 83)。

資源としての海鳥の重要性は，危険と努力が不要な点と，それらの捕獲に関する技術習得の容易さ(例えば，様々な工夫とともに用いられる網，棍棒，投石，輪ワナなど)から導き出せる。こうした活動は，多くの場合陸地で行われるため，漁撈や海獣狩猟をするには海の状況が危険なときに行うことができる。

付け加えると，海鳥やその卵を獲得するのに必要な技術域は，若年や老人，虚弱な者もこの経済的活動に携わることができる程度である。

海 獣 類

北太平洋において，海獣類の大部分はクジラ目(クジラ類，イルカ類，ネズミイルカ類)であり，ほかに少数の鰭脚類(アザラシ類，トド類(オットセイを含む)，セイウチ)がいる。海獣類を人間にとって重要な動物としている特徴の

1つは，彼らが比較的大型の動物であるということだ．実際，小さい海獣はいない．ゾウアザラシ(*Mirounga angustirostris*)のオスは 3600 kg 以上あり，セイウチ(*Odobenus rosmarus divergens*)のオスは 1500 kg にもなるのだが，これらは最も大きな陸上の食肉類動物(海獣類に最も近縁なグループ)よりも重い．40 kg 以上になるラッコ(*Enhydra lutris*)は陸上のどんなカワウソよりも大きい．そしてもちろん，クジラ目には今まで存在してきたなかで最も大きくて重い動物がいる．シロナガスクジラ(*Balaenoptera musculus*)は 15 万 kg にもなるが，他の大型の種は体重が 1/2 でも体長は 20 m に達する．

そのような大きな食料は，もちろんその地域の居住者にとって魅力的であった．リンネが 18 世紀に鰭脚類についての科学的な記述を発表した時，彼は「肉は軟らかく，脂肪と皮は有用である」ことを観察していた．私たちはまた，セイウチやマッコウクジラ(*Physeter catodon*)は牙を提供し，大きなヒゲクジラは様々に役立つクジラヒゲと，木の少ない地域では住居の材料ともなる骨を提供してくれることに注目してもよいだろう．

こうした重要な生物資源は，北太平洋のアジア側とアメリカ側の両方に豊富に存在する．しかし，セイウチのような種はベーリング海のみに生息し，いくつかの氷上で生活するアザラシ(例えばクラカケアザラシ(*Histriophoca fasciata*)とアゴヒゲアザラシ(*Erignathus barbatus*))はオホーツク海とベーリング海のみに生息する．他の種も，北太平洋の中の分布域は限定されている．例えば，ニタリクジラ(*Balaenoptera brydei*)はより南方，カリフォルニア海流の暖水域に含まれる北緯 26 度付近から，親潮の冷水域に含まれる北緯 45 度付近の間のみに分布する．キタゾウアザラシとネズミイルカ(*Phocaena phocaena*)は，太平洋東部のみに分布し，太平洋西部には生息しない．北太平洋のアジア側海域に生息するが，同緯度のアメリカ側(北緯 30 度以北)の海域には全く(またはごくわずかにしか)分布しない小型のクジラ目が約 10 種いる．要約すると，北太平洋両側の沿岸海域に豊かな海獣資源が存在し，そしてこれらの資源が，この地域の人びとにとって，先史時代から歴史時代を通じて重要な役割を果たしてきたことを指摘することができる．

北太平洋の約 50 種の海獣類については，深刻な生物学的競争なしに，いかに共存してきたのかという疑問が生じる．結局，ほとんどの濾過摂食する種と

その近縁種のヒゲクジラの大部分は，おそらく同じ浮遊生物を得るために海水をすくいとり，シロナガスクジラ，ナガスクジラ(*Balaenoptera physalus*)，セミクジラ(*Eubalaena glacialis*)，ザトウクジラ(*Megaptera novaeangliae*)とイワシクジラ(*Balaenoptera borealis*)は，夏季には確実に北緯40度からベーリング海の間の海域で見られる。

この問いに対する答えは，一般的な生態学の原則から導き出される。つまり近縁種の間では，食物を差異化することによって，生態的地位の重なりを極小化している。

この海洋の食物となる有機体は，潜在的には競合するクジラ種によって選択的に摂食されているため，食物に対する競合はたいてい避けられる。図Ⅰ-1.2は，例えば，セミクジラの食性が非常に特殊化しており，小型の浮遊性甲殻類(*Calanus* spp.)の密集した群を好むのに対し，シロナガスクジラは，それほど密集しない，より大型の浮遊性甲殻類を食べることを示している。同じ図で，ナガスクジラが，甲殻類，イカ，魚類を含む広い範囲の種を食べることが分かる(Nemoto and Kawamura 1977)。

一様に思える大洋の環境が，鯨種ごとの特定の生息域選好によって分けられていることを示す他の例がある。世界中の海にいるマッコウクジラを考えてみよう。これらのクジラは歯クジラのなかでは最大で，非常に長い間，深海にまで潜水できることが知られている。

たしかに彼らは海底でイカ，サメ，ガンギエイなどを食べており，その活動は一般的に深い海に限られている。このため，彼らは黄海，日本海，東シナ海など浅く，塩分濃度が低い海では滅多に見られない。塩分濃度の低さはマッコウクジラの好物であるイカの分布を制限するのだ(Gosho *et al*. 1984: 55)。

稀にマッコウクジラが沿岸で見られる場所は，海底に向かって急激な落ち込みがあり，海流の湧昇が起こっている海域である。

マッコウクジラの場合，メスと若くて未成熟なクジラが群に残り，より大型のオスが単独行動をすることによって齢や性に基づく分離が行われている。専門家によると(例えばGaskin 1972)，小型の個体(メスや未成熟個体)は14℃以下の水温に対する耐性が低く，北緯45度より北では稀にしか見られないが，オスはそれよりも北に移動する。オスは，北緯62度くらいの海域，カムチャ

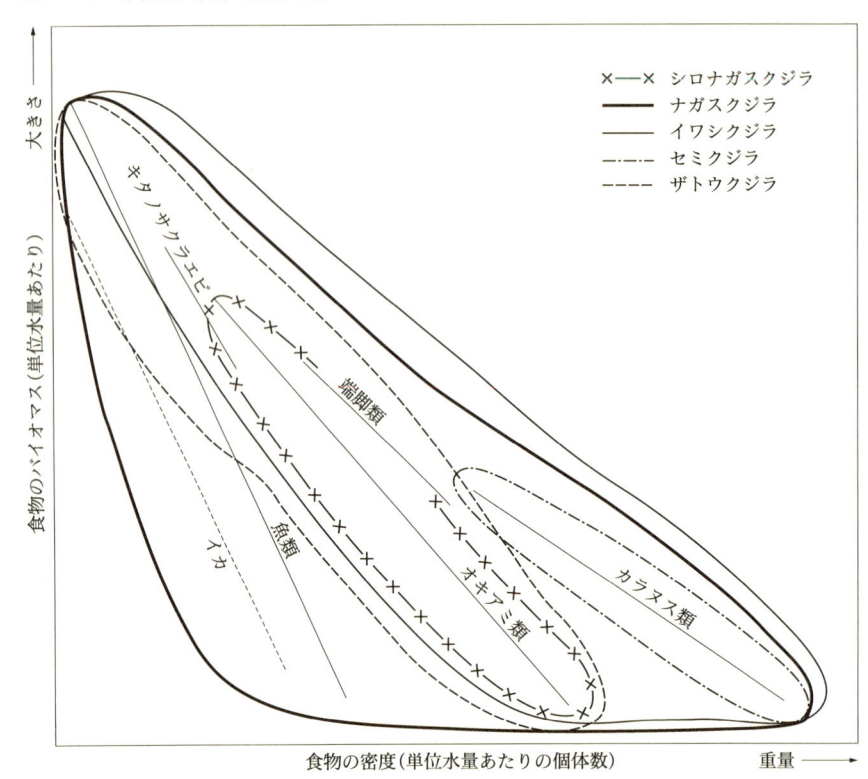

24　I　環北太平洋圏の自然と文化

図 I-1.2　ヒゲクジラ類の食物選好性(北太平洋)
出所）Nemoto and Kawamura 1977

ツカ，アリューシャン列島，プリビロフ諸島の沖合でも見られる。この平易な例は，1つのクジラ種の特定の環境選好性を概説したものであるが，特定の種の一般化された分布図が，その種の実際の分布や必要とする生息環境を極めて大雑把に示すのにしか役立たないことを明らかにしてもいる。

(3) 人類による海洋を起源とする食物の利用

人間の生業の視点から見ると，海洋環境は陸上に比べ，食物獲得に関して特に有望な場所を提供しているようには思われない。地球的規模では，陸上の植

物性バイオマスは海洋の植物性バイオマスの 500 倍以上も密集しており (Whittaker 1975: 223)，状況をより見込みのないものにしているのは，海洋生産量の 97% がプランクトン，つまり長さ 5 mm 以下の微生物で構成されているという事実である。海洋資源が人びとの生活を支えることができるのは，この特異な生産物が不均質に分布しており，結果として局所的に非常に集中するため，また，より大型の生物が生物学的生産物を人間や他の捕食者が比較的低いエネルギーコストで獲ることができる都合のよいサイズにまとめているためである。

　基本的な生物学的生産物が比較的希薄であるという性質をもっているため，こうしたプランクトンを濃縮する生物の大部分は，高度に移動的である必要があるが，このことは一方で，比較的限られた移動性しかもたない人間という捕食者にとって問題となっている。

　この節で筆者は，これら大型で移動性が高く，あるいは分散した資源を効果的に手に入れるために，北太平洋地域で利用されてきたいくつかの異なる戦略について述べたい。その地域の人間集団の維持に関係するという限りにおいて，こうした行動の特性は生態学的な適応と考えることができる。それぞれの事例において，人間の行動特性は，生態学的適応の 2 つの重要な特徴を説明するのに役立つ。まず第 1 に生物物理学的環境に関する詳細な「知識」をもつことの重要性，そして第 2 に，利用可能な捕獲戦略あるいは資源のなかから「選択」する訓練である。

　そのため筆者が，北太平洋地域の前近代の住民(他の場所に住む採集狩猟漁民と共通性をもつ)について論じるのは，彼らが何を利用するのかを，食物資源に対して選択を行っているので，必然的に，その環境のなかで彼らの技術で維持できる水準よりもかなり少ない人口で生活していることである。こうした社会的集団は，適切な技術的，制度的，イデオロギー的方法を採り入れることによって，また環境変化が要求する技術革新によって，必要とするエネルギーと物質的な要求を充足させている。こうした社会間で競合が生じた場合，それは食物の獲得に関したものではなく(そうした場合は共同行動が高度に発達し，報われている)，ある文化的に限定された，しかも社会的利益には関連しない目的の利用制限に関するものである。食物を探す社会での観察によれば，食物

に関する関心事として飢餓はそれほど多くはなく，最も多かったのは，選好される食物の，実際あるいは想像上の欠乏だった(Freeman 1970: 143)。

狩猟における毒の利用

獲物を捕らえるための毒の使用は，狩猟民の間に広く分布しているが，この方法で獲られる獲物のほとんどは，近づくことの難しい樹上の動物(例えばサルや鳥類)やアフリカの平原の速く走る動物である。しかし北太平洋においては，海獣を獲るための毒の利用がアジア，アメリカ双方の先住民の間で見られる(表Ⅰ-1.1 は Bisset(1976)より。ただしラフリン(Laughlin 1980: 42)は，アリュートが狩猟に毒を使うことについて異議を唱えている)。

共通に使われている毒は *Aconitum* 属の植物(トリカブト類)で，これは300種以上が環太平洋全域に広く分布している。北海道では2種(*A. yezoenes* と *A. sachalinense*)の乾燥した根が「スルク」(トリカブト毒)を作るのに使われていた。表Ⅰ-1.2 は，こうしたトリカブト毒の非常に強い毒性を示しているが，この毒性は，アフリカの大型獣に使われるブッシュマンの矢毒の約50倍とされている(Osborn 1983: 15)。

しかし，毒を塗布した槍やヤスによる海獣狩猟が不利なのは，仕留めた後の獲物が安全ではないことによる。つまり，狩猟の成否という点から見ると，実際に逃走したり，仕留めた後に沈んでしまうことが，この技術を非効率的なものにしている。そのため，この方法はやがて，大型の船に複数のハンターが乗り込むなどの共同作業の技術，早い段階で銛綱や浮きを取り付けることによって獲物を確保するといった改良された銛の装置など，他のより好まれる海獣狩猟法に置き換わったことが示唆されてきた(Osborn 1983: 28)。

クジラの網猟

大型のクジラでも海岸近くを回遊するが，それは例えば食物が集中している場合などである。そのような沿岸海域への分布が見られたときに，特定の場所，例えば生産力のある大陸棚に突き出した半島やクジラを見つけるのに適した高い崖，クジラを岸に追い込むのに使える浅い入り江などで，捕鯨に適した状況が生まれるだろう。

表 I-1.1　狩猟の際に毒を使用する北太平洋の社会

集　団	毒	狩猟具	獲　物
サハリン・アイヌ	トリカブト [Lyutik]	矢	シカ，クマ
千島アイヌ	トリカブト [Lyutik]	矢	クジラ類
北海道アイヌ	トリカブト [Surku]	矢	クマ(?)
	ニコチン		
	ハナヒリノキ	矢	セイウチ
	ジンチョウゲ属 [Ketuhas]		
	イケマ [Penup]	毒餌	ワタリガラス，ワシ類
	アカエイの棘 [Aiko Chiep]	矢	クマ
カムチャダール	トリカブト	矢	クジラ類，アシカ類
コリヤーク チュクチ ユカギール	トリカブト属	矢(?)	?
アリュート	トリカブト	矢，投矢，槍(?)	ザトウクジラ，ナガスクジラ
コニアック	トリカブト	矢，投矢，槍	小型クジラ類，アザラシ類，ラッコ
チュガチ	トリカブト	投矢，槍	クジラ類，アシカ類，ラッコ

出所）Bisset 1976

表 I-1.2　海獣類に対するトリカブト毒の致死量

海　獣	生体の体重(kg)	毒の致死量(g)
ワモンアザラシ	90	0.012
ゼニガタアザラシ	150	0.020
タテゴトアザラシ	181	0.024
アゴヒゲアザラシ	227	0.030
アシカ(メス)	273	0.035
シロイルカ	454	0.059
トド(オス)	1,010	0.132
セイウチ	1,363	0.177
ザトウクジラ	34,000	4.420
ホッキョククジラ	75,000	9.750

出所）Osborn 1983

表 I-1.3 四国西部高知において網猟によって捕獲されたクジラ数

年	セミクジラ	ザトウクジラ	コククジラ	シロナガスクジラ	ナガスクジラ	ニタリクジラ
1800〜41	346	587	225	4	—	7
1849〜65	19	209	101	5	—	35
1875〜96	21	126	64	55	23	81

出所) Omura 1977

　浅瀬の魚を追って岸に近づくそのような大型のクジラにニタリクジラ (*Balaenoptera brydei*) がいるが，このクジラは実際，かつてはカタクチイワシにちなんでイワシクジラと呼ばれていた。日本沿岸海域のイワシの存在とニタリクジラの捕獲量の間には，たしかに相関関係が見られる (Nemoto 1959 [Omura (1977: 88) で引用])。

　しかし，17世紀に始まる，日本沿岸海域のクジラの網猟は，1種のクジラには限定されない。実際ニタリクジラは比較的速く泳ぐ種であり，クジラの網猟では動くクジラの前に丈夫なロープでできた網を置く必要があるので，網猟を行う人が，より容易に捕獲できる，もっと遅く泳ぐクジラを好むのは理解することができる。表 I-1.3 は，遅く泳ぐセミクジラ，ザトウクジラ，コククジラの資源が，おそらく沖合における外国の商業的捕鯨船団によって徐々に枯渇してゆくのに伴い，19世紀の間に速く泳ぐシロナガスクジラ，ナガスクジラ，ニタリクジラが次第に捕獲されるようになった様子を示している (Omura 1977: 89-90)。

　このクジラ猟には，食物を得る際に選択が働いたことを示している。しかし，環境変化や他の理由によって利用可能な選択肢が少なくなれば，必然的に他の食用種による代用が起こる。

アリュートの採食行動

　アリュートは，18世紀の欧米人との接触時期に北米先住民のなかで最も高い人口密度であった (Graburn and Strong 1973: 126) だけでなく，他のいくつかの点でも注目される。この高い人口密度は，亜極北地域の明らかに厳しい自然環境にもかかわらず維持されていた。他の極北地方のモンゴロイドであるエスキモー社会と比較すると，アリュートの人口密度は 1.25 人/km^2 で，最も集

表 I-1.4　アリュートによる海洋資源の利用

	内陸	湖・河川	浜辺	岩礁	湾	沖合の島	絶壁	外洋
老齢/虚弱　女性	+	+	+	+	+	−	−	−
老齢/虚弱　男性	−	+	+	+	+	−	−	−
妊婦	(+)	−	(+)	(+)	(+)	−	−	−
子ども	+	+	+	+	+	(+)	(+)	−
若年〜中年女性	−	(+)	+	+	+	+	+	−
若年〜中年男性	(+)	+	+	+	+	+	+	+

注）（+）資格あるいは特殊な制限があることを示す。
出所）Laughlin 1980

中したクジラ猟を行うイヌイトの社会(0.178人/km²［アラスカ州ポイントホープ］)よりも1桁，カリブー狩猟社会のイヌイト(0.013人/km²［カナダ，ハドソン湾地域］（Harper 1979: 315））よりも2桁大きな数字であった。

　アリュートの社会では，大型の海獣から豊富な鳥類，海水魚と淡水魚，海岸域の大量の無脊椎動物まで，非常にバラエティに富んだ食物資源を十分に利用していた。

　表 I-1.4 は，海洋，湾，浜辺，潮汐平底と岩礁，川，湖，絶壁と島嶼地域の豊かな資源が，アリュートの異なる年齢集団によって異なる割合で集められていることを示している。この行動の意味については次に示す。

(4) 人類の生態的適応

　人類生態学において残された問題は，どのような尺度によって個体群の適応度を測定できるのかということである。通例，人間以外の個体群に適用される進化論的基準は，種あるいは個体群の持続性または寿命である。個体群の消滅は，適応能力の欠如の明らかな証拠である。しかし，人間は対処戦略として，他の生物よりも複雑で広い行動様式をもっているので，その挑戦によって，総体的な適応的成功の指標として提示される広く応用可能な総合的手段を見出してきた。最近の試みの1つは平均余命によるアプローチであるが，これは広く適用でき，長期間追跡可能で，新たな環境問題に敏感に反応するため高感度であると考えられている(Harper 1979: 314)。この研究方法は，特に北太平洋のアリュートの場合適していると思われるが，それは，すばらしい民族誌的分析

によって，アリュート社会における老人の価値ある役割が極めて明確になっているからである。W. L. ラフリンと彼の同僚による広範な調査は，先史時代と歴史時代を通じて行われてきた社会的，生態学的適応戦略の完全な理解をもたらした(Laughlin 1968, 1980)。

ラフリンの調査における1つの主要な結論は，行動と学習の際だった重要性であり，特に蓄積された知識の宝庫として，様々な重要な技術の熟練者として，また若者に対する教師としての老人の役割の重要性である。

北太平洋の生物相によって供給される多様な資源基盤は，大きくて安定したアリュート人口の持続によって洗練された，特筆すべき豊かな知的文化の発展を可能にする主要な要因とされている(Laughlin 1980: 20)。

表I-1.4は食物獲得活動における老人の持続的な役割について示している。この食物調達は，社会に対して多様で利用可能な食料を供給するだけではなく，アリュート社会における老人たちの自己充足と生産活動を直接拡大する点で重要である。このような有益な活動は，健康状態や寿命に好影響を与えると思われる。調査によって，先史時代から現在まで，アリュートの平均余命が北太平洋から北大西洋地域にまで広がるアリュート＝エスキモーのどのグループよりも長いことが示された(Harper 1979: 327)。

広範囲にわたる食物獲得上のニッチの存在が老人の生存率を増加させ，それによって集団に適応的有利さをもたらすという主張は，2つの異なる居住域に暮らすアリュートを比較することによって検証することができる。1820年，アリュートの一部がロシアの行政官によって，400 km北に位置するオットセイと鳥が豊富なプリビロフ諸島へ移住させられた。プリビロフ諸島のアリュートの平均余命は，故郷に残ったアリュートに比べると極めて短い。アリューシャン列島のアリュートの間では80歳以上の老人は珍しくなかったが，プリビロフ諸島では70歳に達するアリュートはほとんどいなかった(Harper 1979: 317)。

プリビロフ諸島の環境的欠落について，ラフリンは次のように述べている(Harper(1979：326)による引用)。

1) 淡水の川や湖の欠如：これはサケの欠如を意味するが，サケはアリューシャン列島のアリュートにとって重要であり，すべての年齢層の人が参加し

て築や網で獲るものである。
2）複雑な海岸線の欠如：アリューシャン列島の複雑な海岸線は，避難できる入り江であるとともに，身体的障害者にも資源が利用できる領域を供給する。
3）広範な岩礁の欠如：海生無脊椎動物の利用可能度を減少させるとともに，波浪からの保護機能の減少により，荒天期に保護水面内で船により安全に漁をする可能性が失われる。
4）沖合の島の欠如：燃料，あるいは道具，船，家を作る材料として有用な流木の利用可能度を含め，沿岸の資源収集の多様性と安全性が減少している。
5）多数のオットセイの存在：多数の海獣が上陸すると，長期間にわたって主要な無脊椎動物資源を採集するための浜辺や海岸線が利用不能になる。

おそらく，人間の生態学的行動を理解するための「選択」の重要性を示すよい指標は，アリュートが海鳥やオットセイの集団繁殖地が密集するプリビロフ諸島を長い間知ってはいたが，彼らの自由意志によってその諸島に居住しないことを選択したという事実であろう。

引用・参考文献

Bisset, N. G.
　1976 Hunting Poisons of the North Pacific Region. *Lloydia* 39 (2-3): 87-124.
Chikuni, S.
　1985 The Fish Resources of the Northwest Pacific. *FAO Fisheries Technical Paper* 266: 190p. Rome: FAO.
Dunbar, M. J.
　1985 The Arctic Marine Ecosystem. In F. R. Engelhardt (ed.), *Petroleum Effects in the Arctic Environment*. pp.1-35. London: Elsevier Applied Science Publishers.
Favorite, Felix, A. J. Dodmead and K. Nasu
　1976 Oceanography of the Subarctic Pacific Region 1960-1971. *International North Pacific Fisheries Commission Bulletin* 33: 187p Vancouver: International North Pacific Fisheries.
Fay, Francis H. and Tom J. Cade
　1959 An Ecological Analysis of the Avifauna of St. Lawrence Island. *University of California Publications in Zoology* 63 (2): 73-150.
Freeman, M. M. R.
　1970 Not by Bread Alone: Anthropological Perspectives on Optimum Population.

　　　　In L. R. Taylor (ed.), *The Optimum Population for Britian*. pp.139-149. London: Academic Press.
Gaskin, D. E.
　　1972 *Whales, Dolphins and Seals*. New York: St. Martins Press.
Gosho, M. E., D. W. Rice and J. M. Breiwick
　　1984 The sperm whale. *Marine Fisheries Review* 46 (4): 54-64.
Graburn, Nelson H. H. and B. Stephen Strong
　　1973 *Circumpolar Peoples: An Anthropological Perspective*. Pacific Palisades: Goodyear Publishing Company.
Gulland, J. A. (ed.)
　　1971 *The Fish Resources of the Ocean*. West Byfleet: Fishing News (Books) Ltd.
Harper, Albert B.
　　1979 Life Expectancy and Population Adaptation: the Aleut Centenarian Approach. In W. S. Laughlin and Albert B. Harper (eds.), *The First Americans: Origins, Affinities and Adaptations*. pp.309-330. New York: Gustav Fischer.
Kasahara, Hiroshi
　　1964 *Fisheries Resources in the Northwest Pacific Osean*. Pt. I and II. Vancouver: University of British Columbia.
Laughlin, W. S.
　　1968 Hunting: an Integrating Biobehavior System and its Evolutionary Importance. In Richard B. Lee and Irven Devore (eds.), *Man the Hunter*. pp.304-320. Chicago: Aldine.
　　1980 *Aleuts: Survivors of the Bering Land Bridge*. New York: Holt, Rinehart and Winston.
Miles, Edward, Stephen Gibbs, David Fluharty, Christine Dawson and David Teeter
　　1982 *The Management of Marine Regions: The North Pacific*. Berkeley: University of California Press.
Nemoto, T.
　　1959 Food of Baleen Whales with Reference to Whale Movements. *Scientific Reports of the Whale Research Institute, Tokyo* 14: 149-290.
Nemoto, Takahisa and Akito Kawamura
　　1977 Characteristics of Food Habits and Distribution of Baleen Whales with Special Reference to the Abundance of North Pacific Sei and Bryde's Whales. *Report of the International Whaling Commision* Special Issue 1: 80-87.
Omura, Hideo
　　1977 Review of the Occurrence of Bryde's Whale in the Northwest Pacific. *Report of the International Whaling Commission* Special Issure 1: 88-91.
Osborn, Alan J.
　　1983 Poison Hunting Strategies and Marine Mammal Exploitation: Implications for

Circumpolar Archaeology. Paper presented at the XIth International Congress of Anthropological and Ethnological Science, Vancouver.

Piddocke, Stuart
  1965 The Potlatch System of the Southern Kwakiutl: a New Perspective. *Southwestern Journal of Anthropology* 21: 244-264.

Smith, W. O. Jr. and D. M. Nelson
  1986 Importance of Ice Edge Phytoplankton Production in the Southern Ocean. *Bioscience* 36 (4): 251-257.

Suttles, Wayne
  1960 Affinal Ties, Subsistence and Prestige among the Coast Salish. *American Anthropologist* 62: 296-305.

Tuck, L. M.
  1961 *The Murres: Their Distribution, Population and Biology*. Ottawa: Canadian Wildlife Service.

Whittaker, Robert H.
  1975 *Communities and Ecosystems*. New York: Macmillan Publishing Co.

Yesner, D. R.
  1977 *Prehistoric Subsistence and Settlement in the Aleutian Islands*. Ann Arbor: University Microfilms.

2 先史期における北太平洋沿岸地域の
　　海獣狩猟

ウィリアム・ワークマン／角　達之助訳

(1) 北太平洋沿岸諸族による海獣類の利用

　北太平洋沿岸地域の諸民族は様々な海獣類も利用した。利用された動物は体重約18〜36 kgのラッコ(*Enhydra lutris*)(Smith 1979: 180)から40 tかそれ以上のホッキョククジラ(*Balaena mysticetus*)(Smith 1979: 261, 271)まで幅広いものであった。シロイルカ(*Delphinapterus leucas*)や雄のセイウチ(*Odobenus rosmarus*)，トド(*Eumetopias jubata*)は 1 t を超えるが(Smith 1979: 190, 193, 246, 268, 270)，よく狩猟対象となる数種のアザラシ類は100 kg以下である。ホッキョクグマ(*Thalarctos maritimus*)は実際には生活の大半を沖合で過ごすので海獣類に含め，一方，北西太平洋のマグロのような大型魚類は海獣類と同様の捕獲方法で捕獲されるので，海獣類に含めてよいかもしれない。
　北太平洋の狩猟者は，クジラを除いてほとんどすべての海獣類を狩猟対象としてきたと考えられる。クジラは捕獲しなくても漂着個体はよく利用されていた。獰猛なシャチ(*Orca sp.*)は広範な地域で忌避され(McCartney 1975: 294)，同様に，稀にいるアザラシ捕食性のセイウチも攻撃的なので食用にするには危険であると考えられていた(Freeman 1984: 42)。海獣類は北太平洋沿岸諸族によって，驚くほど様々なものに利用された。肉や脂肪，血(McCartney 1975: 304, Table 1)は人やイヌの食料となった。大小のクジラ類の特定部位の皮は珍味とされ(Fitzhugh and Kaplan 1982: 71)，他の皮は茹でておき，食料不足のときに食した。大部分の内蔵が食され，深い海底に生息するため直接採取できないハマグリを，セイウチの胃から得ることもあった(Freeman 1984: 43)。海

獣類が断熱材として豊富に持つ脂肪は，北方地域の食料源として特に重要である。脂肪はカロリーが高く，寒さにさらされた人体が必要とする熱量の大部分を補うことができる(McCartney 1975: 300)。北方の食料源には炭水化物がほとんど含まれていないので，人間は，脂肪によってのみタンパク質を利用することができる(Freeman 1984: 45)。民族集団によっては，脂肪の過剰摂取がケトン症と呼ばれる危険な症状を引き起こすことがあるが(Denniston 1974: 149)，最近の調査結果では，エスキモー(とおそらく他の北方諸民族)は代謝経路を変えることによってこうした状態を避け，タンパク質と同じくらい容易に脂肪からもエネルギーを得られることが分かっている(Yesner 1980: 733)。生で海獣類を食することで，豊富にビタミン類も摂取できる。また海獣類の脂はランプの燃料となり，木材が乏しい地域では，暖をとり，明かりをともすための重要な資源でもあった。

　ブーツの底やその他の衣類，ボートの覆いや綱の材料に海獣類の皮が利用された。小型アザラシ類の1頭丸ごとの皮は，穴を塞いで空気を吹き込めば銛綱の浮き袋となり，また海獣類の膀胱は投げ矢の浮き袋として利用された。後代の貿易商人と異なり，北太平洋沿岸諸民族にとってはさほど重要でないラッコの皮は，地域によってはローブやパーカとして利用された(McCartney 1975: 304, Table 1ほか)。海の狩猟者にとって必需品の軽くて防水性に富んだ衣服は，海獣の内臓などで作られていた。数種の海獣類の腱も重宝された(例えばベーリング海のシロイルカなど，Fitzhugh and Kaplan 1982: 71)。ある種のクジラから取れる，堅くて弾力のある鯨髭は，様々なものに加工された。トドの堅い頬髭は装飾に用いられた。

　海獣類の骨は非常に緻密で骨髄を含まないため，陸獣類の骨のように食料には適さないが，クジラの脊椎にある海綿状の組織は食料とされることもあった(Clark 1974: 80-84)。海獣類の四肢骨は，形が悪いため，陸獣類や鳥類の骨のようにものを作る道具としては不向きである。大型海獣類の肋骨は，錐や刃物に加工したり，木材を加工する際のくさびにすることができる。小型海獣類の肋骨は，石器を作る際の剝離道具(Aigner 1966: Fig. 17-20)として，または複合式釣り針の軸としても利用される(Clark 1974: 60)。大型海獣類の四肢骨の断片は，陸獣類や鹿角など，簡単に加工できる素材がない場合の代用素材とし

て様々な道具となった(Aigner 1966 を参照)。クジラの肋骨，下顎骨，肩胛骨は木材が十分に確保できない場合に，住居の主要な建築資材となった。こうした大きくて頑丈な建築資材なしでは，北極圏沿岸で大型の頑丈な住居を建てることはできなかったであろう。補足すれば，セイウチの牙(または量的には少ないが，クジラ類や小型海獣類の歯)は，利用価値の高い道具へと加工され，さらに信仰面において重要な，丈夫で装飾的なものを作る素材として利用された。多くの海獣狩猟具の「装飾」は，単なる装飾というよりは，むしろその道具に意図的に施されたものと見るべきであろう。

(2) 海獣類捕獲の方法

北太平洋地域には海獣類を捕獲する多様な技術があったが，そのすべてをもっている集団は存在しなかった。技術のいくつかはとても単純で，ほとんど，あるいは全く特別な装置を必要としない。私は，こうした簡素な捕獲技術では，北方狩猟民が必要とする海獣資源を確実に得ることはできなかったと考えている。最も簡単なのは，浜辺に打ち上げられたクジラなどの死体を利用することである。考古学的には，捕鯨を行っていた集団と，漂着クジラを利用していた集団とを判別することが困難な場合が多い(例えば Freeman 1979)。先史時代には，体は大きいが攻撃に弱いステラーカイギュウ(*Hydromalis gigas*)は，北太平洋の両沿岸において捕獲されていた可能性が高い。この浅瀬に生息する潜水できない生き物は，18世紀のコマンドル諸島で急速に絶滅したことからも明らかなように，水中を歩いて捕獲するという，想像する限り最も簡素な方法で捕獲できた(Domning 1972)。アザラシ類，ラッコ，トド，セイウチが上陸しているときはボートや徒歩で近づいて，投げ槍や，突き槍，棍棒で仕留める(例えば McCartney 1975: 298)。ベーリング海の沖合流氷上のワモンアザラシは，棍棒で殴り(Fitzhugh and Kaplan 1982: 79)，また氷上のセイウチには，現在は金属製の斧を用いる。これらの方法でさえ，昔ほど単純ではない。海獣類は陸生の捕食者によく襲われるような場所ではなく，ボートを使わないと行けないような絶壁に囲まれた岩陰や沖合の小島に上陸する傾向がある。あるカナダ・イヌイトたちは，セイウチがいつも利用している上陸場では捕獲しない。

セイウチが2度とその地域に近づかなくなるのが心配だからだという(Freeman 1984: 46)。同様のことは，アラスカ湾のトドについても報告されている(Wrangell 1839: 49)。

その他の狩猟方法では，銛やボートのような特別の装備が必要である。北太平洋の開氷域では，浮き袋や柄のついた銛を投げたり，手で突いたりして大小の海獣類が捕獲されたであろう。逃げ疲れた海獣類は棍棒や突き槍で仕留められた(McCartney 1975: 298)。大型クジラ類は，毒を塗った大型の粘板岩製の槍先で刺し，死んで浜辺に漂着するにまかせた(Clark 1974: 72-73および参考文献参照)。アザラシ類やラッコ，おそらく他の海獣類は網でも捕獲された(Clark 1974: 71)。ベーリング海では，秋にはシロイルカでさえ網で捕獲でき(Fitzhugh and Kaplan 1982: 70)，アラスカ沿岸では海氷の状態がよいときは，多数のアザラシを網で捕獲した(Fitzhugh and Kaplan 1982: 77; Murdoch 1892: 252)。魚を追って大河を遡上したアザラシ類やシロイルカは，河口から何マイルも離れた上流で捕獲することができた(Fitzhugh and Kaplan 1982: 69)。シロイルカやセイウチは時に潜って逃げられない浅瀬に追い込まれて捕獲された(Fitzhugh and Kaplan 1982: 70, 81)。

北はアメリカのアラスカ半島から，南はアジア大陸沖合の北海道北部まで，海氷が季節的に見られる地域では，別の狩猟方法が必要であった。巨大なホッキョククジラを含む様々な海獣類は，海氷が移動経路を開き始めると，開氷域でボートから捕獲された。小型の海獣類は海氷の縁から銛を投げたり突いたりして捕獲され，またボート上の狩猟者は，氷塊に這いのぼっているセイウチを捕獲した。海が完全に結氷したとき，狩猟者は氷の下で越冬するアザラシ類の呼吸孔を探し，銛を構えてアザラシの浮上を待ち構えた。これと同様の捕獲方法は，(銛は使わないが)太古の昔からホッキョクグマが行っていた。春になると，狩猟者はアザラシが氷上でひなたぼっこをしながら微睡んでいる間に這って近づいた。こうした海氷猟の技術についてはネルソンが詳細に報告している(Nelson 1969)。

(3) 銛と人類史

　海洋で首尾よく海獣狩猟を行うためには，古くから陸獣に対して用いられていた槍を改良する必要があった。そこで発明されたのが銛であった。銛は先端に綱がつながれるのが基本であり，獲物に刺さったとき先端部が柄から離れるようになっている。Porsildは，銛を「水中の獲物を捕らえるために先端が尖った，カエリがついた狩猟具で，浮き袋，ボート，氷，あるいは狩猟者自身と獲物をむすぶために，綱が取り付けられる」として，詳細に定義した（Porsild 1915: 124）。銛は獲物に傷を負わせるだけでなく，獲物を綱に結びつけるという点で，投げ槍や突き槍とは区別される。銛の機能は，自由に海上から海中へと潜り込む海獣類を捕らえることを可能にする。

　銛は回転式の銛とカエリ式の銛（あるいはカエリ式の投げ矢）の2種類に大別される。カエリ式の銛は古くからあり，獲物に刺さったとき，木製の柄から銛頭が外れて，綱によってつながれるという機能をもつ。これが洪積世後期にユーラシアからアフリカまで広く分布した槍先との違いである。1つ，または数個の鋭利な突起を一方の側面，または両側面にもち（カエリ），これが動物の皮を突き抜けて肉の奥深くにまで刺さることによって，獲物を確保することができる。銛頭の基部は，木製の柄に直接開けられた細い孔やソケットピースと呼ばれる中間部材にはめ込まれた。カエリ式銛は，ラッコや小型アザラシのように綱にかかる圧力が弱い獲物には，それ自体で強力な狩猟具となるが，綱にかかる圧力が強く，潜って逃げようとする獲物に対しては，柄に取り付けられた浮き袋が目印の役割を果たし，他の狩猟具で仕留めるまで追跡することができる。また周囲に氷塊がある場合，獲物はその下に潜って刺さっている銛頭を引き抜くことがある。大型あるいは皮の厚い獲物を捕らえるためには，綱を大きな浮き袋に結びつけ，さらに綱をボートに繋いだり人間の手で持ったり，または浮氷があればそれに結びつけて，獲物からの引きに対抗する（Arutiunov and Sergeev 1975: 161; Fitzhugh and Kaplan 1982: 67; Nelson 1899: 135-137; Porsild 1915: 126-127, 155）。

　前述のとおり，カエリ式の起源は，後期旧石器文化にまで遡る。「突く」より「投げる」ようになってカエリ式が重要になったのではないか。そのときか

ら何度も突いて獲物を捕獲するよりは，逃げる獲物の傷に突き刺して捕獲する道具を好むようになったのである。投槍器（アトラトル）はユーラシア後期旧石器文化の後半にはすでに存在していた。氷河期末期に陸獣に対して使用されていたカエリ式槍は，地上の様々な地域で繰り返し改良され銛に変化したのであろう。陸獣類に使用された後期旧石器文化の槍は，槍頭から柄が外れて薮に引っかかり，獲物が逃げるのを遅らせるように使用された可能性もある。いずれにしても，ヨーロッパ西部のマドレーヌ期の銛頭のいくつかには，綱を結びつける索孔傾向がある。

　カエリ式の銛は広範囲に分布したので，その起源や進化に関わる地域を探ることは無意味である。カエリ式銛は，北太平洋周辺の多くの地域において，回転式銛よりも明らかに古く，数千年も遡るように思われる。これはブリティッシュ・コロンビア州の沿岸部（Fladmark 1982: 112），アラスカ半島の太平洋沿岸（Clark 1977）やアリューシャン列島（Aigner 1966：論旨は4000年前に相当する古チャルカ遺跡には回転式銛は見られず，隣接した新しい遺跡からはそれらが見出せるというもの）にあてはまるケースで，ことによると本州北部（Yamaura 1980）にもあてはまるかもしれない。この状況はベーリング海地域においては明らかではないが，後に述べるように，本格的な海獣狩猟がこの地域で見られるようになったのは比較的遅い。北太平洋周辺の初期のカエリ式投げ矢は，綱を固定する索孔ではなく，単に基部が広がっているか，稀に溝をもっているだけである。興味深いことに，これら初期の北太平洋の銛の形態は，数千年間も南アメリカ南部の海洋狩猟者によって維持されてきたことが考古学・民族学の調査によって確かめられている。メイソンがはるか以前に報告したとおり，南アメリカの銛は，銛頭，銛綱，柄の組み合わせという単純なものであるが，これは明らかに投げ槍から銛へと変遷した可能性を示すものといえる（Mason 1902: 199, 212-213）。結論からいえば，カエリ式と回転式の銛を厳密に区別すべきではない。なぜなら，いくつかのカエリ式銛は，ある程度まで回転することができるし，アザラシ猟に用いた先史時代後期のソケットをもつ（つまり回転機能をもつ）銛には，多くのカエリがあり，それらがもし回転するならば，これらの区別が不確かになるからである。

　もう1つの主要な銛頭は回転式（あるいは雌形）である。それは基部にくさび

状に尖った柄(あるいは中柄)を差し込むタイプのものよりも，むしろ骨や牙，鹿角で作られた中柄を受けるための溝または孔をもつタイプのものである。その銛は，基部に回転軸となる「距」と呼ばれる長い突出部を1つあるいは複数もつ。この基部の構造は，銛頭が細長い中柄の助力によって獲物の体内に打ち込まれたとき，体内で銛頭全体が回転するためのものである(Fitzhugh and Kaplan 1982: 67; Mason 1902: 202)。回転すると，入った傷穴から引き抜けなくなり，獲物は皮が厚いので確保されてしまう。回転式銛はこうして巨大クジラ類に至る大型の獲物を捕獲することができ，銛綱に伝わる獲物から受けるかなり大きな引きにも耐えることができる。さらに，銛頭全体が獲物の皮下に入り込み，銛綱だけが狩猟者，ボートまたは浮き袋と結束するものとなれば，獲物は氷塊にぶつけて銛頭を壊すことができなくなる。このため，回転式銛は，あまりに強力でカエリ式銛だけでは捕獲することができない大型動物の狩猟や，海氷が漂っている地域での狩猟に適している(Arutiunov and Sergeev 1975: 161; Fitzhugh 1975a: 375)。それゆえ，カエリ式銛はアラスカ湾やアリューシャン列島に多く，逆にこれらの地域では回転式銛が少ない。反対にベーリング海周辺で収集された銛頭は90％以上が回転式である。この地域ではカエリ式銛もごく普通に見出されるが，その利用は，離れた獲物を狙って特殊な小型の槍(銛型ダーツ)を投槍器で投げる開氷期の狩猟に限られる。回転式銛が銛頭を皮下深くまで突き刺さなければ獲物を捕獲できないのに対し，先端部さえ突き刺せば捕獲できるカエリ式銛の方がより効率的とする見解があるが，上記のような事実から私は疑問を感じる。

　回転式銛はあらゆる大きさの海獣類を捕獲するために使用された。本州では，マグロのような大型魚類を捕獲するためにも利用されていた(Yamaura 1980: 13)。こうした銛は通常は沿岸で使用されるものだ。稀に内陸部で見られる銛頭は，おそらく大型魚に対して，また陸獣類に対しても利用されたであろう(例えばYamaura 1980: 18)。大きさや，時に形状が異なる銛頭が，それぞれ異なった海獣類に対して使用された。例えばベーリング海地域では，小型アザラシ類，大型アザラシ類とシロイルカ，セイウチ，クジラ類用の4種類の銛頭があった(Fitzhugh and Kaplan 1982: 67)。100年前のポイント・バローでは，クジラ用，セイウチ用，アザラシ用の銛頭は，形は同じで大きさだけが違って

いたことが記録されており（Murdoch 1892: 219），チュコト半島のエスキモー狩猟者の埋葬時には，セイウチ用銛頭だけでなく，シロイルカのような皮の薄い海獣類の狩猟に適した細長い銛頭も副葬された。しかし，銛の大きさは，すべての地域で獲物の大きさに対応しているわけではない。グリーンランド西部のエスキモーは，シロイルカやイッカク（*Monodon monoceros*）の狩猟には，大型の銛を用いていたが，セイウチの厚い皮に銛を突き通すには，むしろ小型の銛の方が適していると考えていた（Porsild 1915: 130）。ほかにも微妙な要因が働いたため，チュコト半島のある遺跡から出土した回転式銛頭には異なる型式が混在していた。アルチューノフとセルギーエフは，微妙な環境の相違が，直線距離にしてわずか25 kmしか離れていない同時期の2つの遺跡で，全く異なる型式の銛頭を生み出したことを論じ（Arutiunov and Sergeev 1975: 162-163），また彼らは，同地から出土した新しいタイプの捕鯨用銛頭の装飾が失敗作として解釈できることにも触れた（1975：164）。結論としていえることは，外来要素の強い銛頭がたった1つしかなければ，何年も前に，はるか数百マイルも離れた場所で放たれた銛頭が，大型海獣類の体内に残ったまま当遺跡へと運ばれたのかもしれない（Mason 1902: 264）。こうした孤立した発見は，当地の銛撃ちに新たなアイデアを与えたかもしれないが，遠く離れている集団間に直接的な交流があったことを意味するものではない。

　回転式銛は，多くの部品からなる非常に複雑な道具である。銛は基本的には，銛頭（石鏃や鉄鏃を伴うものと伴わないもの，側刃を伴うものと伴わないものがある），中柄，ソケットピース，柄，銛綱から構成される。「選択的装備」としては指受け，綱受け，銛頭防護カバー，アイスピック，栓と空気を吹き込む弁付きの浮き袋などがある（Murdoch 1892; Nelson 1899）。さらに関連する装備も含めるとするなら，カヤックの様々な付属品，アザラシ待ちぶせ用の椅子，アザラシ誘因具，傷口栓，お守り等，途方もなく多様な部品を挙げることができる。ある研究者は，エスキモーのアザラシ用銛と浮き袋の部品を32個と数えた（Oswalt cited in McCartney 1975: 330：上述した3つの構成からなる南アメリカのカエリ式アザラシ用銛と比較して）。またある銛の先学者はいくつかの根拠によって「銛は未開人が発明した最も複雑な装置である」と述べた（Mason 1902: 197）。たしかに，それは産業化以前に知られた最も複雑な装置

である。カエリ式銛頭と違い，回転式銛頭は，ユーラシア旧石器文化の道具類のなかに，構造上の原型を見出すことができない。全世界を見渡しても，回転式銛頭は内陸部よりむしろ沿岸部と密接に関わっており(Fitzhugh 1975: 13)，その分布はカエリ式銛頭よりも限定されている。

　回転式銛は，ヨーロッパ北西部(Gjessing 1944: 16-17)やアジア南東部の狩猟民ネグリトの間に（例えば Radcliffe-Brown 1964: 436-439 等），またカリフォルニアからアムール川流域の北太平洋周辺に(Mason 1902: 216; Yamaura 1980)，アメリカ北極圏沿岸を横断してグリーンランド，さらに南下して北アメリカの大西洋岸に存在し(Tuck 1975)，その複雑な装置の発祥地について，激しく議論されているところであるが，回転式銛頭がカエリ式銛頭よりも新しい発明であることだけは明らかである。北大西洋ラブラドル沿岸の L'Anse Amour 古墳出土の副葬品としてよく知られる最古の回転式銛頭は，8000 年前から 7000 年前のものとされた(McGhee and Tuck 1975: 85-92, 116)。この銛頭は索孔を欠くが，閉窩式で，優美に形作られた距をもっており，特に原始的というわけではない(McGhee and Tuck 1975 pl. 25-a)。また約 4000 年前の，ニューファンドランドに近いポールトーシュアーでかなり精巧な開窩式の回転式銛頭が発見されたことは，回転式銛頭が発達した初期の中心地が北アメリカの大西洋沿岸地域であったことを示唆している。

　以上のように最古の北大西洋の銛頭は，特に原始的に見えるわけではない。北太平洋沿岸については事情がやや異なる。約 3500 年前とされるブリティッシュ・コロンビア州の最古の回転式銛頭は，中柄を受ける孔を穿たれた基部，銛綱を受けるための胴部の孔と鹿角と同程度に尖った先端をもつにすぎない(Fladmark 1986: 72, Fig. 18)。これは，奇しくも何年も前に Mason によって想定された回転式銛頭の原型によく合致していた(1902：216)。3000 年前以降に，アラスカ西部沿岸に展開したノートン文化の回転式銛頭群も，形態的には原始的で石鏃をもたず（たまに索孔ももたない），革か皮紐をつなぐための溝をもつ開窩式である(Yamaura 1977)。同時期の関連する形として，アラスカ湾のもの(de Laguna 1975: pl. 38-11-16; Yamaura 1977)や北東アジアのものが知られている(Yamaura 1980)。約 3500 年前とされるクルゼンスターン岬のオールド・ホエーリング文化の回転式「アザラシ用銛頭」は(Giddings 1961:

166)，この地域の最古のものであろうが，残念ながら図示されていない。2800年前とされるクルゼンスターン岬のチョリス文化の未完成の回転式銛頭は，シンプルではあるが，特に原始的というわけではないようである。

このように，回転式銛頭は，おそらく何回か発明された。もちろん，隣接する地域間（例えば北大西洋とカナダ極北圏，北太平洋とベーリング海東部，あるいは北太平洋とベーリング海東部のいずれか，あるいは両方と北東アジア）で情報交換があった可能性があり，各地域それぞれの銛頭の発達史は同じではない。

これらの地域を概観すると，各地域ごとに発達した銛頭が，偶発的に他の地域の銛頭に相互に影響しあっているだけであるが，それでもなお，銛頭利用の発達には一般的な傾向が認められる。例えばブリティッシュ・コロンビア州沿岸の最古の銛頭は，両側面に複数のカエリをもっており，これらは，貝塚の堆積が始まって有機物が保存されるようになる5000年から3500年前の間に現れた（Fladmark 1982: 112）。これらはおよそ同時代のアラスカ湾出土の型式を想起させる（Carlson 1970: 117）ものの，私の考えでは，細部については一致していないと思える（Workman 1984）。3500年から1500年前の間は，片側側面にカエリをもつ銛頭だけが優勢になり，初期の原始的な回転式銛頭も現れる（Fladmark 1982: 114, 1986: 72）。またこの頃には，いくつかの部品を巧妙に組み合わせ，端刃をもつ最初の回転式銛頭も現れる。1500年前以降，複合型式の銛頭は，ブリティッシュ・コロンビア州北部まで北に広がった（そしてさらに北へも）。ブリティッシュ・コロンビア州南部沿岸には，この時期カエリ式銛頭は見られなくなり，様々な大きさや形の複合式回転式銛頭にとってかわってしまった（Fladmark 1982: 116）。技術的には回転式銛頭として分類されるとはいえ，これらの複合型式の銛頭は，本稿で論じる回転式銛頭とは大きく異なっており，他の型式とは何ら意味のある関係をもたないとするCollins（1937：317）の見解に全く同意するものである。これらは，結果としてはるかアラスカ半島北部にまで広がるが，私の知る限り，南ベーリング海の北側では見受けられない。

アラスカ湾沿岸では，回転式銛頭はカエリ式投げ矢に比べると少ない。これらは単純な形態のものが多いが，できは良く細かな型式にはかなりの多様性が

あるように思える。複合的なものは，2000年前あるいはそれ以前にカチャマック湾に現れた。これら2つの部分からなる銛頭は，先に論じたブリティッシュ・コロンビア州の複合形の銛と関連するが，細部ではいくつかの違いがあると思われる。原始的な回転式銛頭はおよそ3000年前以降にカチャマック湾に現れ(de Laguna 1975)，索孔がない単純な例はコディアック島でわずかに早く現れる(Clark 1966)。この地域では端刃をはめ込む溝がない単純な開窩式銛頭は，溝をもつ銛頭と閉窩式の銛頭，あるいはそのどちらかに先行して現れるようであり，さらに距を複数もつものが数例先史時代末期に現れる(Yamaura 1977: 24)。見事な回転式銛頭がポートモラーから出土しているが，詳細は報告されていない。1980年の時点では，回転式銛頭は2000年前以降でないと現れないとされたが(Okada 1980: 107)，後にこの遺跡の大規模調査が行われれば状況は変わるかもしれない。回転式銛頭はアリューシャン列島では比較的稀に，また比較的遅くに現れる。ここでは開窩式の銛頭は全く知られていない(Yamaura 1977: 65)。

　世界の回転式銛頭の多くは，装飾が最小限で単純な実用的道具だが，約2000年前から1000年前にベーリング海峡付近(隣接する北東アジアを含む)のエスキモーによって作られたとされる回転式銛頭は，精巧に装飾されている。ベーリング海南部で，前世紀まで修正され続けてきたこの装飾の重要性(Fitzhugh 1986: 135)については後述する。セント・ローレンス島では，約2000年前のオクヴィック文化／古ベーリング海文化期の，複数の距と複雑な装飾をもつ開窩式の銛頭から，1つの距と最小限の装飾をもつ閉窩式銛頭へと，巨視的に見れば連続してきた(Arutiunov and Sergeev 1975: 162)。この地域の特徴として，初期の形態にはしばしば側刃がはめ込まれていた。同様にこの地域では側刃をもつ突き槍頭や矢じりがあり，初期段階の側刃付きの銛は，これら陸獣狩猟具につけられた刃に由来するとしたArutiunovとSergeevは，正しいかもしれない(Arutiunov and Sergeev 1975: 161)。Yamauraは，古ベーリング海文化とイピウタック文化の銛頭は，紀元前1000年紀頃のノートン文化に特有の開窩式銛頭に由来すると論じた(Yamaura 1979: 123)。同様に，ノートン文化の単純な銛頭の原型は，アラスカ湾と北東アジア双方の形態と関連しているようである。FitzhughとKaplanによれば，違いがはっきりしている新し

い銛頭の分布が，北部のイヌピアット・エスキモーと南部のユピック・エスキモーの分布に対応し，北部では単純な形の銛頭が普及し，ベーリング海に沿って南下するにつれ，銛頭はますます複雑に，また高度に装飾されるようになるという(Fitzhugh and Kaplan 1982: 83)。このような実証的で確認作業がなされた観察を考古学者たちは歓迎する。

　私は，ベーリング海付近のエスキモーの領域を除く北東アジアの銛頭の歴史については，ほとんど知識をもちあわせていないので，日本の考古学者・山浦の研究に依拠することにする。他の地域の傾向と並行して，本州北部の縄文文化ではカエリ式銛頭が回転式銛頭に先行するという指摘がある(Yamaura 1980: 17)。初期の開窩式・回転式銛頭は北海道の縄文文化で見られ，それは東方のノートン文化の銛頭に著しく似ているといわれる。放射性炭素年代は，これら縄文文化の銛頭が太平洋北西部における最古の回転式銛頭であることを示すが，残念ながらそれらの年代は得られてはいない。形態的特徴は，前期から後期まで強い連続性が見られる。他の地域ではあるが，閉窩式は開窩式に遅れる(Yamaura 1980: 16)。数人の研究者により，内陸部アナディル川流域にあるウスチ・ベライア遺跡から出土した3000年前の古い回転式銛頭と，ノートン文化の銛頭の類似点が指摘されている(Ackerman 1984: 116-117; Yamaura 1980: 17)。

(4) 海獣狩猟の長所と短所

　本稿は人間と海獣の関係に力点を置いているが，そもそも人間は魚類，鳥類，貝類などの海洋資源に適応してきた。このような海洋適応は，北方諸民族が選択できた他の選択肢と比較しても多くの利点がある。北方地域内陸部のツンドラや森林地帯の生態系は，比較的生産性が低く不安定である。食用となる植物は乏しく，獲物の多様性は限られており，重要な食料(例えばカリブー)は個体数の変動が激しく，変則的な移動パターンを繰り返す。これに対して海洋生態系は，利用可能な資源に幅広い多様性があり，より生産性が高く安定している(Fitzhugh 1975a: 353)。これらのことは，人間の技術がこうした資源を収獲するのに十分な水準にあることを前提としている。多くの海洋資源，特に海獣類

と深海魚を利用するために必要な技術水準は非常に高度である。

　海獣類の体重に占める，人間にとって利用可能な脂肪や肉の割合は，陸獣類よりも高いようだ(Smith 1979: 264ff.)。Freemanは，カナダ北極圏のサウザンプトン島で得られる海獣類の重量のおよそ2/3が，地元のイヌイトとそのイヌによって利用されると指摘した。この数値は，おそらくアザラシの脂をオイルとして使用していた古い時代には，より高かったであろう(1984：45)。北方地域の炭水化物不足の日常食では，脂肪が非常に重要であることは上述した。海獣類は，陸獣類に比べて狩猟圧に左右されないとの指摘もある(Yesner 1980: 729, 批判的なコメントは737頁)。数人の研究者は，考古学的な見地から，北太平洋における長期間安定した海洋適応について論じている(Clark 1975: 221, 224; Fitzhugh 1975: 379-380; McCartney 1984: 134)。予測可能な資源に適応したため，沿岸部の人びとは古くから長寿命や高い人口密度を維持し，隣接した内陸部の人びとより良い暮らしをしていたこと(あるいはより美味な食料を摂っていたこと)がうかがえるという。Yesnerは，このような傾向が北方地域での陸上資源より海洋資源への依存度の高さを反映していると指摘した(1980：731)。同様に，長寿命や高い人口密度は，文化複合とも関わりあっているようだ(Fitzhugh 1975: 379)。

　もちろん，北の海獣狩猟民は地上の楽園に暮らしたわけではない。海獣狩猟に携わるにあたり，人間は巧妙だが脆弱な技術的防御だけを頼りに，生存困難な世界から身を分かち，巨大で危険な獣に立ち向かうため異質の世界に入っていったのである。セイウチは特に攻撃性が強く(Fitzhugh and Kaplan 1982: 82)，大型または多くの小型海獣類も，傷つけられれば攻撃してくるかもしれない。悪天候や氷上の急速な変化は，獲物と対峙したときよりも狩猟者たちを生命の危険にさらすであろう。そして不猟が続くと食料不足となり，ついには死ぬ運命にある。したがって，すべての北方狩猟民は季節的な食料不足に備えているようであり，南方の地域では特に貯蔵方法に工夫を凝らした(例えばMcCartney 1975: 301)。

　しかし北方諸民族は，海獣類のみに頼っているわけではない。他の地域では，海洋資源の利用と農耕(スカンディナビア)や集中的な植物採集(日本の縄文時代；Koyama 1978参照)を組み合わせているが，北太平洋北部地域では，植物

がほとんど利用できず，サケ類，貝類，カリブーなどの陸獣類の利用が中心であった。アリューシャン列島やコディアック諸島，セント・ローレンス島など，特に海洋資源の豊かな地域だけが陸上資源に頼ることなく生活することができた (Fitzhugh 1975a: 379; 1975: 14; McCartney 1975: 282)。

(5) 海獣狩猟の起源

　人間は，洪積世の頃は海洋資源をほとんど利用しなかったようである (Fitzhugh 1975a: 342; Yesner 1980: 734)。洪積世の遺跡からは海獣類の骨がほとんど出土せず，深海魚利用についても何の痕跡もない。ヨーロッパ後期旧石器文化期の少数のアザラシの骨は，おそらく清流にサケを追っていた時に，偶然に捕獲したものであろうと解釈されている。したがって，まさにシベリア後期旧石器文化期の遺跡のみが，魚類資源の広範囲な利用の痕跡を示すことになる (Cohen 1977: 1152)。このような状況は，ここ1万年の間に劇的に変化した。5000年前から4000年前までには，海洋狩猟・漁撈文化が，北西ヨーロッパや北アメリカの大西洋，太平洋，北東アジアの一部の地域，さらにその他の地域の沿岸など，多くの地域で発達した (Fitzhugh 1975a: 371; Yesner 1980: 734)。明らかに，海洋資源よりも陸上資源の方が，人間が利用するには容易である。陸上資源が十分であった長い間，海洋資源の利用に必要な複雑な技術の習得には，ほとんど目が向けられなかった。

　海洋狩猟は，農耕の出現と同様，中石器文化期に世界規模で進行した人間の食料獲得技術の多様性のなかに位置づけられるに違いない。陸上資源の減少と人口増加の双方，あるいは一方が要因となり，北方狩猟民は新天地の模索，そして水陸両用の資源の獲得に乗り出していったようである。広範囲にわたる環境の変化は，洪積世末期に起こった。これらの影響の1つとして，北方狩猟者が従来依存していた多くの陸上草食動物の絶滅が挙げられる。また同時期には，海進による海面の上昇により砂州の大部分が水没し，人間の居住空間が縮小した (Clark 1977; Cohen 1977; Ackerman 1984: 117-118; Workman 1980: 131)。Yesner は，いくつかの地域では，海獣類が洪積世における陸上動物群の絶滅に換わる代用品として最も利用可能な資源であったと指摘する (1980: 734)。

しかし，たとえそうであったとしても，海獣類利用へのシフトは，直ちには現れなかったはずである。というのは，発達した海洋狩猟の痕跡が認められるのは，洪積世後期の陸上草食動物の絶滅以後数千年を経てからであり，大型クジラの組織的な狩猟の発達は，それよりもかなり後のことである。

　海面レベルは，沖積世初期の頃は安定していなかった。初期の海の状況は，多くのデータから見て海面の上昇により浜辺や砂州が水没し，サケが遡上する河川の水量が不安定となり，人間は一定の場所に長期間居住することができなかったという(Fladmark 1975)。貝類の採集は生産性が低く，遡上するサケの捕獲も後のようには豊かでなかったであろう。6000年前から4000年前，多くの地域の海岸線が安定したのを機に状況が一変した。ブリティッシュ・コロンビア州とアラスカ南部のほとんどすべての貝塚は，5000年前以降に位置づけられている(Fladmark 1982: 110)。沿岸部に居住して海洋資源を利用することは，この時期以前はあまり魅力的ではなかったのであろう。

　海洋資源を効率的に利用するためには，それ以前に多くの技術革新が必要であったとする見解がある(例えばYesner 1980: 110)。北方地域で海洋狩猟を行ううえで技術的に不可欠なものとしては，海洋航行が可能なボート，十分な防水性をもつ衣服，そして銛の発明が挙げられる。初期の北太平洋地域の居住者は，すでに高い技術をもつ大型獣の狩猟者であったろう。彼らはおそらく，ボート上でカエリ式投げ槍を使い，例えば内陸部の水域でカリブーを捕獲したであろう。陸上の獲物を狙って先端が着脱式の投げ槍を使い，逃げる動物が引きずる投げ槍の柄が，林の中でひっかかることを期待したかもしれない(Workman 1980: 130-131)。これらの既存の技術力は，初めは比較的穏やかな水域で発揮され，後に海洋でも発揮されることによって向上し，完璧になっていったのであろう。

　理論的には，陸上での狩猟から海での狩猟への変遷は，季節的に結氷する北方地域においてはより容易であったと推察される。寒い時期の結氷した海は，そのまま陸地の延長とみなせるからだ。高性能のボートは，アザラシの呼吸孔猟や誘因具を使った氷上での猟には必要なかっただろうし，ホッキョクグマによる呼吸孔猟は，狩猟者の手本となっただろう。しかし残念なことに，海氷域から完全な海洋活動への移行という論理的シナリオは，後述するように，海獣

狩猟が結氷せず，したがって海洋航行が可能なボートを必要としたであろう北太平洋地域において，より古い時期にすでに成立していたという証拠と矛盾する。

以前に示された北半球における海洋適応の歴史は(Fitzhugh 1975a: 371-374)，近年の北太平洋での研究成果によって裏づけられている。6000年前以前には，沿岸部の資源は季節的に利用されるだけで，当時は内陸の資源も同様に重要だったと指摘された。すなわち，海洋適応の多くは，それ以前の陸上中心の適応から季節的に海岸へ，あるいは川辺へと拡散して始まったと論理的に説明されたのである(Fitzhugh 1975a: 371-374)。6000年前以降，海洋資源に対する重要性が増加し，海岸部での恒常的な居住が始まった。海面レベルが安定した沖積世中期になると沿岸部に村や貝塚が出現するという現象は明らかに関係する。私は，技術の向上と海洋資源を利用する専従者の出現が，沿岸部での居住を導いた可能性を指摘したい。より早い時期には，ある狩猟者が，内陸で使用する狩猟道具を持ち，おそらくはサケの豊漁を期待して，あるいはまた内陸での猟期の合間に収獲を得るために沿岸部へ赴いたのであろう。そしておそらくは，ほとんど肉を持ち帰ることができなかったので，沿岸部への進出という難事業に着手しようとしなかったのだろう。大型ボートや複雑な狩猟具など，内陸部での使用には不向きな道具で生活が満たされるようになったとき初めて，人間は何を狩猟対象とするかはもちろん，これらの道具をいかにして継続的に利用するか，という問題に直面した。海洋狩猟に必要な道具類，例えばカヤックや投槍器をうまく使用するには時間を要する。さらに，居住に最適な沿岸部の土地には限りがある。人口増加とこれらの要素により人間は沿岸部での居住へと拡散したのであろう。

沿岸部での居住形態の確立は，別の結果として人口の急速な増加をもたらしたようである。人口過剰，そしてさらに海洋環境をより効果的に利用するための技術の発達により，新しい土地に移動せざるを得なくなったであろう。アラスカの人口増加の歴史におけるいくつかのエピソードは，これらの条件によって解釈されている(Dumond 1975: 174, 177)。そして人口増加と近隣グループの複合が新しい社会形態の展開を促したのである。

(6) 先史海洋適応への理解

　海獣類が利用された痕跡を最もよく示すのは，いうまでもなく考古学調査により遺跡から発掘された海獣類の骨である。それらの遺物により，我々はその遺跡が使用された季節を知ることができる。陸上での海獣猟や座礁したクジラの利用と異なり，沖合での狩猟や漁撈の痕跡は，多量の深海魚の骨やイルカ，ネズミイルカのような小型クジラ類の骨が発見されることによって示される。残念ながら，そのような遺物は4000年前以前は滅多に見られず，また発掘された多くの動物骨は詳細に分析されてこなかった。近年の人骨による同位体分析により，過去の人間の食料源としては，陸上資源よりも海洋資源の方が比較的貢献していたとされるが，一見したところ，動物の骨が出土しない場所では，人間の骨も滅多に出土しないようだ。

　高性能なボートは，沖合猟に必須だが，ボートの部品は遺跡ではほとんど見受けられない。ボートの模型が作られたり，ボートが意匠として表現されたときだけ，我々は，それらについて多くのことを学ぶことができる。そのような遺物の出土は非常に稀であり，またつい最近のことである。ボートの存在を推定できる状況証拠としては，例えばコディアック諸島やアリューシャン列島の一部，そして千島列島などの諸島群に，人間が居住していた痕跡があることが挙げられる。沖積世初期に，東南アラスカやクイーン・シャーロット島に，多くの人間が居住していたことも，十分な操船術と海洋資源を利用する能力があったことを強く示唆している。

　カエリ式，回転式の銛頭およびそれに関連する装置については，上述したように，詳細に議論されてきた。残念なことに，酸性土壌による貝塚の消失や，海岸線の変化など，動物骨の保存に反して働く環境的要因は，銛頭のような道具類にも及ぶ。より耐久性のある石ランプのような遺物もまた，燃料となる樹木の少ない地域においては，海洋資源を利用した痕跡となろう。石ランプの存在は，燃料として燃やすための油脂が大量にあったことを示唆し，それに最も適した資源は海獣類の脂肪である。

　海洋資源を重要視したとする決定的で有効な指標は，居住形態の変遷と沿岸居住のあり方である。沿岸の集落が長期間利用された貝塚を伴い，堅牢な住居

の建設に労働力が投資されたと思われる場合，我々は，その沿岸部が季節的なベースとして以上の利用があったと考えてよいだろう(Dumond 1984)。

(7) 北太平洋沿岸における海獣類利用

ここで，北太平洋における海獣類の利用について，特にその痕跡が現れ始めた時期を中心に，簡潔にまとめてみよう。沖積世初期における海洋資源利用の痕跡の多くは，おそらく今や海の底である。我々は，ある地域で確認できる最古の海洋文化について語るときは，常にそれは我々がその痕跡から「当時」の生活のあり方を確認することができるだけであるということを忘れてはならない。我々が記録した最初の海洋文化について，特に古いものが見あたらない場合，我々は，そのような海洋適応が，急速に発達した可能性，あるいは現在確認されている痕跡よりもかなり古いものがある可能性の双方を考えてみなければなるまい。

貝塚は，5000年前までは現れない。しかし，沖積世初期には数種の海獣類の骨を含んだ動物骨群の集積が，ブリティッシュ・コロンビア州沿岸に存在したことが報告されている。アザラシ類，トド，ラッコ，イルカの骨が，バンクーバー島北部の本土側にあるナム遺跡より発見されたと報告されており，その遺跡は，9000年前から6000年前の間に位置づけられている(Hester and Nelson 1978: 97ff.)。しかし海獣類の骨は，確認された動物骨群のうち，わずか27％にすぎず，また人工遺物も出土していない。これらのデータは最近再検討され，この動物骨群は以前に考えられていたよりも数千年新しいものではないかと指摘されている(Fladmark 1982: 108-109)。またバンクーバー島の北東先端部のベアー・コーヴ遺跡に残された最も古い動物骨群は，約8000年前のものとされている(C. Carlson 1979)。少量の動物骨群中78％という高い比率で，小型歯クジラやオットセイ，トド，ゴマフアザラシ，ラッコなどの海獣類の骨が含まれていたことも報告されている。しかしこの遺跡でも人工遺物は出土していないため，結論としてFladmarkはこの動物骨群のすべては，4000年前のものとしてその年代を変更すべきであると主張している(1982：108)。沖積世初期のクイーン・シャーロット島での居住のあり方については，

遺物が石器だけであることから，当地での彼らの生活はほとんど何も分からない。しかし，彼らが有用な操船術をもっていたことは島に残された遺跡であることからも認められよう。5000年前以降，ブリティッシュ・コロンビア州沿岸に多くの貝塚が現れ，それらの遺跡からはしばしば漁撈具，狩猟具が出土している(Fladmark 1982: 110)。Fladmarkは，そのような遺跡が冬季の集落であり，定住地であったと指摘する(Fladmark 1982: 119)。小さな柱穴やその他の遺構は小さな建造物を連想させる。大型住居は，3000年前以後に現れる。このような生活パターンの一大変化は，ここ4000年の間に認められる。捕鯨は，約1000年前にバンクーバー島の沖合で始まったようであり，ことによるとヌートカ族の伝承が示すように，他の資源が逼迫したために始められたのかもしれない(Dewhirst 1980: 344-345)。

　アラスカ南東部では，一般に洪積世と沖積世の転換期にまで遡れる考古学資料によって，当時すでに海洋資源を利用するために十分な操船術をもった人びとの居住があったことが地形から明らかであるにもかかわらず，海獣利用については割合に知られていない。そのようななかで，ヘケタ島のチャック・レイク遺跡からは，非常に興味深いデータが得られた(Ackerman 1985: 110ff.)。ここには一片のトドの歯と同定不可能な海獣類の骨が，約8000年から7000年前という非常に古い年代の貝層から発見された。同島別地点のロズィズ岩陰遺跡からは，約4000年前と見られるカエリ式銛頭1点が出土した。しかし残念ながら，海獣骨は伴っていなかった(Ackerman 1985: 91ff., 149)。約4600年前から3200年前とされるバラノフ島のヒドン・ホールズ遺跡第2地点も貝塚であるが，海獣類の骨はおろか，我々の目的に適うような，どんな遺物も出土しなかった(Davis 1984)。

　アラスカ半島の太平洋岸では，6000年前から4500年前とされるタクリ・エルダー段階に，高度に発達した海洋適応の興味深い痕跡が見受けられる。貝塚からは，40以上の海獣類の骨(ラッコ，アザラシ，トド，ネズミイルカ，クジラ)と，カエリ式投げ矢が多数出土した(Clark 1977：特にpp.28-32)。サンプリングの結果，最小個体数12を数えるネズミイルカが含まれていたことが分かった。石ランプはなく，恒常的な居住の痕跡は認められないものの，動物群と銛頭の存在はこの早い時期に多種にわたる海獣猟が行えたことを強く示して

いる。同時期のコディアック諸島の貝塚では，人工遺物は伴っていないが，操船術をもった人びとだけが同諸島へ到達できたわけであり，またサケを含む海洋資源のみが，この地域に人びとを引きつけたのである(Clark 1975: 204ff.)。また石ランプは，コディアック諸島最古の住居址出土のものが知られている(Clark 1966)。ここに，我々は北太平洋における初期海獣狩猟の痕跡のいくつかを見るに至ったのである。

　初期海獣狩猟の中心地は，アリューシャン列島で確認できる。アナングラ島の約8000年前とされるアナングラ石刃文化遺跡は，石器しか出土していないが，多数の石ランプと竪穴住居址が確認されている。現地の海面レベルの変遷から考えて，アナングラに到達するためにはボートが必要であり，また海獣類を含む海洋資源の開発・利用には，当地に生活基盤を維持する必要があろう(McCartney 1984: 122-124)。7000年前から5600年前とされる，近隣のアナングラ・ビレッジ遺跡から出土したアザラシの骨は，検討もなく事実だけが報告されている(Laughlin and Aigner 1975: 181)。約4500年前とされる，近隣のウムナック島のサンディ・ビーチ・ベイ遺跡は人工遺物が少ない。しかし，石ランプを伴った8軒の住居址の存在から，当住居址の狩猟者が，海獣狩猟技術をもっていたことが理解できる(McCartney 1984: 121)。これらをもとに，歴史時代にまで連綿と続く多様な海洋適応の痕跡を数多く読み解くことができる。すなわち，発達した海獣狩猟は，少なくとも8000年前から6000年前の間に，アラスカ湾と隣接したアリューシャンに現れた。そしてアラスカの西・北岸域での海獣類利用は，かなり遅れてのことである(Dumond 1975: 171, 176)。

　アラスカ北西部周辺地域の海面レベルは，少なくとも4000年前までには，現在の位置にあったと思われる。初期の海岸線変動の痕跡はおそらく破壊されたかまたは海進によって消滅してしまっただろう(Anderson 1984: 84)。ツンドラ帯と寒冷地の沿岸を中心に約4000年前に展開した極北小型石器文化では，沿岸部を季節的に利用していた。冬の家は見られないが，夏のキャンプが発見されている。沿岸部には極北小型石器文化の冬の家はほとんど知られておらず，沿岸から約70〜200 km離れた内陸部に存在している(Anderson 1984: 84; Dumond 1975: 167-168)。彼らの生業は，カリブーと淡水魚の捕獲であった。人工遺物と動物骨群は出土せず，炉址から2，3片のアザラシ骨の燃え滓

が見られるだけである。Andersonは，海獣類の脂肪が炉で燃やされた可能性を指摘しているが，残念ながら石ランプは見つかっていない(Anderson 1984: 85; Dumond 1984: 97)。

3400年前から3300年前とされるクルゼンスターン岬のオールド・ホエーリング文化の遺跡は，1年を通して沿岸部周辺に居住し捕鯨を行った明確な痕跡を残している(Anderson 1984: 85)。アザラシ猟用の銛頭も見られるが，残念なことに装飾されていない。この文化は，当地へ進出してきた文化であり，先行文化も後続文化も知られていない。これは，高度な海洋適応能力が，突然に開花・拡散し，また何の痕跡も残さず消滅したことを示している。

2700年前までには，チョリス文化の人びとによってアラスカ北西部沿いの海洋資源が利用・開発された。チョリス文化の人びとは，沿岸部に巨大で定住可能な家々を建設し，回転式の銛とカエリ式の投げ矢を使って海獣類を狩猟していた。チョリス半島の当文化期の遺跡からよく出土する動物骨群の80%はカリブーの骨だが，少量のセイウチやクジラの骨に加えて，アザラシ類やシロイルカの骨もよく出土した。クルゼンスターン岬のキャンプ地からは，小型アザラシやアゴヒゲアザラシの骨が出土した。チョリス文化の人びとは石ランプを持ち，それを使って調理をしていた可能性がある(Anderson 1984: 85-87)。

約2500年前から1500年前，あるいは1000年前に拡がったとされるノートン文化は，沿岸での生活に十分に適応したことを示唆する多くの集落の存在と，例えばヌニヴァクのような沖合の島を最初に占有した点で特徴的である。ノートン文化の遺跡から出土する遺物は少ないが，原始的な回転式銛頭，カエリ式投げ矢，石ランプが出土している。限られた遺物によってノートン文化の人びとが，アザラシやシロイルカ，セイウチを狩猟していたことが分かる。ポイントホープのノートン文化の遺跡からは，クジラ用の銛頭が数点出土した(Dumond 1984: 77)。ノートン文化の集落は，その前後他地域の集落よりも大きかったようである。Bockstoceは，ノートン文化の人びとは，氷塊の浮かぶ開海域での狩猟能力に欠けていたと指摘するが，根拠が曖昧であろう(Bockstoce 1979: 90ff.)。

銛による捕鯨は，紀元1000年紀の間に，アラスカ北部に分布したバーナーク文化において認められる(Ackerman 1984: 110)。捕鯨は，アラスカ北部の

先史時代後期と歴史時代においては極めて重要であるが，ベーリング海域では行われなかった。

私は，北海道南部と本州北部の縄文文化の情報をもちあわせていないが，北東アジアでは初期海獣狩猟の痕跡は確認されていない。南方の縄文文化の人びとは，明らかに銛と思われるものを使って深海魚とイルカを狩猟しているが，当地は陸上の資源(特に植物)と魚類があまりにも豊富だったため，海獣狩猟技術が発達しなかったようである。

少なくとも Koyama(1978)は，縄文時代の食料に関する論文で，海獣狩猟については論じていない。大雑把な概算によって，サハリン(Chard 1974: 99)とオホーツク海北岸(Vasilievsky 1975: 113)の海獣狩猟の痕跡を残した最古の遺跡は，3000年前以降とされる。

海獣狩猟に関する遺物を伴った最古の遺跡は，北極圏高緯度のランゲル島南西部のデビルズ・ゴージュのようである。この遺跡は約3400年前とされており，セイウチやアザラシの骨とともに開窩式の銛頭が出土している(Ackerman 1984: 106-107, 116)。周辺地域に類例のないこの孤立した出土状況は，アジア側の遺跡よりもむしろ北アメリカの遺跡と比較され，その後約1400年の間，当地域で海洋狩猟が行われた痕跡は見出せない(Ackerman 1984: 108)。約2000年前に，エスキモーの海獣狩猟民は，発達した海獣狩猟文化をもってチュコトカ半島とセント・ローレンス島に現れる(Ackerman 1984: 108-109)。私(Workman 1982: 115-116)は，これにより，海獣狩猟文化の原型はアジアよりもむしろ，北アメリカのノートン文化に由来していると考えている(しかしDumond(1982：44 ff.)は，その状況の複合性を指摘している)。すなわち海獣狩猟は，季節によって海が結氷する北東アジアでは，アラスカの場合と同様，比較的遅れて現れるようである。いずれにしてもこの複合が北アメリカに由来するという可能性は認められてよいだろう。

約2000年前のオクヴィック／古ベーリング海文化で，わずかだが捕鯨がなされた可能性がある。捕鯨は，後続するプヌーク文化において顕著であり，それは歴史期のアジア・エスキモー文化に大きく影響した(Ackerman 1984: 108-109, 112)。海獣狩猟民は，比較的新しい時代に，自らの領域から数百km離れたコリマ川河口へといっせいに拡がっていった(Ackerman 1984: 110,

115)。逆に太平洋北東部周辺ではその領域を縮小している。

(8) 海獣狩猟の発達

　証拠は限られてはいるが，我々は海獣狩猟能力の発達を読み取ることができる。流動的または季節的な移動から，沿岸部の資源開発に伴う定住性の高い生活への変遷の痕跡は，5000年前から4000年前のブリティッシュ・コロンビア州沿岸，4000年前から3000年前の北極海とベーリング海周辺に認められる。アラスカ半島太平洋岸の最古の海獣狩猟は，6000年前から4500年前の間とされ，その時点ですでに様々な海獣類を利用していた。McCartneyは，8000年前から5000年前のアリューシャンの最初の住民は，生きるために多様な資源を利用せざるを得なかったと主張をしている(McCartney 1975)。捕鯨を除いて，北太平洋の海獣狩猟が新しい動物種の獲得に向けての漸進的な能力の向上によって発達したと証明することはできない。ブリティッシュ・コロンビア州やアラスカ南部の最古の遺跡群を見ると，様々な海洋資源を十分に利用できたことがうかがえる。おそらくより古い海洋狩猟適応の痕跡は，遺物の消失と5000年前の海面レベルの推移によって，我々には確認できないだろう。偶発的で散発的な沿岸部の利用と海獣狩猟技術の開発は，沿岸部の利用開発以前にはすでに達成していなければならなかったであろう。

　海洋狩猟の古代の中心地は，ブリティッシュ・コロンビア州とアラスカ南部(おそらくアラスカ南東部も含む)の，結氷しない北太平洋の沿岸で認められる。季節的に結氷する海での効果的な利用は，かなり後のことであったようだ。北東アジアの結氷しない沿岸域では，比較しうる海洋狩猟の中心地は存在しなかったようだ。

　大型クジラ類の捕鯨は，ブリティッシュ・コロンビア州南部やコディアック島，アリューシャン列島，アラスカ北部沿岸や隣接するアジアなどの地域において重要であった。コディアック島では，捕鯨に直接関わる遺物は出土していないが，少なくともここ4000年の間，突き槍を用いて捕獲されていたようである(Clark 1975: 222)。クジラの骨は，約4000年前のアリューシャン東部では，家の建築資材として使用されていたが(McCartney 1984: 130)，捕獲した

クジラの骨を利用したのか，座礁したクジラの骨を利用したのかは定かでない。捕鯨の痕跡は，アラスカ北部でここ3400年の間に少なくとも3回ほど現れているが，そのうちの最初の2回の間を隔てる数世紀間には認められていない(Anderson 1984: 90)。大型クジラの捕獲は大きな利益をもたらすが，突き槍を使った捕鯨を除けば時間と労力がかかり，また確実に捕獲できるというわけでもない。高度な捕鯨技術を身につけたことによって，限られた資源に頼っていた以前の生活よりも大きな利益を得ることができるようになったのであろう。Burchは，北アラスカエスキモーの主要な生活資源は，ホッキョククジラではなく，ワモンアザラシであったと指摘している(1986: 27, note 8)。捕鯨は，どの地域においても海洋適応が完成した証しであったと思う前に，捕鯨は，物資の不足に悩まされていた集落の人びとによって発明されたとするブリティッシュ・コロンビア州南部のヌートカ族の伝承を思い出すべきである(Dewhirst 1980: 344-345)。

　最後に，北太平洋周辺における海洋適応にかかるいくつかの中心地が，どの程度相互に関連していたのかという問題が残る。ここ数年の傾向として，類似点に基づいた文化的，歴史的連続性よりも，むしろ多元的・並行的発展が強調されてきた(例えばFitzhugh 1975a; 1975b)。ある程度，これは初期の過激な伝播論者の見解への反応であった(例えばGjessing 1944)。しかし我々は，このアプローチに肩入れしすぎたかもしれない。地理的に隣接し，広く類似した問題を抱える移動性の高い海洋狩猟集団同士が，ここ5000年間に共通の関心事に関して情報を共有する機会をほとんどもたなかったとすれば，驚くべきことである。

(9) 海獣類と人間の精神的な関係

　北太平洋の狩猟者と海獣類は，単なる捕獲者と獲物の関係ではない。この論考は，私にとって最も身近なエスキモーの情報だけに基づいているが，同様のことは近隣民族にも明らかに適用可能である。エスキモーの伝統的な考え方として，獲物となる動物は，魂とともに人間の属性ももっていた。獲物たちは，飲水のお返しに，自らを捕獲し利用することを人間に許したが，人間は敬意を

もって獲物を取り扱わなければならなかった。

　2, 3の例を挙げれば十分であろう。アラスカの入念な儀礼は, 海獣類の継続的な獲得を確実にするために考案された(例えば Fienup-Riordan 1983)。狩猟者たちは, 獲物の魂を傷つける危険だけではなく, 多くの得体の知れぬ怪物から攻撃される危険にも直面していた(Nelson 1899ff.)。狩猟者は, 首にかけるお守りを持ち歩き, 鎮魂の儀礼に参加し, タブーを厳格に遵守し, そのうえ獲物に対して適切で尊敬の態を表することによって, 獲物の魂や怪物から身を守った。陸と海の獲物を混ぜあわせた料理, またはそれに関連した行為そのもののタブーが, エスキモーと近隣の北太平洋の諸民族だけではなく, さらに広範囲にわたって認められることは非常に興味深い。なぜなら, それは, 陸の狩猟者と海の狩猟者の双方に古くから受け入れられていた二元論を反映しているように見えるからである。しかしベーリング海峡やベーリング海地域周辺のオクヴィック／古ベーリング海文化期からつい最近まで, 海獣狩猟具, なかでも特にソケットピースにはしばしばオオカミやカワウソなど, 陸の捕食獣が彫り込まれていた(Nelson 1899: 137ff.; Fitzhugh and Kaplan 1982: 69, 72; Fitzhugh 1986: 141, 148)。Fitzhugh は, このような価値観の逆転と, ベーリング海峡北部周辺のプヌーク期における, 精巧な装飾を伴う狩猟具から, 簡素な, あるいは抽象的な装飾を伴う狩猟具へと変化したことを結びつけて考えようとしているようだ。この変化は, 手段であって目的ではないようである。なぜなら, 伝統的な北部エスキモーは, 歴史期においても, 豊かな儀礼生活と, 獲物となる動物との信頼関係をよく維持し続けているからである。

　人間は陸の動物である。200万年以上の間, 我々の祖先は排他的に陸の環境を開発し, 最近数千年間だけいくつかの人間集団が, 海獣類と信頼関係を結ぶようになった。北太平洋の諸民族は, 海洋環境について, またそこに生息する生き物について, 莫大な量の具体的な生態情報を得たが(Nelson 1969), 海獣類の生態は水中または氷の下で観察しないことには把握できない。したがって, 人間は発達した多くの専門知識と技術をもつに至ったにもかかわらず, 海に対する異種の侵入者であり続け, 信頼するようになった海洋生物は, 人間にとって神秘的であり続けたのである。

　あるカナダ・イヌイトは, 次のように狩猟生活の基本的な矛盾をクヌート・

ラスムッセンに雄弁に語った。

「人間にとっての最も大きな危険は，人間の食料がもっぱら魂から成り立っているという事実にある。私たちが殺して食べるすべての生き物，私たちが衣服を作るためにうち倒し，殺さなければならないすべての生き物は，私たちと同様にその体内に不滅の魂を宿している。それゆえ，彼らが私たちに対して体を奪われた復讐をしないように，その魂を慰めなければならない」(Rasmussen 1929: 56)。

人間は，生きるために殺さなければならない。しかも彼らは，獲物の不滅の魂を害することなしに殺さなければならないのである。実際に，狩猟社会における男性はしばしばそれらの技術をもつことによって初めて，自らを狩猟者と自覚する。例えば，ユピック・エスキモーにとって，男性という言葉は，言葉通りに訳すならば狩猟のための装置あるいは機械という意味である(Fienup-Riordan 1983: 34)。力強く，捕獲しにくい様々な海洋生物にとって，人間は礼儀正しく，しかし狡知で情け容赦ない侵入者であると，人間自らが自覚していることこそ，北太平洋周辺の伝統的な人間と海獣類の関係を最もよく表している。

引用・参考文献

Ackerman, Robert E.
 1984 Prehistory of the Asian Eskimo Zone. In D. Damas (ed.), *Handbook of North American Indians. Vol.5. Arctic*. pp.106-118 Washington: Smithsonian Institution.

Ackerman, Robert E., Kenneth C. Reid, James D. Gallison and Mark E. Roe
 1985 *Archaeology of Heceta Island: A Survey of 16 Timber Harvest Units in the Tangass National Forest, Southeastern Alaska*. Project Report No.3 Pullman: Center for Northwestern Archaeology, Washington State University.

Aigner, Jean S.
 1966 Bone Tools and Decorative Motifs from Chaluka, Umnak Island. *Arctic Anthropology* 3 (2): 57-83.

Anderson, Douglas D
 1984 Prehistory of North Alaska. In D. Damas (ed.), *Handbook of North American Indians. Vol.5. Arctic*. pp.80-93 Washington: Smithsonian Institution.

Arutiunov, S. and D. Sergeev

1975 Stability and Adaptability in the Evolution of Hunting Tools in Ancient Eskimo Cultures. In W. Fitzhugu (ed.), *Prehistoric Maritime Adaptations of Circumpolar Zone.* pp.159-165 The Hague: Mouton.

Bockstoce, John
1979 *The Archaeology of Cape Nome, Aklaska.* University Museum Monograph 38. Philadelphia: University of Pennsylvania.

Bogoras, Waldemar
1904/1909 *The Chukchee.* Memoirs of the American Museum of Natural History Vol.II. New York: Johnson Reprint Corporation.

Burch, Ernest S., Jr.
1986 Towards a Sociology of the Prehistoric Inupiat: Problems ans Prospects. In Robert D. Shaw, Roger K. Harritt and Don E. Dumond (eds.), *Late Prehistoric Development of Alaska's Native People.* pp.1-27 Anchorage: Alaska Anthropological Association.

Carlson, Catherine
1979 The Early Component at Bear Cove. *Canadian Journal of Archaeology* 3: 177-194.

Carlson, Roy
1970 Excavations at Helen Point on Mayne Island. *B. C. Studies* No.6-7: 113-123.

Chard, Chester S.
1961 Time Depth and Cultural Process in Maritime Northeast Asia. *Asian Perspectives* 5 (2): 213-216.
1974 *Northeast Asia in Prehistory.* Madison: University of Wisconsin Press.

Clark, Donald W.
1966 Perspectives in the Prehistory of Kodiak Island, Alaska. *American Antiquity* 31 (3): 358-371.
1974 *Koniag Prehistory: Archaeological Investigations at Late Prehistoric Sites on Kodiak Island, Alaska.* Tubinger Monographien zur Urgeschichte Band 1. Stuttgart: W. Kohlhammer.
1975 Technological Continuity and Change within a Persistent Maritime Adaptation: Kodiak Island, Alaska. In W. Fitzhugh (ed.), *Prehistoric Maritime Adaptations of Circumpolar Zone.* pp.203-227 The Hague: Mouton.

Clark, Gerald.
1977 *Archaeology on the Alaska Peninsula: The Coast of Shelikof Strait 1963-1965.* University of Oregon Anthropological Papers No.13. Eugene: University of Oregon.

Cohen, Mark Nathan
1977 *The Food Crisis in prehistory: Overpopulation and the Origin of Agriculture.* New Haven: Yale University Press.

Collins, Henry B
　1937 *Archaeology of St. Lawrence Island, Alaska*. Smithsonian Miscellaneous Collections 96 (1) Washington: Smithsonian Institution.
Damas, David (Volume Editor)
　1984 *Handbook of North American Indians. Vol.5. Arctic*. (William C. Sturtevant, General Editor). Washington: Smithsonian Institution.
Davis, Stanley
　1984 *The Hidden Falls Site*. Draft report, 3 volumes. United States Department of Agriculture, Forest Service.
De Laguna, Frederica
　1975 *The Archaeology of Cook Inlet, Alaska*. Second Edition. Anchorage: Alaska Historical Society. [Reprint of the 1934 edition published by the University of Pennsylvania Museum].
Denniston, Glenda B.
　1974 The Diet of the Ancient Inhabitants of Ashishik Point, An Aleut Community. *Arctic Anthropology* 6 (Supplement): 143-152.
Dewhirst, John
　1980 *The Indigenous Archaeology of Yuquot, A Nootkan Outside Village*. The Yuquot Project Volume 1. Ottawa: Parks Canada.
Domning, Daryl P.
　1972 Stellar's Sea Cow and the Origin of North Pacific Aboriginal Whaling. *Syesis* 5: 187-189.
Dumond, Don E.
　1975 Coastal Adaptation and Cultural Change in Alaskan Eskimo Prehistory. In W. Fitzhugh (ed.), *Prehistoric Maritime Adaptations of Circumpolar Zone*. pp.167-180 The Hague: Mouton.
　1982 Trends and Traditions in Alaskan Prehistory: The Place of the Norton Culture. *Arctic Anthropology* 19 (2): 39-51.
　1984 Prehistory: Summary. In D. Damas (ed.), *Handbook of North American Indians. Vol.5. Arctic*. pp.72-79 Washington: Smithsonian Institution.
Fienup-Riordan, Ann
　1983 *The Nelson Island Eskimo: Social Structure and Ritual Distribution*. Anchorage: Alaska Pacific University Press.
Fitzhugh, William
　1975a A Comparative Approach to Northern Maritime Adaptations. In W. Fitzhugh (ed.), *Prehistoric Maritime Adaptations of Circumpolar Zone*. pp.339-386 The Hague: Mouton.
　1975b Introduction. In W. Fitzhugh (ed.), *Prehistoric Maritime Adaptations of Circumpolar Zone*. pp.1-18 The Hague: Mouton.

1986 Persistence and Change in Art and Idealogy in Western Alaskan Eskimo Cultures. In Robert D. Shaw, Roger K. Harritt and Don E. Dumond (eds.), *Late Prehistoric Development of Alaska's Native People*. pp.124-165 Anchorage: Alaska Anthropological Association.

Fitzhugh, William (editor)
  1975 *Prehistoric Maritime Adaptations of the Circumpolar Zone*. The Hague: Mouton.

Fitzhugh, William and Susan A. Kaplan
  1982 *Inua, Spirit World of the Bering Sea Eskimo*. Washington: Smithsonian Institution.

Fladmark, Knut R.
  1975 *A Paleoecological Model for Northwest Coast Prehistory*. Archaeological Survey of Canada Paper 43. Ottawa: National Museums of Man.
  1982 An Introduction to the Prehistory of British Columbia. *Canadian Journal of Archaeology* 6: 95-156.
  1986 *British Columbia Prehistory*. Ottawa: National Museums of Canada.

Freeman, Milton M. R.
  1979 A Critical Review of Thule Culture and Ecological Adaptation. In A. McCartney (ed.), *Thule Eskimo Culture: An Anthropological Retrospective*. pp.278-285 Ottawa: National Museums of Canada.
  1984 Arctic Ecosystems. In D. Damas (ed.), *Handbook of North American Indians. Vol.5. Arctic*. pp.36-48 Washington: Smithsonian Institution.

Giddings, J. L.
  1961 Cultural Continuities of Eskimos. *American Antiquity* 27 (2): 155-173.

Gjessing, Gutorm
  1944 *Circumpolar Stone Age*. Acta Arctica Fasc. II. Kobenhaven: Munksgaard.

Hester, James J. and Sarah M. Nelson (eds.)
  1978 *Studies in Bella Bella Prehistory*. Publication No.5 Burnaby: Department of Archaeology, Simon Fraser University.

Koyama, Shuzo
  1978 Jomon Subsistence and Population. *Senri Ethnological Studies* 2: 1-65. Suita: National Museum of Ethnology.

Laughlin, William S. and Jean S. Aigner
  1975 Aleut Adaptations and Evolution. In W. Fitzhugh (ed.), *Prehistoric Maritime Adaptations of Circumpolar Zone*. pp.181-201 The Hague: Mouton.

McCartney, Allen P.
  1975 Maritime Adaptations in Cold Archipelagoes: An Analysis of Environment and Culture in the Aleutian and Other Island Chains. In W. Fitzhugh (ed.), *Prehistoric Maritime Adaptations of Circumpolar Zone*. pp.281-338 The Hague:

Mouton.

1984 Prehistory of the Aleutian Region. In D. Damas (ed.), *Handbook of North American Indians. Vol.5. Arctic*. pp.119-135 Washington: Smithsonian Institution.

McCartney, Allen P. (ed)

1979 *Thule Eskimo Culture: An Anthropological Retrospective*. Archaeological Survey paper No.80. Ottawa: National Museums of Canada.

McGhee, Robert and James A. Tuck

1975 *An Archaic Sequence from the Strait of Belle Isle, Labrador*. Archaeological Survey of Canada Paper No.34 Ottawa: National Museums of Canada.

Manson, Otis Tufton

1902 *Aboriginal American Harpoons: A Study in Ethnic Distribution and Invention*. Report of the U. S. National Museum for 1900: 189-E305.

Murdoch, John

1892 *Ethnological Results of the Point Barrow Expedition*. Bureau of American Ethnology, Ninth Annual Report, 1887-1888. Washington: Government Printing Office.

Nelson, Edward William

1899 *The Eskimo about Bering Strait*. Bureau of American Ethnology, Eighteenth Annual Report. Washington: Government Printing Office.

Nelson, Richard

1969 *Hunters of the Northern Ice*. Chicago: University of Chicago Press.

Okada, Hiroaki

1980 Prehistory of the Akaska Peninsula as Seen from the Hot Springs Village Site, Port Moller. *Senri Ethnological Studies* 4: 103-112. Suita: National Museum of Ethnology.

Porsild, Morten

1915 Studies on the Material Culture of the Eskimo in West Greenland. *Meddelelser om Grønland* LI: 110-250.

Radcliffe-Brown, A. R.

1964 *The Andaman Islanders*. New York: Free Press of Glencoe. [Reprint.]

Rasmussen, Knud

1929 *Intellectual Culture of the Iglulik Eskimos*. Report of the Fifth Thule Expedition 1921-24 VII (1). Copenhagen: Gyldendalske Boghandel.

Shaw, Robert D., Roger K. Harritt and Don E. Dumond (eds.)

1986 *Late Prehistoric Development of Alaska's Native People*. Aurora IV, Anchorage: Alaska Anthropological Association.

Smith, George S.

1979 *Mammalian Zooarchaeology, Alaska: A Manual for Identifying and Analyzing*

       Mammal Bones from Archaeological Sites in Alaska. CPSU Occasional Papers No.18. Fairbanks: Anthropology and Historic Preservation Cooperative Park Studies Unit.

Tuck, James A.
- 1975 Maritime Adaptation on the Northwestern Atlantic Coast. In W. Fitzhugh (ed.), *Prehistoric Maritime Adaptations of the Circumpolar Zone.* pp.255-267 The Hague: Mouton.

Vasilievsky, R. S.
- 1975 Problems of the Origin of Ancient Sea Hunter's Cultures in the Northern Pacific. In: W. Fitzhugh (ed.), *Prehistoric Maritime Adaptations of the Circumpolar Zone.* pp.113-121 The Hague: Mouton.

Workman, William B.
- 1980 Holocene Peopling of the New World: Implications of the Arctic and Subarctic Data. *Canadian Journal of Anthropology* 1 (1): 129-139.
- 1982 Beyond the Southern Frontier. The Norton Culture and the Western Kemnai Peninsula. *Arctic Anthropology* 19 (2): 101-121.
- 1984 *The Position of the Old Islander Phase (Chirikof Island, Alaska) in the Network of the North Pacific Mid-Holocene Maritime Cultures.* Paper Presented at the Canadian Archaeological Association Annual Meeting, Victoria. Ms, 13pp.

Wrangell, Contre-Admiral von
- 1839 *Statistische und ethnographische Nachrichten über die Russischen Besitzungen und der Nordwest Kuste von America.* Beiträge zur Kenntnis des Russischen Reiches, Erste Band, K. E. V. Baer (ed.). St. Petersburg: Imperial Academy of Sciences.

Yamaura, Kiyoshi
- 1977 *A Typological Study on the Toggle Harpoon Heads from Southwestern Alaska and the Aleutian Islands.* pp.43-107. Nemuro: The society for the Study of Northern Cultures.
- 1979 On the Developmental Process of the Toggle Harpoon Heads around the Bering Strait. *Journal of the Archaeological Society of Nippon* 64 (4): 23-50. [in Japanese with English abstract].
- 1980 On the Relationship of the Toggle Harpoon Heads discovered from the Northwestern Shore of the Pacific. *Material Culture* 35 (August): 1-19. Tokyo: The Society for the Study of Material Culture. [in Japanese with extended English summary].

Yesner, David R.
- 1980 Maritime Hunter-gatherers: Ecology and Prehistory. *Current Anthropology* 21 (6): 727-750.

3 極北地域における毛皮革の利用と技術

齋藤玲子

はじめに

　北方地域において，動物の皮は最も重要な素材の1つといえ，比較的入手しやすいばかりではなく，様々な特長をもっている。毛皮と革は保温性・防水性・強度と可塑性を兼ね備えており，北方の厳しい環境にあった様々なものを作るために利用されてきた。例えば，衣類，袋類，テント用覆い，寝具，船の材料のほか，綱・網などや，バケツ・柄杓でさえも皮で作った。これらは木器・石器・土器よりも軽く，移動生活にも適したものである。

　北方地域のなかでも環境によって利用可能な動物種の構成には違いが見られ，皮利用文化に地域的な特徴を与えている。最も利用されてきた皮は，トナカイをはじめとするシカ類とアザラシ類のものといえる。また，島嶼部や海岸に住む民族では鳥皮，大河流域の漁撈民では魚皮が多く利用された。ニブフやコリヤーク，チュクチなどではイヌ皮が多用された。また，生後間もないアザラシの毛皮を赤く染色したものや，オコジョの白い冬毛など，特定の動物の皮を儀礼に用いる例などもある。さらに，上質の毛皮をもつイヌ科やイタチ科の動物などは，衣服の装飾や交易品として重要な役割を担っていた。

　ここでは，まず動物の種類別に皮の性質と用途を概観して環境との関わりを述べ，次に，皮の加工技術の比較を行いたい。皮の加工は寒冷な地域においては必要不可欠で，極めて日常的な作業の1つであった。しかし，寒冷な地域ほど皮の加工において高度な技術を用いているというわけではなく，使用する動物の種類，用途，使う季節などにより，加工法に多様性が見られる。すでに北

方民族の皮加工の工程を広範に比較検討し，民族移動や技術の伝播・文化領域などを考察したいくつかの論著がある。それらの主要な論点は，パレオアジア系民族やイヌイト文化に古くて単純な皮加工技術が見られ，後にツングース系民族の上質な皮製品を作る複雑な技術が，その上を覆うように北東へと伝わったというものである(佐々木 1992，Hatt 1969)。これらの研究を踏まえながら，特にツンドラ地域と北方針葉樹林帯とを比較し，北方地域の特徴を考えてみたい。

(1) 動物の種類・部位別の特徴と利用

　入手できる動物の種類は，その地域の自然環境と生業によって大きく左右される。寒冷な北方地域においては，動物の種類は少なく，しかも季節移動を伴う種も多いため，1年を通して多種の動物を獲得できるわけではない。隣接する地域でも，島嶼部と本土，東海岸と西岸とでは狩猟対象の動物の種が異なるなど，利用する動物は少なからず変化を伴っている。また，特に皮を衣類に利用する場合は，同一民族内でも，性別や年齢によって利用する動物の種類が異なることがある。例えば子どもや女性用の衣類には，幼獣の皮や鳥皮など，耐久性はないが柔らかな素材を使うといった事例が見られる。

　基本的にはその地域で得られる動物を巧みに組み合わせて利用するが，地元で得ることが困難な必需素材は民族・地域間の交易によって入手された。代表的な例として，海岸で海獣狩猟をするグループと内陸でトナカイ飼育をするグループで互いの産物の交換が行われる。これはチュクチやコリヤークで特に顕著である。

　さて，多くの民族誌からも北方地域で皮をとるために最も重要な動物はトナカイであり，次に重要なものはアザラシ類といえる。グドモンド・ハットは極北の衣類の素材として，トナカイ皮に次いで魚や鳥の皮が重要だったと述べているが(Hatt 1969)，筆者は衣類以外の用途も考慮した場合，防寒・防水・耐久性の面からアザラシ皮の重要性の方が高いと考える。以下，代表的な種についてその用途を見ていきたい。

1) トナカイ(北米ではカリブー)の毛皮は，冬用の衣服として多くの地域で欠

かせないものであり，一般的には冬毛の成獣のものが用いられた。しかし，トナカイの年齢・性別や屠殺した季節によって皮の性質や毛の密度などが異なるため，使い分けの事例も知られている。また，部位別でも利用法は異なり，例えばズボン・脚絆やブーツは脚の皮で作るといったことが知られ，脚の毛皮には雪がつきにくいなどの利点から，毛皮の性質と合致した用い方であるといえる。

　寒冷な気候のもとでは，除毛した革つまりレザーはさほど重要な役割を占めていないが，北方針葉樹林帯では，他のシカ類の皮と同様に，衣類をはじめテント地や袋類など様々なものの素材として用いられた。

　ツンドラ地域では春と秋にトナカイの大規模な群での移動が見られ，特に換毛後の秋の毛皮は上質なこと，食用としても肉の状態が良いことから，狩猟でトナカイを得る場合には秋季が中心となる。トナカイの多頭数飼育民であるトナカイ・コリヤークなどは，子ども用の服に限らず幼獣を使い，好みの毛皮を使うことができるとされているが，タイガにおいて少頭数飼育を行ってきたツングース系の民族が飼育トナカイを屠殺することは稀であるという。つまり，皮の選択的な利用は生業とも深い関わりをもつ。

2）アザラシ皮は防水性が高いため，両大陸ともに広くブーツの素材(特に靴底)として使われていた。イヌイトにとっては夏の服として重要な素材であり，極東のニブフやアイヌでも衣服によく利用される素材であった。衣服に用いられる種は，小型のワモンアザラシが多い。また，綱やカヤック，ウミアックに使うのは，セイウチやアゴヒゲアザラシの皮が大きさと強度のうえで最適とされる。このように，アザラシの種によって異なる皮の性質を使い分ける事例は，ほかにも知られている。

　海獣狩猟はツンドラ地帯やオホーツク海岸沿いに居住するパレオアジア系民族とイヌイトで主たる生業となっていた。内陸の民族は隣接する海岸住民との間で交換を行い，トナカイ皮と引き替えに必要なアザラシ皮を得ていた。

3）上述のトナカイ，アザラシに次いで，イヌ皮も衣類の素材としては重要であったと考えられる。イヌの毛皮は上質であるが，ヒトに近い動物とする認識から，他の動物とは異なる扱いを受け，イヌの毛皮を用いることは一般にイヌイトなどでタブー視されている。民族によって利用には大きな違いが見

られ，特に供犠にイヌを用いるニブフ，コリヤークやイテリメンなどのパレオアジア系民族では，イヌ皮は衣類として主要な素材であった。サハリン・アイヌなどでもイヌ皮の服を身に着けていたことが知られている。

　イヌ科の動物の毛皮は，縁取りや装飾用の毛皮としては広い地域で用いられ，例えばグリーンランドでは襟や袖口に黒イヌの毛皮を使っていた。同じように，オオカミやクズリも吐いた息が霜になって凍りつくことがないといわれ，フードの縁や帽子等に用いられた。加えてイヌ皮は防水性が高いという特徴があり，コリヤークでは夏の海獣狩猟用の衣類として，またベーリング海峡エスキモーでも冬のアザラシ猟の手袋などとして必需品となっていた。

4）このほかの哺乳類では，地域により特定の動物の利用事例があり，例えばホッキョクキツネがグリーンランドやラブラドルの内陸などで上衣として，西アラスカではホッキョクジリスが晴れ着や女性用の上衣として多用されていた。

　また，儀礼用の衣類の装飾によく用いられるのは，先述の北東アジアにおける生後間もないアザラシの毛皮と，北米ではオコジョの白い冬毛が代表的なものとして挙げられる。

　さらに，欧米や中国などとの交易で重要な毛皮獣としては，テン，ラッコなどイタチ科の動物と，ホッキョクキツネ，ビーバーなどが挙げられるが，本論の目的からは離れるので，ここでは取り扱わないこととする。

(2) 皮加工技術とその分布に関する考察

　動物の生皮は腐りやすいうえに硬化しやすく，剝いだままでは使用に適さないので，その加工は北方諸民族にとって必要不可欠であった。

　皮の加工は，乾燥，洗浄，ナイフ類で削るなどの処理により腐りやすい成分を取り除き，腐りにくい繊維組織だけを残し，さらに繊維間の隙間を媒剤で埋めるなどして使用に耐えられるだけの強度と柔軟性をもたせる作業である。皮は，外側から表皮層と真皮層の2つの層からなっていて，その下に脂肪や肉がついている。皮革として用いられる部分は真皮層であり，この主成分は蛋白質で，厚いコラーゲン繊維である。毛や汗腺，皮脂腺は表皮に属し，真皮の中に

陥入している。皮加工の工程は大きく3つに分けられ，①準備工程(preparation)と②鞣し工程(tanning)，③柔軟化・仕上げ工程(softening)となっており，日本語ではこの工程全体を広義に「鞣し」という。原理的には，毛を除去した皮革（レザー）にする場合はコラーゲン繊維以外の物質を腐敗させて取り除き，毛皮にする場合はコラーゲンを固く引き締めるために蛋白質を凝固させる作用のある媒剤，例えばタンニン，明礬，ホルマリンなどを用いる。毛皮の場合，掻き取りや鞣し剤塗布等の処理は肉のついている側からのみ行う。

　皮加工は，このように物理的・化学的な多くの工程をもつ。寒冷な北方地域において衣類や船・住居の素材となる皮に質の高さが求められるのは生命を維持するうえで大切なことである。皮加工は，日常的に女性の仕事のかなりの時間を占めるもので，経験を要する（綱などの狩猟具は男性が作ることもある）。この基本的な技術について，使用する道具や鞣し剤に用いる物質などを比較することは，北方民族の寒冷地への適応を知るうえで，意義深いと考える。

　既存の研究には非常に示唆的なものがある。佐々木史郎(1992)は，サハリンからアムール川流域の皮利用文化は，2つの部分からなっているとし，1つは魚皮主体文化で皮革処理も概して単純である。もう一方は獣皮主体の文化で皮加工には入念で高度な技術を駆使する。前者は，漁撈や海獣狩猟に便利な軽くて水や湿気に強い魚皮から衣類を作るもので，ニブフや（特にサハリンの）アイヌに見られる。後者は，森林での狩猟に適しており，ツングース系諸民族が伝えている。この2つの文化の分布や民族ごとの利用の割合から，佐々木は両文化の層序を前者は古い基層文化に属し，後者はこの地域住民のツングース化とともに普及したと考えた。つまり，アムール川下流域とサハリンを中心に松花江から北海道まで拡がっていた魚皮を主体とした文化層の上に，獣皮を主体とする文化層が松花江とアムール川の上流から押し寄せ，上流に近いほど厚く覆っているという。ツングース的方法はニブフまでは及んだが，より接触の機会の少なかったアイヌにまでは十分浸透しなかった。北海道から南サハリンにかけては大陸の獣皮主体の文化層は極めて薄く，代わりに植物繊維を使うなど別の文化層が覆っているのだろうと述べる。

　佐々木の考え方をもとにハットらのより広域的な研究を応用して考えると，皮加工については次のことがいえる。ニブフ型の単純な皮加工方法，つまり糞

尿を用い，脂肪性の鞣し剤はあまり使わず，スクレイパーの形状にバリエーションが少なく手・足・歯などを多用し，繰り返し作業の少ないという前述の前者に分類されるのは，コリヤーク，チュクチといったパレオアジア系民族とイヌイトに見られる方法で，古い基層文化に属するといえる。一方，ツングース型の複雑な皮加工方法つまり，各工程に合ったスクレイパーを用い，脳漿をはじめ魚卵や朽ち木など様々な鞣し剤を用いるが糞尿を用いず，燻煙を行うという複雑な加工技術をもつ方法は，ツングースの拡散とともに北東シベリアまで伝播し，ユカギールに色濃く，さらにチュクチやコリヤークにまでその片鱗が見られる。

　本稿ではこれらの研究を踏まえつつ，皮の利用目的と動物の種類に注目して，工程の違いを検証してみたい。さらに，鉄の刃のスクレイパー(ツングース型とされる鉈型のものなど)の道具については，17～18世紀以降の毛皮交易等によって普及したものと考えられ，皮加工技術の転機が比較的新しい時代であることも指摘したい。一方で，ルロワ＝グーラン(Leroi-Gouran 1943)が(スクレイパーや鞣し剤の分布について一部その地域的つながりも指摘するものの)「皮加工は必要から生まれた技術であり，その工程の普遍性は共通の起源をもつからではない」と述べているように，伝播とともに個別発生的な視点も必要と考える。

　以下に，代表的な民族の例で手順を追いながら，道具や鞣しに使う物質などについて，特にトナカイとアザラシという動物の種別と，毛を除去するか残しておくか，防水性を重視するのか暖かさを求めるのかといった成果品と目的の違いを中心に整理してみたい。

　北方地域では動物の季節移動に伴い，一時期に大量に捕獲できるという特徴がある。皮は剥いですぐにある程度の処理をしないと使えなくなってしまうので，簡単な処理(粗く肉や脂肪を掻き落とし，雪に埋めるあるいは乾燥させて畳んでおくなど)をして保存しておき，後に鞣すという措置が採られていたことを，あらかじめ述べておく。

ベーリング海峡エスキモー

　まず，ネルソンの著した民族誌(Nelson 1899)からベーリング海峡エスキ

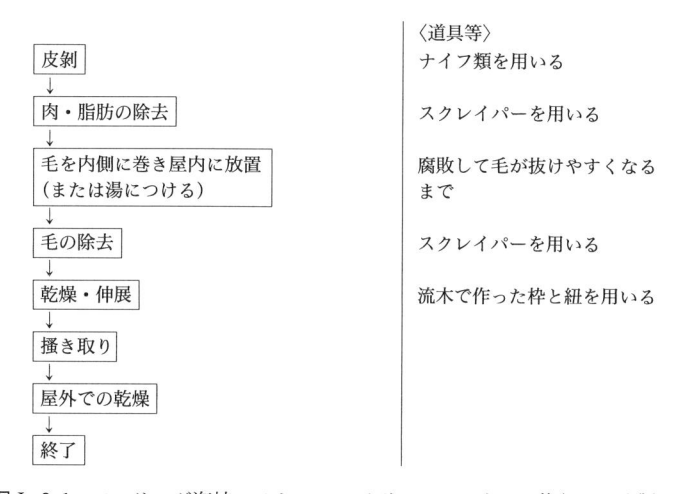

3 極北地域における毛皮革の利用と技術　71

```
┌─────────┐          〈道具等〉
│  皮剝   │          ナイフ類を用いる
└────┬────┘
     ↓
┌─────────────┐      スクレイパーを用いる
│ 肉・脂肪の除去 │
└──────┬──────┘
       ↓
┌──────────────────┐  腐敗して毛が抜けやすくなる
│ 毛を内側に巻き屋内に放置 │  まで
│ （または湯につける）   │
└─────────┬────────┘
          ↓
┌─────────┐          スクレイパーを用いる
│  毛の除去  │
└────┬────┘
     ↓
┌─────────┐          流木で作った枠と紐を用いる
│ 乾燥・伸展 │
└────┬────┘
     ↓
┌─────────┐
│ 搔き取り  │
└────┬────┘
     ↓
┌─────────┐
│ 屋外での乾燥 │
└────┬────┘
     ↓
┌─────────┐
│   終了   │
└─────────┘
```

　　図 I -3.1　ベーリング海峡エスキモーのアザラシ・セイウチ革（レザー）製法
　　　　注）夏用の衣類や皮船などに利用する。
　　　　出所）Nelson 1899 より作成。

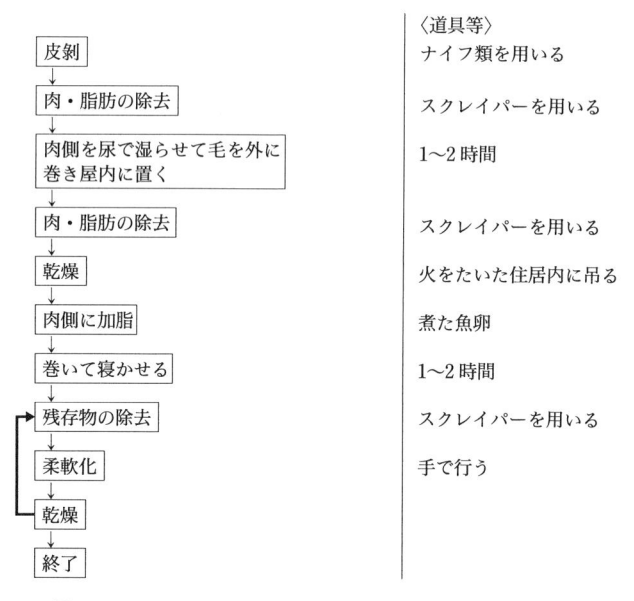

```
┌─────────┐          〈道具等〉
│  皮剝   │          ナイフ類を用いる
└────┬────┘
     ↓
┌─────────────┐      スクレイパーを用いる
│ 肉・脂肪の除去 │
└──────┬──────┘
       ↓
┌──────────────────┐  1〜2 時間
│ 肉側を尿で湿らせて毛を外に │
│ 巻き屋内に置く        │
└─────────┬────────┘
          ↓
┌─────────────┐      スクレイパーを用いる
│ 肉・脂肪の除去 │
└──────┬──────┘
       ↓
┌─────────┐          火をたいた住居内に吊る
│   乾燥   │
└────┬────┘
     ↓
┌─────────┐          煮た魚卵
│ 肉側に加脂 │
└────┬────┘
     ↓
┌─────────┐          1〜2 時間
│ 巻いて寝かせる │
└────┬────┘
     ↓
┌─────────┐          スクレイパーを用いる
│ 残存物の除去 │←┐
└────┬────┘   │
     ↓          │
┌─────────┐    │      手で行う
│  柔軟化  │    │
└────┬────┘   │
     ↓          │
┌─────────┐    │
│   乾燥   │───┘
└────┬────┘
     ↓
┌─────────┐
│   終了   │
└─────────┘
```

　　図 I -3.2　ベーリング海峡エスキモーのカリブー毛皮製法
　　　　注）冬用の衣類はじめ用途は広い。
　　　　出所）Nelson 1899 より作成。

モーの事例を取り上げる。ここでは，アザラシ皮とカリブー皮の加工法の違いが明らかである（図Ⅰ-3.1，図Ⅰ-3.2）。皮船やテントに使うためのアザラシやセイウチの除毛した革を作る場合，まず肉や脂肪を除去し，それから毛の面を内側にして畳み，腐り始めて毛が抜けやすくなるまで住居内に寝かせておく。小さなアザラシ皮は，湯につけて腐敗を早めることもある。その後，毛を掻き取り，残りの肉や脂肪も取り去る。乾燥には，皮の縁に穴を開け，そこに紐を通して木の枠に張り伸ばし，屋外に干す。

アザラシの毛を残しておく場合は，脂肪をよく洗い落とし，張り伸ばし，余分な肉や脂肪を掻き取り，乾燥させるのみである。

一方，カリブー毛皮の加工には，肉側を人尿で湿らせて，毛を外側にして畳み，暖かな家の中に1～2時間置いてから肉や腱などをスクレイパーで掻き取る。それから，再度，乾燥と掻き取りを行い，火を燃やしている住居の中に吊って乾かす。続けて皮を柔軟にするために掻き取りを肉側から丁寧に行う。この処理の後，煮た魚卵を擦り込み，十分に浸透させた後，手で揉んだりして柔軟化する。

これらから，トナカイ皮の方がアザラシ皮より複雑な工程を経ていることが分かる。また，工程の始めの方で，毛を除去する場合は毛を内側に畳んで腐らせ，毛を残しておく場合は毛を外側にして畳んでおく違いが明確である。

チュクチ

次に，ボゴラスの報告（Bogoras 1904-09）からチュクチのトナカイ皮の事例で，毛を残しておく場合と除去する場合の方法の違いについて改めて見てみたい。

剝いだばかりの皮はすぐに肉と腱などを粗削りし，地面の上に伸展しながら乾燥させる（すぐに加工しない場合は，この状態で折ったり巻いたりして保存される）。毛を残しておく場合（図Ⅰ-3.3），鞣しを始める時に，毛を外に肉側を内にして畳み一晩置く（乾いてしまったら水に浸す）。翌朝，鉄製の刃のスクレイパーで肉側をこそげ落としたり足で踏んだりする。それからトナカイの糞や人尿，時に肉汁などを皮に擦り込んで浸透させ，再び一晩置く。その後，2度目の掻き取りをする。ここまでの工程は，ベーリング海峡エスキモーとかな

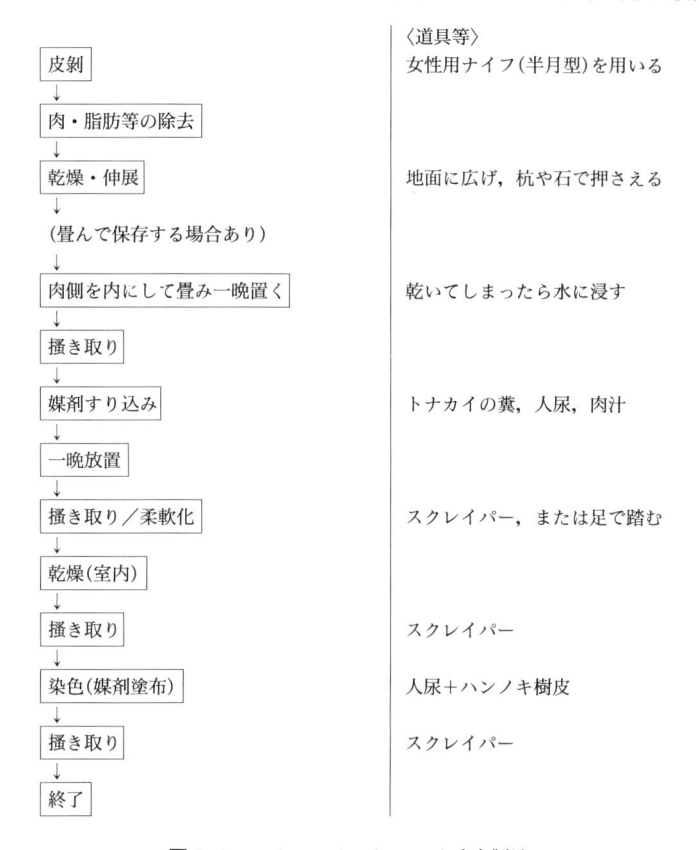

3 極北地域における毛皮革の利用と技術

```
皮剝                           〈道具等〉
 ↓                            女性用ナイフ(半月型)を用いる
肉・脂肪等の除去
 ↓
乾燥・伸展                      地面に広げ，杭や石で押さえる
 ↓
(畳んで保存する場合あり)
 ↓
肉側を内にして畳み一晩置く        乾いてしまったら水に浸す
 ↓
搔き取り
 ↓
媒剤すり込み                    トナカイの糞，人尿，肉汁
 ↓
一晩放置
 ↓
搔き取り／柔軟化                 スクレイパー，または足で踏む
 ↓
乾燥(室内)
 ↓
搔き取り                       スクレイパー
 ↓
染色(媒剤塗布)                  人尿＋ハンノキ樹皮
 ↓
搔き取り                       スクレイパー
 ↓
終了
```

図Ⅰ-3.3　チュクチのトナカイ毛皮製法
注）冬用の衣類をはじめ広く利用する。
出所）Bogoras 1904-09 より作成。

り似ている。チュクチの場合，工程の最後の方でハンノキ樹皮を人尿で煮出した染料で染色する。彼らは染色した皮の方が防水性が高いことを認識しており，これはタンニンによる鞣しの効果によるものである。

　一方，除毛したレザーはテント覆いくらいしか使い道がないために，技術は要さないと記述されているが，毛皮に比べると複雑な工程を経る(図Ⅰ-3.4)。鞣しを始める時には，畳んで24時間湯などに浸し置いてから，スクレイパーで除毛して乾かす。そして，前述のとおりトナカイ糞，人尿，肉汁のうちいず

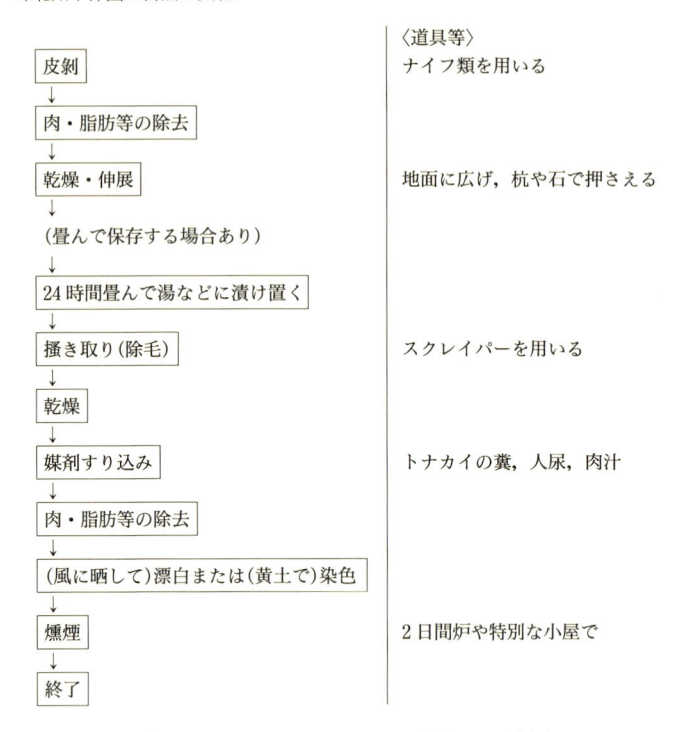

74　I　環北太平洋圏の自然と文化

```
┌──────┐                    〈道具等〉
│ 皮剝 │                    ナイフ類を用いる
└──┬───┘
   ↓
┌─────────────┐
│肉・脂肪等の除去│
└──────┬──────┘
       ↓
┌──────────┐                地面に広げ，杭や石で押さえる
│ 乾燥・伸展 │
└─────┬────┘
      ↓
(畳んで保存する場合あり)
      ↓
24時間畳んで湯などに漬け置く
      ↓
┌───────────┐               スクレイパーを用いる
│搔き取り(除毛)│
└─────┬─────┘
      ↓
┌──────┐
│ 乾燥 │
└──┬───┘
   ↓
┌────────────┐              トナカイの糞，人尿，肉汁
│ 媒剤すり込み │
└──────┬─────┘
       ↓
┌─────────────┐
│肉・脂肪等の除去│
└──────┬──────┘
       ↓
(風に晒して)漂白または(黄土で)染色
       ↓
┌──────┐                    2日間炉や特別な小屋で
│ 燻煙 │
└──┬───┘
   ↓
┌──────┐
│ 終了 │
└──────┘
```

　　　　図 I -3.4　チュクチのトナカイ革(レザー)製法
　　注）テントのカバーの他は用途は少ない。
　　出所）Bogoras 1904-09 より作成。

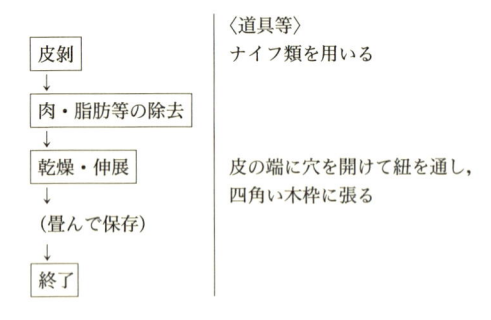

```
┌──────┐                    〈道具等〉
│ 皮剝 │                    ナイフ類を用いる
└──┬───┘
   ↓
┌─────────────┐
│肉・脂肪等の除去│
└──────┬──────┘
       ↓
┌──────────┐                皮の端に穴を開けて紐を通し，
│ 乾燥・伸展 │                四角い木枠に張る
└─────┬────┘
      ↓
(畳んで保存)
      ↓
┌──────┐
│ 終了 │
└──────┘
```

　　　図 I -3.5　チュクチのアザラシ・セイウチ革(レザー)製法
　　　　注）靴，袋類，船の覆い，夏用ズボンなど。
　　　　出所）Bogoras 1904-09 より作成。

れかを塗り，再び掻き取りを行った後，風に晒して漂白するか黄土(オーカー)で染色する。ほとんどの場合は，その後に炉の上やあるいは別の作業小屋で2日間燻煙される。

　また，チュクチではアザラシ皮の皮加工はより簡易であることが明白である(図Ⅰ-3.5)。これは，皮船や靴以外，衣服には用いないからであると思われる。

北方のインディアン

　次に北方針葉樹林帯の事例として，ヘヤーインディアン(カショゴティネ)の方法との比較をしてみたい。ヘヤーインディアンでは，ムースの皮を除毛して加工するのに大変な手間をかける。まず毛を剃ったり抜いたりして除去し，肉や脂肪をこそげ落とす。もう一度毛を剃り，水を張った容器(石鹸を入れることもある)に入れて血抜きをする。その後再び皮の厚さを均等にするためにそいだ後で，防腐処理として燻煙する。半乾きになったところで再び水に浸し，皮の周囲に穴を開け絞り，物干しさおで乾かす。ここまでは保存のための準備工程であり，すぐに鞣めさない場合はしまっておく。鞣し工程では，まずマツの朽ち木で燻し，熱くなった皮を鞣し液に3日間漬け置く。鞣し液は洗濯石鹸とムースやカリブーの脳を水に混ぜて作る(人によってはムースやカリブーの肝臓や魚卵を加えたり，脳の代わりに小麦粉を入れる。石鹸は交易で手に入れるが，ない場合は灰汁を用いる)。その後絞っては燻し鞣し液に漬けるという作業を4～6回繰り返し，干した後に掻き落とし，新しい鞣し液に漬けて燻し作業を繰り返す。最後には，革を燻煙して染め上げる(原1980)。

　ハドソン湾に面するウエスト・メイン・クリーでも，基本的な衣類の素材となるカリブー皮を加工するのに，長い工程を経る。肉をそぎ落とした後，ペグで地面に張り伸ばし，再び丸太に固定して毛を刈る。掻き取りに用いるのは半月型のナイフである。それから脳漿を混合した鞣し液に浸し，すすぎ，乾かし，伸展して燻煙する。ここではアザラシ皮やシロイルカ(ベルーガ)の皮加工も同様に大変な作業であると言っているが，それに比べ，ノウサギを加工するのは単純だと記している(Honigmann 1981)。

ア イ ヌ

　以下の事例は北海道開拓記念館の調査報告によるもので，斜里町で生活した男性からの聞き取りによると，アザラシかシカなのか動物種は不明だが，毛を残す場合の方法は以下のようである。意図して毛を取り除くことはなかったとのことで，シカ皮の場合は敷物として使ううちに毛がとれてしまうので，昔はそれで肌着などを作ったという。

　まず，皮を剝いだ後，木枠に張って乾燥させ，冬にとった場合は鞣し作業をする夏までそのまま干しておくか，枠から外して丸め，室内の炉の強火の当たらぬところに吊しておく。直径25〜30 cm，長さ1 mくらいの丸太の上に，肉や脂をマキリの峰（刃では皮を切ることがあるので）で，しごく。にじんできた油はアツシ（オヒョウ繊維で織った衣服）用の糸を作る際に出るくず糸でぬぐいとりながら，数時間しごき続ける。皮を浜に持っていき，熱い砂を皮にかけて，あら縄を丸めたたわし状のものでこすり，油がしみ込んだ砂は払い，再び熱砂をかけてこする。丸太の上でマキリ（小刀）でしごく作業と砂をかけてこする作業を繰り返すと，1日で油は抜け，柔らかいきれいな皮を得ることができる，という（北海道開拓記念館 1974）。

　次に，サハリンの白浜で生活していた女性からの聞き取りを紹介する。記述には「陸海獣」とあり，毛を残す場合の動物の種は不明で，アザラシの毛をとる場合や，魚皮についてはそれぞれの記録がある。用いる道具は斜里の場合と似ているが，砂やくず糸など油をとるためのものは明らかでない。

　毛を残しておく場合は，まず皮を剝ぎ，付着している肉片・筋・脂肪などをマキリ（小刀）で削りとり，皮の端に穴を開け糸を通して，やや正方形の木枠に張って乾燥させる。完全に乾いたら，10〜15日ほど日陰か強い日差しの当たらぬところに置いておき，その後枠から外す。皮は毛を内側にして巻き，それを直径25 cmくらい・長さ2尺（60 cm）くらいの丸太の中央を浅く削った皮鞣し台のくぼみに当て，ひっくり返しながら棒で打つ。何度も繰り返すと柔らかくなり，細かい垢のようなものが浮き出るので，これを払う。それから再び手で握れるほどの棒状に巻き，雑巾を絞るようにして揉む。その後に「おしめ」を洗うように皮全体を揉むと柔らかい皮ができる，という。

　靴底に用いるアザラシ（ゴマフアザラシやアゴヒゲアザラシの成獣）の皮の脱

毛法は，まずマキリで毛を切り，その後で残りの毛をできるだけはだける（筆者注；前後の文章からマキリで削るようにしてそぎ取ることを指すと思われる）。平らなところに皮を広げ，木灰と海砂をまぜ，まさかりの峰の部分でしごくと，細かな毛も抜ける。それからぬるま湯に2〜3日漬け置き，干すと厚手の無毛皮ができる（北海道開拓記念館1973）。

また，サハリンのアイヌでは朽木の粉をつけて揉み，油抜きをすることも記録されており（山本1970），北方針葉樹林帯と共通の材料を鞣しに用いていたことも分かる。

このほか，平取の事例では，シカ・クマ・イヌの皮を皮加工するとき，剝いだ皮を乾燥させる際にいろりの上で干すこと，油をとるのに木灰をまぶし砥石でこすることなどが上記の例とは若干異なる。またシカ皮の毛を除去する場合には，このあと夏1週間くらい便所の中に漬け置いて水洗いすると，毛は抜けてしまい柔らかくなっているという（萱野1978）。

皮加工の道具について

皮の加工技術の最後に，「ツングース型のスクレイパー」について触れておく。佐々木はシベリアの狩猟民やトナカイ遊牧民の皮革処理専用のスクレイパーを大きく3つの形に分類している。まずチュクチ，コリヤークらシベリアの東端に居住するパレオアジア系の諸民族が使っているものは，水平な柄の中央部に石または鉄製の刃をつけたもので，柄を両手で持って使用する。西シベリアのサモエード諸族からスカンジナビアのサミにかけて使われているのは，形状と使い方はパレオアジアのものと同じであるが，刃が2枚で横から見るとS字状をなしている。これらに対し，ツングース諸族のスクレイパー類は形状も使い方も前二者とは異なる（佐々木1992）。この分類に加え，いくつかの民族誌から形状や使用法，名称を組み合わせて鞣し具を細かくみれば，ツングース型のスクレイパーはさらに3種類に分けられそうである。すなわち，①皮についた肉を削り取るための円形または環状の鋭い刃のもの，その後に用いる②主に脂肪を掻き取るための道具で，刃はやや鈍く鋸状のギザギザのついている場合もあり，形はやはり円形または環状のもの，③仕上げに皮を柔らかくするための道具で，木製の柄に長い刃が埋め込まれているか刃の両端に木製の取手

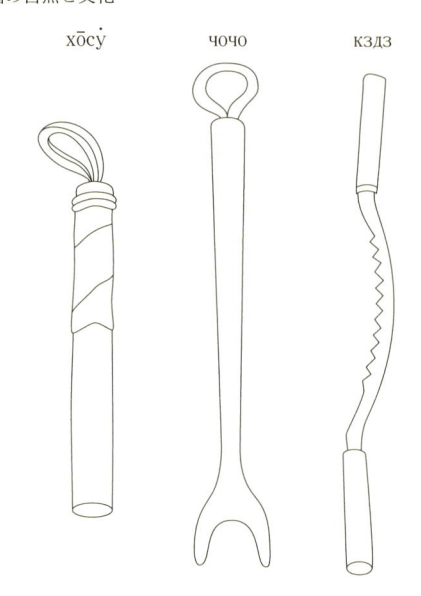

78　I　環北太平洋圏の自然と文化

図I-3.6　ツングース型のスクレイパー／オロチの例
出所）Аброрин и Лебедева 1978

がついたもの，である。山本は「オロッコ」，「ヤクート」の「馴鹿皮仕上具」として，これらをそれぞれ「皮剝」，「油抜具」，「鞣皮具」と呼んでおり，3つで一式であることがうかがえる（山本1943）。ただし，①と②は形が似ており，区別されないこともあるようである（図I-3.6を参照）。

それぞれの鞣し具の呼称については，

①はオロチxōsу̇（Аброрин и Лебедева 1978），エヴェンキxocy（Василевич 1969），ウイルタでxosipu（北海道教育庁 1982，1985），ニブフはGagurais（北海道教育庁 1986）

②はオロチчочо（Аброрин и Лебедева 1978），エヴェンキчучун（Василевич 1969），ウイルタtotto（北海道教育庁 1982），ユカギールčuču'n（Jochelson 1908），ニブフTonnuru Wăto（北海道教育庁 1986）

③はオロチкздз（Аброрин и Лебедева 1978），エヴェンキкздзрз（Василевич 1969），ウイルタkədərə（北海道教育庁 1982，1985），ユカギールkérde（Jochelson 1908），ニブフKuturu Wăto（北海道教育庁 1986），ヤクートでクデ

ラック(山本1943)

となっている。これらの類似性からは，スクレイパー類が比較的新しい時代になってから伝わったことが推測される。これらが，ツングースのみならず，ユカギールやニブフなどのパレオアジアの諸民族にも採り入れられているのは，上述の通りである。

　　＊音声記号，アルファベット，キリル文字，カタカナと表記は様々であるが，原文のまま引用した。
　　＊＊ウイルタ語のtōtoがニブフのkuturu wătoと同じであると記しているものや(北海道教育庁1986)，文面だけでは形状の明らかでないもの「tθttθ(獣皮をのばしたり，やわらかにする，鉄製，木の柄がついている)」(北海道教育庁1985)があるが，これらは語感や組み合わせからは②に分類されるものと考えられる。

(3) 皮加工における要点

　主要な民族誌から，目的別・素材別に皮加工工程を比較してみると一般的に次のことがいえる。
1）毛皮よりも，鞣し革(レザー)にするほうが手間と高度な技術を要する。
2）トナカイに比べると，アザラシの皮加工の方が単純である(小動物や鳥，魚はより単純である)。
3）除毛してレザーにする場合，腐敗促進剤として尿を使ったり，湯に漬けたりして(毛を内側に折り畳む・巻くなどして)，暖かいところに長時間(1〜3日)寝かせる。
4）尿は腐敗促進のために使う場合と，脂肪を洗い落とすためと，染料のハンノキ樹皮を煎じるために使うことがある。
5）脳漿や魚卵などは皮加工工程の後の方で使われ，加脂による柔軟化と防水(と脳漿については漂白)の効果がある。
6）アザラシ皮には加工の途中では加脂をしない。製品となったあと，使用中の手入れとして加脂(グリーシング)される。
7）トナカイ革(レザー)は最後の工程で燻煙される場合が多く，腐敗防止のほか，染色と防水の効果がある。

8）皮を白く仕上げるためには寒風に晒す。漂白すると染色の効果も高くなる。

(4) 考察と課題

　佐々木(1992)やHatt(1969)が述べているように，古くからの比較的単純な皮加工方法の広がり（パレオアジアからイヌイト）のうえに，複雑な方法が，ツングース諸族の拡散とともにとって代わったという可能性は十分にある。特にツングースに特徴的な鉄製の刃をもつスクレイパーについては，欧米や中国との交易などの外的要因によって伝播したとする指摘があり，妥当と考えられる。しかし，イヌイトより南のアサバスカ・インディアンでも，ムースを皮加工するのにツングースと同様の脳漿鞣しや燻煙などの複雑な工程を行うことから，民族の移動や技術の伝播と関係していない面もある。

　ツンドラ地域は夏でも寒冷であるために，簡単な皮加工方法でも皮製品が傷みにくい。また，寒冷地では防寒性を保つために毛を残す必要があり，毛がついた皮はあまり複雑な皮加工工程を必要としない。加えてアザラシ皮はトナカイ皮に比べて単純な皮加工方法しか施されないが，防水性を求める素材としてはそれで十分である。アザラシを多用するのはパレオアジア系の民族とイヌイトで，ツンドラ地域の住民と重なる。ツンドラ地域における皮加工の技術は古く単純ではあるが，製品に使用上の不都合はなく，それ以上の発達の必要がなかったともいえるのではないだろうか。そして，イヌイトのスクレイパーも形状に差があり，握り部分もうまく力が入るようになっているなど単純だとは言い切れず，脂肪分の多い北方の海獣類には洗浄作用のある尿が効果的であったことも指摘しておく必要がある。

　一方，夏季に気温が高くなる針葉樹林帯では，シカ類の毛皮を除毛してレザーにする必要があった。シカ類のレザーは，防水性を高めるために加脂と燻煙が必要であった。美的な面を考慮すると，様々な色をもつ毛皮と異なって色の変化の乏しいレザーには，染色と，その前段としての漂白の技術が求められた。（しなやかで，色も美しく，防水性がある）より良い質の皮を求めたことが，複雑な皮加工技術の発達に拍車をかけたと考えられるのではないだろうか。

　これより暖かな温帯以南の地域では，伝統的には日常的な素材として皮は必

需品ではない(大林 1989)。温帯での衣類は，植物あるいは動物性繊維の織物や編み物などの布が主要な素材である。複雑な皮加工技術は存在するが，ヨーロッパや日本の事例を考えてみても，特定の階級や，鎧かぶとや靴など特定の用途に利用されることが中心であり，その技術は特定の職能者が保持するものであった。これら文明圏の技術や道具と北方諸民族のそれとを一概に比べることはできない。しかし，北方諸民族の皮加工の方法は，現在の工業技術と照らし合わせてみても利に適ったものであることは確かである。

　皮加工は，寒冷な北方地域において普遍的な技術であり，細かく見ると，ツンドラ地域よりも針葉樹林帯において複雑な技術(道具・鞣し剤・繰り返しの工程；手間ひま)が発達していることを指摘できる。しかしながら，皮加工の文化は自然環境と生業との条件のなかで，入手素材と使用目的とにより複合的に評価されるべきものと考える。

　皮の加工技術は，人びとが北方へと居住地を拡大していく際に開発した，寒冷地に適応するための様々な技術と同様に，古くから普及していたものと言えるだろう。

※本論は，(財)北方文化振興協会主催の第9回北方民族文化シンポジウム「ツンドラ地域の人と文化」の発表(Saito 1995)に，補足を加えて『北海道立北方民族博物館研究紀要』7号に日本語で掲載したものの一部を割愛し，若干の訂正を加えている。

引用・参考文献

Аврорин, В. А., Е. П. Лебедева
　1978 *Орочские Тексты и Словарь*. Ленинград: Наука.
Василевич, Г. М.
　1969 *Евенки Историко етнографические очерки*. Ленинград: Наука.
Balikci, Asen
　1970 *The Netsilik Eskimos*. New York: Natural History Press.
Boas, Franz
　1888 [1964] *The Central Eskimo*. Lincoln: University of Nebraska Press.
Bogoras, Waldemar
　1904-09 [1975] *The Chukchee*. The Jesup North Pacific Expedition 7. Memoirs of the American Museum of Natural History. New York: AMS Press.
原　ひろ子

1980「ヘヤーインディアンの皮なめし」『季刊　民族学』11: 73-79

Hatt, Gudmund
  1969 Arctic Skin Clothing in Eurasia and America: an Ethnographic Study. *Arctic Anthropology* 5 (2): 1-132 (Translated from J. H. Schultz, Forlagsb oghandel Graebes Bogtrykkeri, 1914)

北海道開拓記念館編
  1973『民族調査報告書　資料編II』北海道開拓記念館調査報告第5号　札幌：北海道開拓記念館
  1974『民族調査報告書　資料編III』北海道開拓記念館調査報告第8号　札幌：北海道開拓記念館

北海道教育庁社会教育部文化課編
  1982『ウイルタの暮らしと民具』札幌：北海道教育委員会
  1985『ウイルタ民俗文化財緊急調査報告書(7)　ウイルタ民俗語彙』札幌：北海道教育委員会
  1986『ウイルタ民俗文化財緊急調査報告書(8)　「ぎりやーく・おろっこ器物解説書」』札幌：北海道教育委員会

Honigmann, John J.
  1981 West Main Cree. In J. Helm (ed.), *Handbook of North American Indians. Vol. 6 Subarctic*. pp.217-230 Washington: Smithsonian Institution.

Jochelson, Waldemar
  1908 [1975] *The Koryak*. The Jesup North Pacific Expedition 6. Memoirs of the American Museum of Natural History. New York: AMS Press.

萱野　茂
  1978『アイヌの民具』東京：すずさわ書店

Leroi-Gouran, André
  1943 *L'homme et la Matiére*. Paris: Albin Michel

Murdoch, John
  1892 [1988] *Ethnological Results of the Point Barrow Expedition*. Classics of Smithsonian Anthropology Series, Washington: Smithsonian Institution Press.

長瀬安弘
  1992『皮革産業史の研究』東京：名著出版

Nansen, Fridtjof
  1893 *Eskimo Life*. W. Archer trans. London: Longmans, Green, and Co.

Nelson, E. W.
  1899 [1983] *The Eskimo about Bering Strait*. Washington: Smithsonian Institution.

Oakes, Jillian E.
  1991 *Copper and Caribou Inuit Skin Clothing Production*. Hull: Canadian Museum of Civilization.

大林太良

1989「民族学からみた衣と装いの文化」森浩一編『古代日本海域の謎Ⅱ，海からみた衣と装いの文化』東京：新人物往来社

齋藤玲子
1992「北方地域における植物性染料　特にハンノキの利用と信仰について」『北海道立北方民族博物館研究紀要』1：133-148. 網走：北海道立北方民族博物館

Saito, Reiko
1995 Use of Fur and Leather in the Arctic. In Hokkaido Museum of Northern Peoples (ed.), *Proceedings of the 9th International Abashiri Symposium: People and Cultures of Tundra*. pp.111-126 Abashiri: Association for the Promotion of Northern Cultures.（「第9回北方民族文化シンポジウム報告：ツンドラ地域における人と文化」網走：財団法人北方文化振興協会）

佐々木史郎
1992「北海道・サハリン・アムール川下流域における毛皮および皮革利用について」小山修三編『狩猟と漁労』pp.122-151. 東京：雄山閣

Serov, S. Ia.
1988 Guardians and Spirit-Masters of Siberia. In W. W. Fitzhugh and A. Crowell (eds.), *Crossroads of Continents: Cultures of Siberia and Alaska*. pp.241-255, Washington: Smithsonian Institution.

日本皮革技術協会編
2005『皮革ハンドブック』東京：樹芸書房

Turner, Lucien M.
1894［1979］*Ethnology of the Ungava District, Hudson Bay Territory: Indians and Eskimos in the Quebec-Labrador Peninsula*. Québec: Presses Coméditex.

山本祐弘
1943『樺太原始民族の生活』東京：アルス
1970『樺太アイヌ・住居と民具』東京：相模書房

II
北ユーラシア

第1章　北ユーラシア内陸部

1 シベリア諸民族の移動様式
──伝統的な様式と近代の変容──

イーゴリ・クループニック／中田　篤訳

はじめに

　シベリア先住民を，その移動性にもとづいて類型化しようとする試みには，少なくとも 350 年の歴史がある。最初に信頼できる資料をもたらしたのは 1600 年代のコサックだが，彼らにとってシベリア先住民に様々な生業パターンがあるのは明らかだった。ロシア人による最古の記録でも，「トナカイ」集団または「定住」集団として先住民を区分している (Долгих 1960)。

　ロシアの植民地統治下では，当初 1822 年制定の「外国人管理」に関する特別法にもとづく経済・統治政策のなかで，先住民の移動性に関する違いを認定した。シベリア先住民は，「遊動 (Nomadic)」，「放浪 (Wandering)」，「定住 (Settled)」という 3 つのカテゴリーに分類された。

　同様の区分は，その後，ソビエトの行政的・学術的な先住民生業の分類に多様な形で使用された。1920〜30 年代のソビエトの主要な公文書や目録では，2 つ (Похозяуственная Перепис 1929; Сергеев 1955) から，4 つ (Левин и Потапов 1956)，6 つ (Левин 1947) までの区分が見られた。その後のソビエトの分類では，普通で 5 つ，多い場合には 10 のカテゴリーを用いることさえあった（例えばАндрианов и Чебоксаров 1972; Андрианов 1978; Андрианов 1985: 80）。

　ロシア人以外の文化人類学者は，限られた英文の文献しか利用できなかった。G. P. Murdock は世界中の 400 以上の民族を分析し，8 段階の定住／移動パターンを提示したが，そのなかにシベリア先住民は 9 つしか含まれていない (Murdock 1967)。Chang (1962) や渡辺 (Watanabe 1968) の類型化に用いられ

たシベリア先住民のサンプル数もそれと同程度かそれ以下だった。

　このテーマに対する筆者のアプローチの基礎は，移動パターンに「年齢・性による違い」という視点を導入したことである。それによると，シベリアの伝統的な生業パターンは，集団の移動性に関して次の4つの水準に分けられるだろう（Krupnik 1985 を参照）。

1）遊動パターン：集団全体が1年を通じて同等の移動性をもつもので，一時的な停留地をたどる頻繁で規則的な移動を基礎とする。最も厳しい季節でさえ，女性，子ども，老人も完全に移動的で，男性と同じ様式の住居に住み，同じ距離を移動する。このような完全な遊動的生活様式のいくつかの地方パターンは，シベリアでは1700年代以降に発達したものであった。このパターンは，ツンドラ・ネネツ，イズマ・コミ，トナカイ・チュクチ，チュヴァン，そしてトナカイ・コリヤークの一部など，大規模なトナカイ牧畜にもとづく生産経済をもったトナカイ遊牧民によって実践されていた。

2）半遊動パターン：集団全体の規則的な移動を基礎とするが，少数の季節的キャンプにある半定住的住居への滞在が長期に及んでいる。全般に遊動的だが，女性と子どもの移動は限られ，長期の狩猟や遊牧のために季節的にキャンプを離れる男性よりも移動性が低い。このパターンは，シベリア先史時代のいくつかの集団，トナカイ騎乗の有無を問わず内陸の狩猟民（ツングース，エネツ，ユカギール，ケット，ガナサンなど），トナカイ遊牧民（コリヤーク，トナカイ・ヤクート，ドルガン）で記録され，おそらくスカンジナビアのサミ，極北アラスカとカナダのエスキモー・グループの大部分にあてはまる。

3）半定住パターン：季節的な猟場内の定住キャンプをたどる固定的な周年移動を基礎とする。女性，子ども，高齢者も周期的に移動するが，最も厳しい季節を恒久的な暖かい住居で過ごす。このパターンは，主にロシア人の侵入と罠猟経済の導入以前のシベリア内陸部における河川漁撈民と狩猟民（ハンティ，マンシ，セリクープ，イテリメン，ケット），そしてスワード半島とコッツビュー・サウンドのエスキモー（Burch 1980）など内陸と海岸の猟場間を規則的に移動する極北狩猟民の集団に採用されてきた。

4）定住パターン：恒久的な集落での周年定住生活を指すが，男性狩猟者が狩猟・漁撈行のために一時的に集落を離れたり，地域社会の一部が季節的に家

族キャンプに移動したりするのを含む。女性，子ども，老人は大部分が定住的，または最も温暖な季節にだけ短い距離を移動した。このカテゴリーは，海岸の海獣狩猟民と漁撈民の大部分(アジア・エスキモー，海岸チュクチ，海岸コリヤーク，ニブフ)，シベリア河川の下流・河口域の漁撈民(アムールの諸民族，イテリメン，オビ川下流のハンティとマンシ)，また，市場志向の罠猟，アザラシ猟，集団繁殖地での狩猟(アリュート，ヨーロッパ・ネネツ，ロシア・ポモール[訳注1])，漁撈・罠猟と小規模農耕の混合経済(カムチャダール，その他の北東シベリアのクレオール[訳注2]集団)を基盤とする近年の商業的な極北先住民とクレオールの生業パターン全体にあてはまる。

移動性にもとづいてシベリア先住民を分類するには，このような類型論では限界がある。Чарнолусский(1930)は，約1700人のコラ・サミについて，1年のサイクルと移動性に関して約20のパターンを記録した。西シベリアのツンドラネネツについても，移動性の違いにもとづく4つのパターン(「ツンドラ」，「南部ツンドラ」，「森林ツンドラ」，「極北」)が報告されている(Головнев 1986)。したがって，シベリア先住民の伝統的生業の分類を進展させるには，地域的あるいは民族内の変異を全般的な枠組みに統合する必要がある。

(1)「連続体」モデル

シベリア先住民の生業と移動性における多様なパターンは，首尾一貫し，高度に組織化された適応的存在であり，一定の相互作用と相互依存的な要素から成るシステムとして捉えられるべきである。数十年の間，文化人類学者は，これらの相互作用を同地域または同一先住民集団における定住-遊動間の対立と交換の複合体として示す傾向にあった。最も有名な例は，チュクチ，コリヤーク，ネネツにおける「海岸」(定住)と「トナカイ」(遊動)集団の区分，あるいはアラスカ北部エスキモーの有名な「タレウミウト＝ヌナミウト」区分である(Bogoras 1931; Spencer 1959)。

現代の研究者は，伝統的な極北の生業を，重複した，または機会主義的な戦略の複合体であり，資源変動によって時間的・空間的に変化するものとして捉える傾向にある。現実の状況を，遊動-定住パターンの組織化された連続体，

不安定で予測不能な極北の環境に適応した動的モデルとして表現するために，さらに一歩踏み出してみたい。

シベリアにおける定住-遊動連続体は，「海岸の定住」と「内陸の移動」という両極端の戦略を採る。一方の戦略は，小規模な，特に選ばれた猟場の利用を志向したもので，同時期に集中的に出現する資源の大量貯蔵によって1年の消費を賄う。海岸，亜極北の島嶼部や河川の下流・河口部など，最も豊かな環境がその戦略に適している。好条件の地域では，回遊性海獣群，集団繁殖地の海鳥，回遊性のサケ類などの魚類，さらに季節移動中のトナカイ群も加わる。このタイプの狩猟と漁撈の複合経済は，極北・亜極北地域におけるエスキモー，ケレク，海岸チュクチと海岸コリヤーク，そしてアリュート，ニブフ，アイヌ，温帯北端のアメリカ北西海岸インディアンに至るまで，北太平洋地域におけるすべての海岸狩猟民の生業基盤だった。

「内陸の移動」戦略の目的は，季節的な猟場やトナカイ牧地の循環的利用を通じて，資源に対する人間の影響を最小化することである。この戦略の基盤は，獲物が豊富な河川・湖沼沿いの谷間と一時的な猟場や牧地になる広大な高地とを結びつけるなど，移動性の向上による利用地域の拡大だった。内陸エスキモーとアラスカのアサバスカ・インディアン，シベリア内陸部のユカギールとツングース，そして1700〜1800年代にかけて大規模なトナカイ牧畜民だった遊牧的なチュクチとコリヤークが，北太平洋沿岸地域におけるこの戦略の主な実施者であった。

多くの中間的形態を含む生業の幅広さは，気候変動に影響される不安定な極北・亜極北の環境に深く根ざしていた。温暖期には，海獣・魚類の回遊経路が北に移動し(Vibe 1967; McGhee 1969-70)，最も生産的な開水面における狩猟・漁撈期が長期化する一方，回遊性の海獣・魚類の来訪が早まることによって厳しい冬が短くなるなど，海岸の定住民にとってより好条件となる傾向があった。

主にカリブー狩猟とトナカイ牧畜を生活手段としていた内陸の遊動民にとって，温暖期の影響は対照的だった。2〜3年の暑い夏と冬季の融雪は，伝染病，牧地の荒廃や雪不足，夏の野火などを引き起こし，暑さに対する適応能力の低い家畜トナカイとカリブーの劇的な減少をもたらした。

寒冷期は，反対にカリブーと家畜トナカイを増加させるなど内陸の遊動生業基盤を向上させると同時に，海岸では氷や気象条件の悪化，海獣の回遊経路の変更，沿岸の海洋資源に対する利用可能度の低下をもたらす。

つまり，極北における環境変化は，一方の生業戦略に悪影響を及ぼすと同時に他方の生産性と資源基盤を向上させたが，こうした状況は，先住民集団がより生産的な戦略に移行する機会を与えた。先住民経済の進化過程は，その時点の環境傾向に対応し，遊動的な内陸の生業と定住的な海岸・河川沿いの生業との間の自発的な集団流動と見ることができる。同じ法則が遊動集団の現在の空間的分布や分離をも規定した。狩猟獣や魚の集中によって遊動民は季節的な半定住的キャンプで長期間過ごすようになり，一方でより大規模な家畜トナカイ群を管理する牧民は，より移動的になる傾向があった。

定住-遊動間の変動を通してシベリア先住民のなかに効率的な適応的連続体が発達した。しかし，その存続のための必要条件は，純粋な遊動・定住という両極端と，その間に位置する多様な移行的形態を含めた生業スペクトラム全体が保持されることである。1つの形態が危機に陥ったときにも，連続体と選択権は常に存在する必要がある。環境の傾向が逆転した場合，衰退していても文化的モデルが保持されてさえいれば，それはその後の再興のための技術的・人口論的・文化的核となった。変異が多ければ多いほど，持続可能性は大きくなるが，この主要な原理に従って，それぞれの特異な文化的・民族的表現形のもとで多くの経済的・移動的パターンが存在し続けた。

この原理が維持されているベーリング海峡両岸やスカンジナビアなどでは，長期的展望のもとで全般に損なわれていない文化的連続体の系譜をたどることができる。しかし，生態学的・社会的状況によってその基本的な構成要素が崩れるとモデル全体が分解する。先住民の文化的連続性を損ない，多くの生業技術を失わせるには，短期間の断絶でも十分である。莫大な文化的損失を伴うこうした断絶は，先史時代の極北でも見られたし(Krupnik 1989)，ヨーロッパ人との接触のかなり以前にも起こっていた。

(2) ロシア人の干渉

　シベリアにおける先住民の生業スペクトラムは，ロシア人による新たな行政的・経済的政策や接触によって，すでに17世紀には深い影響を受けていた。1700年代半ばまでに，シベリア先住民の大部分は，ロシアの植民地システムに編入されていた。

　ロシアのシベリア支配には，いくつかの顕著な特徴があった(Pierce 1988)。その主要な目的は，先住民を納税者として征服し，15～55歳のすべての健康な男性に年間の毛皮貢納(ヤサク)を課すことだった。税の定期的な納付は最高かつ唯一の忠誠の証しであり，それが達成されると，先住民は行政による特別な監督・保護のもとで国家の被後見人とみなされた。ヤサクの納付に関して興味深いのは，他の植民地勢力とは異なり，ロシアが先住民の習慣や生業，社会組織に対して特別な圧力をかけなかったことである。

　ロシア政府は，シベリア全域にわたって要塞，交易所，地域の中心地を建設したが，先住民を定着させるための政策はもっていなかった。交易所は一定数の先住民人口を集めたが，先住民の定住の重要な中心地になることは少なかった。実際，ロシアによる支配は，シベリア先住民の遊動化を促すことさえあった。最も高価な毛皮獣であるクロテン，テン，ビーバーが1600年代末までの乱獲によって激減したことに伴い，先住民はヤサク納付のために獲物をリス，オコジョ，クマ，ホッキョクギツネ，アカギツネなど，より価値が低い毛皮獣に切り替えた。これによって狩猟戦略は大きな転換を強いられ，特に冬季における移動性の飛躍的な向上をもたらした。亜寒帯の狩猟漁撈集団の一部は，北方の森林・ツンドラ地帯に移住する過程で，主要な輸送手段として家畜トナカイ，より精巧な橇・舟を獲得した。同様に，ハンティ，マンシ，セリクープ，ケットほかのシベリア先住民の北部集団は，定住・半定住の狩猟漁撈経済から，より移動的なトナカイ騎乗狩猟，そして年間を通して遊動的なトナカイ牧畜へと転換した(Лебедев 1980; Пика 1988)。

　もう1つは大規模な生産的トナカイ経済への移行であるが，これは1700年代にシベリア先住民の間で始まり，19世紀になってシベリア北部全域に広がった(Krupnik 1976, 1989)。チュクチ，コリヤーク，ネネツ，後にはセリ

クープ，ガナサン，エベンなどでは，家族所有トナカイ群の急激な拡大を伴いつつ，移動性の狩猟から生産的トナカイ牧畜へと生業を転換した。この転換は遊動民の急速な人口増加を引き起こし，定住集団が隣接集団から家畜トナカイを得て新たに遊動生活に入るという変化を促すことさえあった。

ソビエトによる最初のシベリア生業目録が作成された1920年代には，シベリア先住民人口の約60％，7万5000人以上が「遊動民」として登録された (Кантор 1934; Сергеев 1955)。Долгихの推定によれば，1600年代中期には「遊動民」（トナカイとウマ牧畜者）がシベリア先住民人口の15％以下，トナカイに騎乗し，家畜トナカイを所有する「移動狩猟民」が約30％，定住の海獣狩猟民・漁撈民・農民が約43％，定住のキャンプから一時的な移動を行う半定住の狩猟民と漁撈民が12％であった(Долгих 1960)。ロシアによる植民地支配の3世紀の間に，遊動と移動へ急激に転換したことがはっきりと示されている。

(3) ソビエトの国家政策

新しいソビエトの行政官は，プロレタリア思想の「啓蒙」を携えて北方にやってきた。新たな社会は，国家全体と同様にシベリアにおいても以前の生活様式の完全な改革によって建設される必要があった。

しかし，最初の10年は，1924年設立の政府・北方委員会が表明した「保護主義」または「博愛的家父長主義」のイデオロギーが優位を占めていた(Сергеев 1955; Forsyth 1989; Пика 1990)。国制定の法令・規則は，シベリア先住民を無制限の交易から保護し，彼らの土地や猟場を免税とし，彼らにより高度な教育・医療・行政をもたらすための政策を採用することを目的としていた。北方委員会は，シベリア全土に地域の啓蒙中心地を建設する計画を開始した。それらのいくつかは先住民の新たな定住化の最初の中心地になり，多数の先住民を集めて後に地区の行政本部になった例もある。

「保護的家父長主義」政策は，個人農業の集団化がシベリア先住民に及んだ1930年代初期に放棄された。定住狩猟民・漁撈民の小規模な財産の集団化に対しては大きな抵抗が生じなかったが，トナカイ牧畜民は新たな「社会主義的

未来」への移行に反対した。強制的な集団化政策のもとで財産を失う中〜大規模な家畜群の所有者に対して政府による圧力がかけられ，牧畜民は，管理が及ぶ域外に逃亡したり，集団化前に家畜を屠殺したりすることによって抵抗した。北方シベリアのトナカイ牧畜民における1935年までの家畜損失は合計30〜50%であり，ウシ・ウマ牧畜民は家畜の約60%を屠殺した（Forsyth 1989）。残った家畜は遊牧集団農場（コルホーズ）の財産として再編成され，主に以前の牧地や猟場を利用している伝統的な地域集団の系統に沿って配分された。

　集団化の衝撃は，シベリア先住民の遊動にとって致命的なものではなかった。第2次世界大戦に伴い，シベリアからの毛皮，魚，トナカイ肉の供給維持のため，国家政策は再び先住民への干渉を低下させる方針に転換した。1940年代，人びとは依然として伝統的な遊動的キャンプや狩猟・漁撈のための小集落で育った。1940年代初期に少年期を過ごした人びとの間では固有言語の話者が多数派であり，真の遊動的な狩猟キャンプ生活に対する深い個人的体験をもつ最後の世代となっている。アムグエマ・チュクチ，タイミール・ガナサン，またはラソーハ・エベンのような僻地に住むトナカイ遊牧民は，シベリアにおける最後の「非集団化」トナカイ牧畜民として，1950年代初期まで生き残った。

　先住民の定住化を進める大規模なキャンペーンは，1950年代初期から中期にかけて再度展開された。この時は，政府による巨額の補助金と，先住民の経済・生活形態の根本的な変化を目的とした計画が伴っていた。数百に及ぶ小規模な定住地とキャンプが閉鎖されるとともに，住民はより大規模な村や新たに建設された定住地に移動させられ，家族ごとに標準的な丸太作りの住宅が無償提供された。住民にはより良い医療・教育設備が供給され，寄宿学校の通年開校が拡大した。

　より重要なのは，先住民経済に対する新たな働きかけであった。小規模な集団農場と遊動的コルホーズは，経済的集約政策のもとでより大規模な国有農場（ソフホーズ）に合併された。先住民の牧民，狩猟民，漁撈民は，一定の給与を支払われる政府の労働者となり，国に任命されたロシア人や他の新参者による管理・監督のもとに置かれた。トナカイキャンプは，地方農場と地区経済計画によって規制された労働力構成，移動経路，生産量に従うように農業ブリガー

ドに変革された。トナカイキャンプの血縁者構成率を下げ、僻地にある小規模な村を閉鎖し、近代化された集落に大規模な寄宿学校を建設することによって、政府は多数の先住民に対し大規模な定住共同体への集住を強制した。1960年代までには、シベリア全土にわたる家父長主義的近代化の圧力によって狩猟民の自由な移動やトナカイ牧畜民の遊動的な生活様式は失われてしまった。

　先住民の移動に対する行政的管理は、「国境防衛」体制によって強化された。管理はチュコト半島、コマンドル諸島やコラ半島などのような、現実の国境線に隣接する地域ではより厳重だった。1971年に筆者が最初にチュコト半島を訪れた際、地域の先住民集団は、引き続く移住政策と自由な情報伝達の禁止による深い文化的ストレスと欲求不満にさらされていた。先住民の狩猟・漁撈旅行を含むすべての地域的移動は国境警備隊によって厳重に登録され、女性と子どもが男性に同行することは許可されていなかった。

　筆者が1970年代中期に訪れたチュコト半島とカラ海沿岸のトナカイキャンプは、数人の牧夫と2～3人の老女（大部分は引退した牧夫の妻）から成る人為的な専業チームだった。彼らは夏休みの2～3ヶ月、子どもが寄宿学校から両親のいる内陸ツンドラに戻る間のみ、生活力のある社会的集団に戻った。各キャンプは、巨大な国有トナカイ群を担当し、季節的な牧地を指定された経路に沿って移動しなければならない。理論上、牧民生活は純粋に遊動的であるが、伝統的なパターンに比べると移動は激減した。各営地での停留が長くなる一方で移動経路は短くなり、牧民は、休暇中は数週間～数ヶ月にわたって恒久的な村で生活した。輸送と供給の多くは、地方の国営農場のトラックやボート、水陸両用車、借上げヘリコプターさえ使って行われ、時にはこれらの手段を総動員してキャンプ全体が移動された。

　大きく変形されてはいたが、この生活様式はなお厳しいイデオロギーの圧力下にあり、公式には「古風な」または「旧式の」職業に分類されていた。その際の目標は、恒久的な村で時間制業務で対応できる柵内放牧や牧民の月替交代制など、より「進歩的な」牧畜形態に変えることであった。学術会議や公式集会では、「日常的な遊動の最後の遺物に対する勝利」を議論していた。それ以前の数十年間にわたる家父長的国家によって、この勝利はすでに完全に得られていたが、牧民、罠猟師とその家族を含み、なおもツンドラに住む最後の人び

とは，「恒久的に定住すべき遊動民」として特別に登録されていた．

　1960〜1970年代の10年間は，シベリアの先住民の遊動に最大の挑戦，つまり極北・亜極北地域における先例のない工業拡大をもたらした．1930年代以降，ロシア北部にも個別に鉱業，林業，通信などの施設が建設されていた．1950年代後半以前の主要な工業建造物は，シベリア鉄道に隣接するシベリア南部地域，人口の多い草原と南部亜寒帯森林地帯に集中していた．いくつかの南部シベリア先住民集団はこれらによって深刻なダメージを受けたが，極北と北部亜寒帯林の大部分の先住民は，1950年代もしくは1960年代以降も多かれ少なかれ近代的工業との接触なしに残った．

　1960年代に北部・中央シベリアにおいていくつかの野心的な工業計画が開始されると，状況は一変した．1980年代までに石油・ガス工業が西部シベリア全域に広がり，中央-東シベリア極北地域が，工業地域によってヨーロッパ・ロシア-西シベリア北部から分離されるなど，それまで先住民の移動的生業が連続していた地帯は分断され，それぞれが工業発展によってさらに小さな文化圏に分割された．工業拡大の支持者たちは，最終的にシベリアとソビエト極北地域全体を高度工業化地域へと一変させるという新たな計画を推進した．この方向性は，先住民の生業と遊動・移動の終焉をもたらすものであり，シベリア先住民と極北専門家たちの間に重大な懸念を喚起した（Пика и Прохоров 1988; Богословская et al. 1988; Прохоров 1988; Соколова 1990; Карлов 1991 など）．

(4) 現在の発展

　しかし，その終末的なシナリオは実現しなかった．いくつかの巨大開発計画は，1980年代後半に，環境保護論者や地域の指導者，先住民活動家の反対，そして主に資金不足のために延期または破棄された．同様に，工業の拡大を通じた北方発展というかつてのイデオロギーのパラダイムは，議論と批判のもとにさらされた．その原因は，一時はロシア極北に雇用労働力，無制限な資源，技術を注入していた中央集権的な政府の計画システムの崩壊であった．資金と供給物資の深刻な欠乏および将来に対する予測が急激に困難になったことによ

り,「遅れた」伝統的な北方経済に対する「進歩的な」工業発展の優位性を示すイデオロギーが崩壊し, シベリア先住民の生存にとっては良い影響を及ぼした。

経済的欠乏が無制限な工業膨張を遠ざけている間, 1980年代後半の新たな政治情勢によって先住民生活に対する国や地方行政府の圧力が軟化した。最も警戒が厳しかったベーリング海峡地域のような前線でさえ, 先住民間の情報交換はより自由になり, 国境警備の管理もゆるやかになった。筆者は1990年6月に, 女性や高齢者, 子どもを含む数十人のシベリア・エスキモー(ユピック)一行が, 約70マイル離れた村の祭りに参加するために6艘の大型ボートに乗ってチュコト半島の海岸沿いを移動するのに同行した。このような旅行は1930年代後半までは定期的に実施されていたが, 若い世代にとっては文化的環境における新しい領域の再解放であった。

1980年代末以降, 猟師・牧夫に同行する女性, 子どもの移動に関する制限が, 少なくとも夏の間はほぼ撤廃された。生業活動, 放棄された伝統的な村への訪問だけでなく, 近代的な集落間の自由な往来のためにさえ, 国有のボート, トラック, 水陸両用車が頻繁に利用された。大々的に宣伝された国際スポーツショーやレースによって犬橇や皮舟などの先住民の輸送手段が注目を集め, トレッキング, トナカイ橇や犬橇による旅行も増えている。ロシア極北地域における全般的な雰囲気は, 自由な旅行や移動に, より好意的な傾向にある。極北沿岸地域を訪れる外国人旅行者が経済的に魅力的だという予測が立てば, 先住民の輸送に対するすべての制限は撤廃されると思われる。

国有トナカイ産業の体制変化は, 先住民の移動により重大な影響を与えていくだろう。1988〜89年以来, 国営トナカイ農場の分散化案, 1930〜50年代に収用された私有トナカイの返還要求でさえ, 先住民集落ではより多くの支持を集めるようになっている。地方メディアや公的集会における新たな議論は, トナカイ群の私有にもとづく小規模トナカイ協同組合や家族ブリガードに絞られている。そうした新たな資産システムは, 明らかに現在の土地管理パターンを変化させ, 女性, 子ども, 高齢者のトナカイキャンプへの帰還を促すだろう。伝統的な遊動共同体が再生される見通しはほとんどないが, 現在よりもはるかに多くの人びとが少なくとも夏と秋には, 内陸ツンドラか亜寒帯林の半定住的

なキャンプに住み，彼ら自身の生業活動を営むようになるだろう。

　シベリア先住民の移動性を増加させる要素はほかにもある。地方商店に対する政府からの食物供給の低下は，地域の魚や水鳥，陸獣などの生業資源に対する圧力を強めるだろう。新たな免許政策や密漁の増加を経て進行するこうした過程にとって，増大し，管理が行き届かなくなった移動性は決定的に重大な要素である。村経済の崩壊によって，厳しく制限されていた毛皮，皮革，セイウチの牙，イクラなど，地方の闇市場で最も高価な品物の流通が促進されるだろう。シベリア先住民にとって良しにつけ悪しきにつけ，この闇市場システムは，これまでになく拡大する可能性をもっている。

　最後の要素は，いわゆる「草の根」運動である。新参者に支配され，アルコール中毒，失業，暴力に悩まされる村から離れた「先住民」としての生活は，完全な自由と自己充足によって人気を集めている。西シベリアのトナカイキャンプで生活するネネツの作家 Anna Nerkagi をはじめとする先住民の新世代の代弁者たちが，こうした新しい価値を主張している。以前の価値が再出現するにつれ，僻地のトナカイ牧畜，狩猟，漁撈キャンプへの参加は，文化的プライド，連続性，民族的自尊心を示すための人気のある表現法となっている。

　この自発的な「草の根」運動が，オーストラリアのアボリジニーやカナダのイヌイトのように(Smith 1975)，より大きなイデオロギー的に動機づけられた「bush movement」の基礎になるかどうかは1990年代初期のシベリアでは定かではない。田舎生活という新たな地位に対する情緒的な衝撃は，取り戻した移動や旅行の自由とともに，伝統的技能，家族・親族との結びつき，固有の言語，文化的価値の保護にとって重要な貢献をするだろう。しかし，このような生業への回帰を熱望する人びとが，シベリアにおける遊動生活の復活に十分な数になることはないだろう。

執筆者のコメント (2004)

　本論文は，1991年の第6回北方民族文化シンポジウム「北方における定住と移動」での発表のために13年前に書かれたものである。その時以降，シベリア先住民の遊動的経済は大きな変化を経験してきた。多くの場所で先住民のトナカイ遊牧民の生活は劇的に変化し，いくつかの地域では，先住民のトナカ

イ経済は完全に破綻してしまった。

　本論文に提示された見解の多くは1980年代末の「ペレストロイカ」の雰囲気に影響されたものであり，実現はしなかった。生活はより早く，人びとが当時思い描いていたのとは違った方向に変化した。

　1980〜90年代初期と比較して本当に変化したのは，シベリアのトナカイ牧畜民に関する知識レベルである。過去15年以上にわたり，世界各国から多くの研究者，ジャーナリスト，旅行者，映像作家がシベリアを訪れている。彼らは，以前は近寄れなかった，またはほとんど知られていなかった多くの遊動的トナカイ共同体に到達し，各国の言語で多くの文献が出版された。筆者自身も新たな論文を出版したが(Krupnik 1996, 1998, 2000; Krupnik and Vakhtin 2000, 2001)，最近シベリア遊動集団のもとに長期的に滞在した人びとの著作からより多くを学んだ。我々の知識の進歩と新たなデータが，シベリアの最も知られていない地域と集団に光を当てていくことによって，シベリア先住民の遊動に関する研究は続いていくのである。

訳　注

1) 白海・バレンツ海沿岸のポモーリエ地域に住むロシア系住民を指す(望月哲男 2003「ロシアの北／北のロシア」『現代文芸研究のフロンティアⅣ』北海道大学スラブ研究センター研究報告シリーズ No.93：89-100 北海道大学スラブ研究センター：札幌)。
2) 一般に，ラテン・アメリカに生まれたヨーロッパ系，特にスペイン系の白人を指す語であるが，ここではシベリアで生まれたロシア人を指す。

引用・参考文献

Андрианов, Б. В.
　　1978　Картографированые неоседлого населениа. In С. И. Брук (ed.), *Проблему етницескои географий и катрографий*. Москва: Наука.
　　1985　*Неоседлоуе населеныа мира*. Москва: Наука.
Андрианов, Б. В. и Н. Н. Чебоксаров
　　1972　Хозауственно-културные типу и проблему их картографированиа. *Советская Етнографиа* 2: 3-16.
Bogoras, W. G.
　　1929　Elements of the Culture of the Circumpolar Zone. *American Anthropologist* New Series 31(4): 579-601.

Богословская, Л. С., Калуакин, В. Н., Крупник, И. И., Лебедев, В. В. и А. И. Пика
  1988 Дом под угрозои! *Севернуе простору* 5: 6-7.
Burch, E. S. Jr.
  1980 Traditional Eskimo Societies in Northwest Alaska. In Y. Kotani and W. B. Workman (eds.), *Alaska Native Culture and History*. pp.253-304. Senri Ethnological Studies 4. Suita: National Museum of Ethnology.
Chang Kwang-Chih
  1962 A Typology of Settlement and Community Patterns in Some Circumpolar Societies. *Arctic Anthropology* 1 (1): 28-41.
Chichlo, B.
  1981 La collectivisation en Siberie: une probleme de nationalites. In *L'experience sovietique et le probleme nationale dans le monde (1920-1938)*. pp.279-307. Paris: Institut National des Langues et Civilisations Orientales
Долгих, Б. О.
  1960 *Родовои и племеннои состав народов Сибири в. 17 веке.* Moscow: Труды Института Етнографии АН СССР. 55.
Forsyth, J.
  1989 The Indigenous Peoples of Siberia in the Twentieth Century. In A. Wood and R. A. French (eds.), *The Development of Siberia. People and Resources*. pp. 72-95. London: MacMillan.
Головнев, А. В.
  1986 Система кхозауства сибирских тундровух ненцев в конц 19-нашале 20 вв. In И. Н. Гемев и А. М. Сагалаев (eds.), *Генесис и еволуциа етнишеских култур Сибири*. pp.180-190. Новосибирск: АН СССР.
Кантор, Е. Д.
  1934 Проблема оседания малых народов Севера. *Советский Север* 5: 3-11.
Карлов, в. в.
  1991 Народности Севера Сибири: особенности воспроизводства и алтернативатива развициа. *Советскауа Етнографиа* 5: 3-16.
Krupnik, I. I(Крупник, И.И.).
  1976 Становление крупнотабунного оленеводства у тундровух ненцев. *Советская Етнографиа* 2: 57-69.
  1985 The Male-Female Ratio in Certain Traditional Populations of the Siberian Arctic. *Etudes/Inuit/Studies* 9 (1): 115-140.
  1988 Economic Patterns in Northeastern Siberia. In W. W. Fitzhugh and A. Crowell (eds.), *Crossroads of Continents. Cultures of Siberia and Alaska.* pp. 183-191. Washington: Smithsonian Institution Press.
  1989 *Арктицеская Етноегологиа.* Москва: Наука.
  1990 The Aboriginal Hunter in an Unstable Ecosystem: a View from Subarctic

Pacific. In D. E. Yen and J. M. Mummery (eds.), *Pacific Production Systems. Approaches to Economic Prehistory*. pp.18-24. Canberra: Australian National University.

1996 Northern People, Southern Records. The Yamal Nenets in Russian Population Counts, 1695-1989. In R. Wheelersburg (ed.), *Northern People, Southern States. Maintaining Ethnicities in the Circumpolar World*. pp.67-92. Umea: CERUM

1998 Understanding Reindeer Pastoralism in Modern Siberia: Ecological Continuity Versus State Engineering. In Y. Gina and A. Khazanov (eds.), *Changing Nomads in a Changing World*. pp.223-242. Brighton: Sussex Academic Press,

2000 Reindeer Pastoralism in Modern Siberia: Research and Survival during the Time of Crash. *Polar Research* 19 (1): 49-56.

Krupnik, Igor, and Nikolay Vakhtin

2000 Power, Politics, and Heritage: Undercurrent Transformations in the Post-Soviet Arctic - The Case of Chukotka (with Nikolai Vakhtin). In Frank Sejersen (ed.), Changes in the Circumpolar North. Culture, Ethics, and Self-Determination. 1999. *Topics in Arctic Social Sciences* 3: 27-42. Copenhagen: IASSA.

2001 In the House of 'Dismay': Knowledge, Culture, and Post-Soviet Politics in Chukotka, 1995-1996 In Erich Kasten (ed.), *People and the Land: Pathways to Reform in Post-Soviet Siberia*. pp.7-43. Berlin/Seattle: Dietrich Reimer Verlag /University of Washington Press.

Лебедев, В. В.

1980 Семья и производственный коллектив у населениа притундровой полосу северо-запада Турукханского края в 19 веке. *Советская Етнографиа* 2: 82-91.

Левин, М. Г.

1947 К проблеме исторического соотношениа хозауственно-културнух типов Северной Азий. *Краткие Сообчениа Института Етнографий* 2: 84-86.

Левин, М. Г. и Л. П. Потапов

1956 *Народу Сибири*. Москва: АН СССР. [English edition *The People of Siberia*. 1964. Chicago: The University of Chicago Press].

McGhee, R.

1969-1970 Speculations on Climatic Changes and Thule Cultural Development. *Folk* 11-12: 173-184.

Murdock, G. P.

1967 Ethnographic Atlas: A Summary. *Ethnology* VI (2): 109-236.

Pierce, R. A.

1988 Russian and Soviet Eskimo and Indian Policies. In W. E. Washburn (ed.), *Handbook of North American Indians. Vol.4. History of Indian-White Relations*. pp.119-128. Washington: Smithsonian Institution Press.

Пика, А. И.

1988 Биоресурсу Западно-Сибирского Севера и их использования аборигенным населенуем в 17-19 вв. In *Социально-економические проблему древней историй Западной Сибири*. pp.131-141. Тоболск.

1990 *Современние проблему развица народов Севера*. Москва: Знание.

Пика, А. И. и Б. Б. Прохоров

1988 Болшие проблему малух народов. *Коммунист 16*. Reprinted in *IWGIA Newsletter* 1989, 57: 123-135.

Похозауственная Перепис

1929 *Похозауственная Перепис Приполианого Севера СССР*. 1929. Москва.

Прохоров, Б. Б.

1988 Как сбереч Ямал. *Знание Сила* 7: 2-8. Reprinted in *IWGIA Newsletter* 1989, 58: 113-128.

Сергеев, М. А.

1955 *Некариталистически путьразвитиа малух народов Севера*. Москва Труды Института Етнографий АН СССР 27.

Соколова, З. П.

1990 Народу Севера: прошлоие, настояцчее и будушчее. *Советская Етнографиа* 6: 17-32.

Spencer, R.

1959 *The North Alaskan Eskimo: A Study in Ecology and Society*. Bulletin of Smithsonian Institution's Bureau of American Ethnology, 171. Washington: Smithsonian Institution Press.

Smith, D. G.

1975 *Natives and Outsiders: Pluralism in the MacKenzie River Delta, Northwest Territories*. Ottawa: Department of Indian Affairs and Northern Development, Northern Research Division.

Vibe, C.

1967 Arctic Animals in Relation to Climatic Fluctuations. *Meddelelser om Grønland* 170 (5).

Чарнолусский, В. В.

1930 *Материалы по быту лопарей. Опыт определения кочевого состояния лопарей восточной части Кольского полуострова*. Ленинград: Русское Географическое Общество.

Watanabe, H.

1968 Subsistence and Ecology of Northern Food Gatherers with Special References to the Ainu. In R. Lee and I. DeVore (eds.), *Man the Hunter*. pp.69-77. Chicago: Aldine Publishing Company.

2 タイガのトナカイ牧畜
―― ツァータンによる秋季の日周放牧活動 ――

中 田　　篤

はじめに

　トナカイ牧畜は，北方ユーラシアの先住民文化を特徴づける伝統的な生業の1つである。北方ユーラシアの広範な地域で，様々な民族集団によってトナカイ牧畜が営まれてきたが，これらの牧畜形態は，ツンドラ型，タイガ型に大別される(斎藤 1985：128；佐々木 1992：140-142, 145)。

　同じトナカイ(*Rangifer tarandus*)という種を対象としながら，ツンドラ型とタイガ型の家畜管理法は大きく異なる。ツンドラ型のトナカイ牧畜では，季節ごとにツンドラ地域を大きく移動しながら，数百頭から数千頭，時に1万頭に達する大規模な家畜群が管理される。一部地域を除いて搾乳はほとんど行われず，肉や血が食料として，毛皮や腱が衣類などの材料として利用されている。

　一方，タイガ型のトナカイ牧畜は，主にタイガ(北方針葉樹林帯)の中を季節ごとに移動しながら狩猟とトナカイ飼育が並行して行われる生業様式である。一般にトナカイの管理単位は数頭から数十頭程度と小規模で，肉を目的にトナカイを屠殺することは少ない(斎藤 1985)。トナカイは移動や輸送の手段として利用されるほか，搾乳の対象ともなっているため，日常的に緊密なトナカイ管理が行われている。この点でタイガ型のトナカイ牧畜は，中央アジア，西南アジアや北・東アフリカなど，他の多くの地域の牧畜文化に共通する要素を多くもっているといえるだろう。

　一般に牧畜社会では，家畜の成長や繁殖を促し，乳や肉，毛皮などの畜産物を得るために，家畜に対する様々な管理が行われる。Paine(1964)はこうした

管理を，資源から利潤を得ることに関連する繁殖管理，屠殺，搾乳などを含む活動であるハズバンドリー(husbandry)と，季節的あるいは日常的に行われる家畜群の誘導活動であるハーディング(herding)に分類した。

このうちハズバンドリーについては，群としてのまとまりを維持するためのオスの去勢や屠殺，搾乳を効率的に行うための母仔分離などに関する多くの報告や論考が提出されてきた(梅棹 1976：117-119；小長谷 1993：62-70, 102-103, 1996：46, 1999)。

一方，ハーディングについては，日常的な放牧方法や家畜群の統率に関する報告例は少ない。これは，あまりに日常的な放牧風景に，わざわざ詳細な参与観察を行おうとした研究者は少ないうえに，観察したことを記述すること自体が困難であるからだと思われる(松井 1989：170)。しかし，放牧は，単に家畜群を野放しにするということではない。地域や家畜の種類によって程度の差はあるが，放牧中の家畜群は放牧者の管理下に置かれ，その統率のもとに行動しているのである。

そこで本稿では，タイガ型のトナカイ牧畜民であるツァータンを対象とし，秋季のトナカイ管理を例に，放牧の具体的な手順や家畜群の統率技法について示してみたい。

(1) モンゴルのトナカイ牧畜民ツァータン

ツァータンは，トバと呼ばれる民族の一地方集団で，ロシア連邦トバ共和国からモンゴル国北部のフブスグル湖西側にかけて広がるタイガを生活の舞台とし，トナカイを飼育しながら移動生活を営む人びとである(図II-1.2.1)。現在では自称ともなっている「ツァータン」は，本来はモンゴル語で「トナカイを持つ者」を意味する他称であった。

ツァータンのトナカイ牧畜は，トバ共和国・モンゴル人民共和国間の国境制定(1932年)，モンゴル人民共和国の社会主義政策に基づくトナカイ牧畜の集団化(1956年)，そしてモンゴル国の民主化に伴うトナカイの私有化(1990年代前半)など，大きな社会変化の影響を受けながらも維持されてきた。現在，約30世帯のツァータンが，モンゴル国フブスグル県北西部の山岳地帯に広がる

図II-1.2.1　ツァータンの居住地

タイガを中心に，複数の家族(宿営集団1))単位で季節的移動生活をしながら五百数十頭のトナカイを飼育している(西村 2003：47)。

1960年代にツァータンの当時の生活やトナカイ牧畜について記録したバダムハタン(1967)によれば，ツァータンの季節的な移動とトナカイ管理のスケジュールは，次のようになっていた。

ツァータンは年に6〜8回トナカイの餌を求めて移動するが，11月から山間部の低地で冬営地での生活を始める。トナカイのために小舎を作ることはなく，地面が凍るようになると，夜間はトナカイを円錐住居の周囲につなぎ，昼は放して餌を探させる。付近にオオカミがいる場合は朝の間だけ放牧し，その他はつないでおく。トナカイは集団の男性が朝，昼と交代して番をする。トナカイが100頭以下の場合は2，3人で番をする。冬営地に餌が多く，放牧頭数が少なければ1ヶ所で越冬するが，多数のトナカイを持つ世帯は1〜3回，近いところに宿営地を移動する。

4〜5月頃から春営地に向かって移動する。春営地は，草が早く萌え出す山の南側の開けたところである。春営地では1，2回近いところに移動する。こ

の時季のトナカイ放牧にはかなり手間がかかり，灌木の生えたところでは3～4人，開けたところでは2人でトナカイを2頭ずつつないで放牧する。仔がいる時季には朝1回，昼2回，夕方1回，計4回搾乳する。朝5時に最初の搾乳を行い，トナカイを2頭ずつつないで放牧にいく。10時頃，14時頃に連れ戻って搾乳し，仔はつないで，親は放す。そして夕刻暗くなる前の20時頃に搾乳し，仔は親と一緒にしばらくつないでおく。

　7月初め，蝿や蚊が出る頃に夏営地に移る。夏営地としては山頂にある樹木のない涼しい場所が選ばれ，夏の間はほとんど1ヶ所で過ごす。トナカイは，朝・夕の涼しい時だけ放牧する。朝5～6時頃にトナカイを集め，10時頃，14～15時頃，21～22時頃と3回の搾乳を行う。夏季にはトナカイが蝿や蚊を避けて，集落近くで焚いた火の煙の周囲にじっとしていることが多い。

　9月初め頃に秋営地に移動する。秋営地としてタイガの斜面で苔やキノコの多いところが選択され，1～2回遠くないところに移動する。秋はトナカイを春と同様に互いにつなぎ，2～3人で放牧する。秋には朝夕2回搾乳する。9～10月頃にメストナカイが妊娠し，10月にはトナカイ乳はほとんど出なくなっているが，この頃から乳を凍らせ，11月まで茶に混ぜて飲む。晩秋，初雪が降る頃には，トナカイをつないで放牧することをやめ，山の南側の開けた土地に放す(以上，バダムハタン(1967：34-35)より要約)。

　この記述から，季節によって放牧や搾乳の方法・頻度が変化していることが分かる。これは，トナカイの繁殖や出産，仔の成長に伴う乳量の変化，トナカイの餌となる植物やキノコ類の生育状況などによるものであると思われるが，こうした放牧・搾乳の季節的な変化の傾向は，現在でも基本的に変わらない(稲村2000)。秋季のトナカイ管理の特徴としては，放牧の際にトナカイを2頭ずつつなぐこと，搾乳は朝夕2回行うことが挙げられるだろう。

⑵　秋の1日のトナカイ管理スケジュール

　それでは，具体的に9月中旬のトナカイ放牧と搾乳の1日のスケジュールを示してみよう。以下の情報は，2002年9月に100頭余りのトナカイを持つ宿営集団を対象として行った現地調査によるものである。

彼らの宿営地・放牧地の周囲には，カラマツを主としたタイガが広がっていた。しかし，秋営地・放牧地の付近には大きな木がほとんどなく，灌木や草，地衣類に覆われた見通しの良い空間となっていた。

なお，この時季，現地の夏時間で日の出が7時頃，日没が21時頃になっていた。

〈1回目の搾乳〉(7：00頃～)

日の出前後のまだ薄暗い時刻に，宿営集団の女性によってメストナカイの搾乳が行われる。トナカイは，夜間は住居近くの杭や地面に置かれた丸太に1頭ずつ係留されているが，その状態で女性がトナカイの側面に位置取り，搾乳を行う。

〈宿営地から放牧地点までの誘導〉(9：00頃～)

トナカイの係留紐を解き，頭部の装具同士を結びつけ，2頭ずつ組にして放す。放牧者(女性や子ども2～3人)が使役用トナカイに騎乗し，トナカイを一つの集団にまとめて放牧地まで誘導する。トナカイは，頻繁に採食のために停止したり，それぞれ別々の方向に移動しようとしたりするので，放牧者はそうしたペアをまとめながら集団全体の進行を統率する。

トナカイ群が宿営地から約2km離れた放牧地点に到達し，放牧者が統率行動を止めるとトナカイはすぐにその場で採食を始める。そして，それぞれのペア単位で採食しながら少しずつ移動し，それまでの緊密な集団は徐々に散開していく。

〈放牧〉(9：30頃～)

放牧者はトナカイを残してその場を離れ，宿営地に戻ったり，あるいは魚獲りやベリー摘みなど他の活動に移ったりする。ただし，放牧中のトナカイが完全に放置されているわけではない。宿営地から遠目で眺めたり，途中で様子をうかがいに行ったりするなど，トナカイの動きには注意が払われている。そして，トナカイが想定された放牧地域から大きく外れるなどした場合に，放牧地点付近まで再誘導されることもある。

〈放牧地域から宿営地までの誘導〉(18：00頃～)

朝と同様に，2～3人の放牧者が使役用トナカイに騎乗し，放牧されているトナカイを集めに向かう。トナカイは，全体が1つの群としてまとまって移動

するわけではなく，ほとんどの場合小グループやペアごとに分かれ，広く分散してしまう。放牧者たちは手分けして，宿営地から最も離れたトナカイから誘導を始め，途中にいるトナカイを誘導群に加えながら，徐々に宿営地に戻る。
〈2回目の搾乳〉(20：00頃〜)
　トナカイ群が宿営地近くに達すると，宿営集団の人たちが協力して2頭ずつつながれたトナカイの紐を解き，1頭ずつの状態にして杭や丸太に係留する。そして，その後2度目の搾乳が行われる。
　この観察結果から，秋季のトナカイ放牧活動は，①繋留されているトナカイの放牧地点までの誘導［放逐］，②放牧地域における放牧［放牧］，③放牧されたトナカイの宿営地までの誘導［回収］の3つの局面に分けることができると考えられる。この区分にもとづき，［放逐］を「トナカイ群が宿営地を出発してから放牧地点で放牧されるまで」，［回収］を「放牧者が最初の統率行動を開始した時点から，トナカイ群の大部分(ほぼ90％以上)が宿営地に誘導されるまで」とし[2]，日周放牧活動を整理すると次のようになる。
　日によって多少の変化はあるが，［放逐］には30分から1時間程度，［回収］には30分から2時間近くの時間が費やされていた。［放逐］の際には，宿営地付近にまとまって繋留されているトナカイたちをほぼ毎日同じ放牧地点まで誘導していたため，所要時間に大きな変動はなかった。
　一方，［回収］の場合，トナカイの位置(宿営地からの距離)や散らばり具合によって，誘導の距離や手間，所要時間は大きく変動する。例えばトナカイ群が小グループに分かれ，宿営地から大きく離れた場所に移動していた日には，［回収］に2時間近くもかかった。トナカイ群が比較的まとまった状態で宿営地近くに移動してきた日には，［回収］は25分で完了した。
　しかし，ほとんどの場合，［放逐］よりも［回収］の方により多くの時間が必要とされた。［回収］の際には，単純な誘導だけでなく，広い範囲に分散したトナカイを1つの群にまとめるという作業が伴う。また，［回収］時間に含まれてはいないが，放牧者は［回収］を始める前に，まず宿営地から最も離れたトナカイのところまで移動しなければならない。宿営地からトナカイの位置が確認できない場合，トナカイの捜索が必要になることもある。こうした作業を考えると，放牧活動全体のなかで［回収］に要する労力や時間は大きいとい

えるだろう。
　［放逐］後，［回収］されるまでの［放牧］は，平均すると1日9時間程度であった。［放牧］中のトナカイは，ペアにされることによって移動を制限されている。しかし，観察した限りでは，ペアリングがトナカイの移動に大きな影響を及ぼしているようには思われない。実際に，放牧地点から2km以上離れた地点まで移動した事例も見られたことから，ペアリングによる行動制限は限定的なものと思われる。

(3) 秋の放牧活動の特徴

　ツァータンによる秋季の放牧活動は，毎日宿営地から出発し，放牧後に宿営地に戻るという「日帰り放牧」(谷1987：175)の形態を採っていた。一方，ツンドラ型のトナカイ牧畜では，人が設定した放牧地に家畜群が積極的に放される「解放放牧」(高倉2000：242)の形態を採っていると思われる(例えばIkeya 2003: 91)。
　こうした放牧形態の違いの要因として，家畜の乳利用の有無が挙げられる。日常的に乳を利用する場合，規則的に搾乳するためには毎日家畜を集める日帰り放牧が効率的であると思われる。前述のように，ツァータンの放牧方法は季節によって変化するが，夏には頻繁に搾乳するため，そのたびにトナカイを集める必要がある。一方，冬には搾乳ができないため，ほとんど解放放牧に近い形態をとっている(西村2004：31)。
　一般に日帰り放牧を行う場合には，仔畜を「人質」化することによって母畜が宿営地に戻るようにしたり，放牧者が家畜群に同行して宿営地に誘導したりするなど，家畜群を人間側につなぎとめるための「強制」が必要とされる(谷1976：20)。ツァータンの秋季の放牧活動では，［放逐］と［回収］の局面では放牧者が強制的な誘導を行うが，その間の［放牧］の局面では，2頭ずつペアにした状態ではあるがほぼ自由に放牧される。つまり，日帰り放牧と解放放牧の両方の特徴をもつ形態を採っているといえる。
　このうち，［回収］が搾乳のために必要な誘導であることは明らかであるが，［放逐］の機能ははっきりしない。宿営地付近と放牧地域で環境が大きく違う

ようには見えないので、わざわざ放牧地域まで誘導しなくてもよいようにも思われるのである。地形的に群が拡散しづらい地点で放牧を開始することによって、回収の労力を最小限に抑えている、あるいは放牧地点を変更することによって、特定区域の過採食を防いでいるなどの可能性が考えられるが、検証は今後の課題である。

(4) トナカイの統率行動

　トナカイ群を放牧地点あるいは宿営地まで誘導する際、放牧者による統率行動がいくつか観察された。最も頻繁に観察された統率行動は、放牧者によるトナカイへの「接近」であった。放牧者は使役用トナカイに騎乗し、後方からトナカイ群に接近して追い立てていく。放牧者の接近に対し、トナカイは一定の距離を保とうとするように逃避するため、接近によってトナカイの移動を促すとともに、特定の方向から接近することにより、トナカイ群の進行方向を変化させることができる。

　また、放牧者は誘導中に「チョック」、「ホーイ」、「ハイ」などのかけ声や、長く伸ばした後に断続的に発声する「ホーホ・ホ・ホ・ホ」といった甲高い声、「ピーピ・ピ・ピ・ピ」といった口笛の音などを発していた。これらの音声もトナカイの逃避を促すための統率行動として用いられていた。さらに、手に持った棒でトナカイの尻や背中、あるいは手近にある灌木や岩などを叩くという行動も断続的に観察された。棒が実際に身体に当たらなくても、トナカイが逃避していたことから、棒の動きや風を切る音、灌木や岩に当たる音などが統率行動として機能していたと思われる。放牧者は、誘導の間ほとんど絶え間なくこれらの統率行動を行い、トナカイを1つの集団として維持しながら目的地に向かっていた。

　「放牧者の接近」、「打撃」、「音声」などといった統率行動の多くは、トナカイの逃避を誘発するものであり、ヒツジやヤギの日帰り放牧に見られる統率行動と質的に同様であると考えられる。しかし、その頻度について、本調査では断続的にほぼ絶え間なく統率行動が観察されており、ヒツジやヤギの場合と比較して頻度が高いように思われる（松井1989：159；鹿野1999：64-65）。

ヒツジやヤギの場合，他個体に対する強い追随性をもっていることが示されている。例えば西南アジアの放牧者は，放牧中に野宿する際に1頭のヒツジの脚と自分の腕や足を紐で結んでおくことがあるが，これは群の中の1頭が移動すると他個体が次々と追随するので，放牧者とつながれている個体も動き出し，目覚し時計の役割を果たすためであるという(松井 1989：161)。

一方，トナカイの場合，本調査では，放牧群の回収時に小グループあるいはペア単位で広く分散している状態が観察されている。また，サハ共和国におけるトナカイ放牧の調査では，放置されたトナカイ群が次第に小グループに分かれることが報告されている(高倉 2000：218)。

こうした事例から判断すると，ヒツジやヤギと比較して，トナカイは他個体に対する追随性や密集した群を形成する傾向が弱いと思われる。トナカイの場合，放っておくとすぐに集団が分散してしまうため，群をまとめて誘導するためには頻繁な統率行動が必要になるのだろう。

ところで，本研究では正確な計測はできなかったが，使役用トナカイに乗った放牧者に対するトナカイの逃走距離は長く見積もっても数m以内であると思われる。野生トナカイやツンドラ型牧畜における家畜トナカイの逃走距離が数十から数百mであることを考えると(Baskin and Scogland 2000：534)，計測条件の違いを考えても，ツァータンのトナカイが極めてよく人馴れしていることが分かる。そしてこのことは，効果的に逃避反応を引き起こすことが困難であることを意味する。

放牧者が統率行動を高頻度で行うのは，馴化度の高いトナカイを効率的に誘導するためなのかもしれない。また，放牧者による「音声」や「打撃」などの統率行動は，ほとんどの場合「接近」と同時に行われていた。これらの統率行動は，「接近」を強調し，逃避反応を引き起こしやすくする機能を果たしているものと思われる。

ヒツジの放牧の場合，群の中に特に訓練を施した個体やヤギを入れ，放牧者の指示に従わせることによって群全体をコントロールする技法が用いられてきた(谷 1987)。しかし，ツァータンのトナカイ放牧では，そうしたトナカイの存在は確認できなかった。また，本調査地では数頭のイヌが飼育されていたが，これらのイヌが牧犬としてトナカイの誘導に用いられることはなかった。

まとめ

　本研究では，タイガ型トナカイ牧畜におけるハーディングの事例として，ツァータンのトナカイ放牧の概略を提示した。

　ツァータンの秋季の放牧活動は，日帰り放牧と解放放牧の両方の特徴を併せもつ形態をとっていることが示された。また，トナカイの誘導は，放牧者の直接的な統率行動によって，主にトナカイの逃避を促すことによって行われていた。

　しかし，ツァータンのトナカイ放牧技法については，まだ多くのことが明らかになっていない。放牧地域が選択される条件や放牧中のトナカイの行動，統率行動についての定量的な分析，そして季節によって異なる放牧技法の提示など，タイガ型トナカイ牧畜の特徴や他の牧畜社会との共通点を考えていくためにも今後の課題は多い。

注

1) 隣り合って天幕を張り，牧畜活動の共同をはじめとして日常生活をともにする数家族から成る集団を指す。親族同士の場合も少なくないが，姻戚関係や単なる友人関係の場合もある(稲村2000：104-105)。
2) その時点で未回収のトナカイについては，意図的に放置されたり，遠くに移動したため別途回収されたりする場合があり，状況が完全には把握できなかったため回収時間には含まなかった。

引用・参考文献

バダムハタン，S.
　　1967 「フブスグル地方トナカイ遊牧民の生活形態のあらまし(その一)」田中克彦訳『北アジア民族学論集』4：27-49. 北アジア民族学研究グループ　金沢：金沢大学法文学部東洋史研究室

Baskin, L. M. and Scogland, T.
　　2000 Flight Distances of the Reindeer. *Doklady Biological Sciences* 374: 533-535. Translated from *Doklady Akademii Nauk* 374 (6)(2000): 847-849.

福井勝義
　　1987 「牧畜社会へのアプローチと課題」福井勝義・谷泰編著『牧畜文化の原像：生態・社会・歴史』pp.3-60. 東京：日本放送出版協会

Ikeya, Kazunobu
　2003 Chukchi Reindeer Grazing and Changes to Grazing Territory in Northeastern Siberia. In D. G. Anderson and K. Ikeya (eds.), *Parks, Property, and Power: Managing Hunting Practice and Identity within State Policy Regimes*. Senri Ethnological Studies No. 59, Suita: National Museum of Ethnology.
稲村哲也
　2000 「「ツァータン」──モンゴル辺境部におけるトナカイ遊牧と市場経済化過程における社会変動」『エコソフィア』5：101-117. 京都：民族自然誌研究会
小長谷有紀
　1993 「『遊牧論』の現在」『民博通信』60：44-48. 吹田：国立民族学博物館
　1996 『モンゴル草原の生活世界』東京：朝日新聞社
　1999 「モンゴルにおける出産期のヒツジ・ヤギの母子関係への介入」『民族学研究』64(1)：76-95.
松井　健
　1989 『セミ・ドメスティケイション　農耕と遊牧の起源再考』東京：海鳴社
西村幹也
　2003 「ポスト社会主義時代におけるトナカイ飼養民ツァータンの社会適応：モンゴル北部タイガ地域の事例」帯谷知可・林忠行編『スラブ・ユーラシア世界における国家とエスニシティⅡ』45-58. JCAS Occasional Paper no. 20
　2004 「ツァータンの生活と文化──ツァータンとトナカイ」北海道立北方民族博物館編『北の遊牧民──モンゴルからシベリアへ』pp.28-32. 網走：北海道立北方民族博物館
Paine R.
　1964 Herding and husbandry: two basic distinctions in the analysis of reindeer management (Lapps of Kautokeino). *Folk* 6 (1): 83-88.
斎藤晨二
　1985 『ツンドラとタイガの世界──シベリアの自然と原始文化』地人書房：京都
佐々木史郎
　1992 「シベリアの生態系と文化：多彩な環境への適応」岡田宏明・岡田淳子編著『北の人類学：環極北地域の文化と生態』pp.133-160. 京都：アカデミア出版会
鹿野一厚
　1999 「人間と家畜との相互作用からみた日帰り放牧の成立機構──北ケニアの牧畜民サンブルにおけるヤギ放牧の事例から」『民族学研究』64(1)：58-75.
高倉浩樹
　1999 「焼き印，あるいは淘汰される馬　シベリア，北部ヤクーチアの馬飼育における「馬群」再生産過程とその管理」『東京都立大学人文学報』299：37-67. 東京：東京都立大学人文学部
　2000 「群れを放つ──トナカイ飼育における「群れ」行動統御の概念と技術」松井健編

『自然観の人類学』宜野湾：榕樹書林
谷　　泰
　　1976「牧畜文化考——牧夫―家畜関係行動とそのメタファー」『人文学報』42：1-58.
　　　　京都：京都大学
　　1987「西南ユーラシアにおける放牧羊群の管理：人―家畜関係行動の諸相」福井勝義,
　　　　谷泰編著『牧畜文化の原像：生態・社会・歴史』pp.147-206. 東京：日本放送出
　　　　版協会
梅棹忠夫
　　1976『狩猟と遊牧の世界』東京：講談社

3 北方ユーラシアのツンドラ地帯における
トナカイ多頭飼育
――ネネツとチュクチの比較――

佐々木史郎

はじめに

　北方ユーラシアのトナカイ飼育の諸問題を適応戦略という視点から研究することは，環極北地帯の人類学的研究にとって非常に重要なことである。というのは，トナカイの大規模な多頭飼育は，ツンドラ環境における最高の生存戦略だからである。すでに数多くの研究者がツンドラ環境でのトナカイ飼育について，様々な角度から研究してきた。例えば，巨大な群の維持管理方法，群とそれを管理する人びとの移動パターン，トナカイ飼育民の食料問題，トナカイの輸送手段への利用方法，そして，ツンドラでの大規模な多頭飼育の成立過程などについてである。

　しかし，従来の研究では，その視点が自然環境への適応，あるいは極端に寒冷な地域での生存戦略といったものに限られているケースが多かった。また，多くの研究者が，ツンドラの人びとの経済生活は基本的に自給的であったと考えていた。つまり，トナカイ飼育を中心とする経済活動を，それだけで完結した閉じたシステムと考えていたわけである。しかし，トナカイ飼育民は飼っているトナカイだけに依存して生きていたわけはなく，また，彼らの物質生活も自然環境のみに左右されていたわけではなかった。彼らは常にトナカイ放牧地に隣接する海岸地帯に暮らす海獣狩猟民たちと食料をはじめとする物資の交換をしてきており，また，ロシア人商人たちとも毛皮やトナカイ産品を取引していた。ロシア帝国がシベリアに拡大して以降は，ロシアやソ連の軍事力や政治経済的な影響力が，彼らの生活を強く拘束したこともあった。

本稿では，西シベリアのネネツと極東のチュクチという東西の代表的なトナカイ多頭飼育民の事例を比較しながら，彼らを取り巻く政治的，経済的，社会的状況を分析し，北方ユーラシアのツンドラ地帯におけるトナカイ多頭飼育の成立条件に関する理論モデルを構築してみたい。

(1) トナカイ飼育民の食料事情——ネネツとチュクチの比較

食料供給という視点に立って見た場合，ネネツとチュクチの間には，トナカイ飼育の役割に大きな違いがある。1920年代と30年代(ソ連初期，この時代にはまだ社会主義政策が浸透しておらず，ロシア革命前の状況が尾を引いている)の統計資料によれば，年間に摂取した熱量において，トナカイ肉の全食料に占める割合は，ネネツで30％程度であったのに対して，チュクチでは60％から80％にも達していた。反対にネネツでは購入して得た食料，すなわちパンや穀物の粉，他の肉類などが，40％以上を占めていたのに対して，チュクチではわずか数％にすぎなかった(表II-1.3.1参照)。これは，トナカイ飼育民の食料自給率がチュクチで高く，ネネツでは低かったということを表している。ここから，チュクチのトナカイ飼育の方がネネツのよりも生産性が高いといえるのだろうか。

トナカイの飼育数からいえば，全体的にチュクチの方がネネツより多く，各世帯で平均しても，チュクチの世帯の方がネネツより多くのトナカイを持っていた。1927年の統計資料によれば，チュクチでは1527世帯が68万9826頭のトナカイを持っていた(年末の数字)のに対して，ネネツでは2194世帯が43万9842頭のトナカイを飼っていたにすぎない(表II-1.3.2参照)。つまりネネツの方が世帯数が多いのに，飼っていたトナカイの数は少ないのである。当時チュクチが世界最大のトナカイ飼育民だったのは事実である。1920年代まで，チュクチには1万頭を超える群を所有した富豪が2世帯あり，5000～1万頭ものトナカイを持つ世帯が5つ，3000～5000頭の群を持つ世帯が18，2000～3000頭のトナカイを持つ世帯は36戸もあったことが知られている(Богораз 1932: 45)。

しかし他方で，チュクチでは貧富の差が大きかったこともよく知られていて，

表II-1.3.1 トナカイ飼育民の食料事情

	ウスチ・カルのネネツ(1926年)	クヴェツクのチュクチ(1926年)	クチャウンのチュクチ(1931年)	イチュニのチュクチ(1937年)
a) 世帯数	30	46	30	47
b) 人口	144	221	139	226
c) トナカイの頭数	6,300	12,270	7,896	12,290
d) 必要とされる全熱量 kcal*	129,600,000	198,900,000	125,100,000	203,400,000
e) 生産食料の全熱量 kcal	157,103,000	222,252,000	135,162,000	222,698,000
e)のd)に対する比率%	121.2	111.7	108.0	109.5
f) 売却あるいは交換に出されたトナカイ肉の熱量 kcal	6,300,000	20,486,700	41,032,800	11,515,000
g) 自家消費分の熱量 kcal	150,803,000	201,765,300	94,129,200	211,183,000
g)のd)に対する比率%	116.4(100.0)	101.4(100.0)	75.2(100.0)	103.8(100.0)
各生業ごとの対d)比率%**				
トナカイ飼育による	35.1(30.2)	62.5(61.6)	57.7(76.7)	80.8(77.8)
陸獣狩猟による	10.3(8.9)	3.8(3.7)	2.1(2.8)	0.4(0.4)
海獣狩猟による	(0.0)	30.4(30.0)	(0.0)	15.5(14.9)
漁撈による	16.4(14.1)	1.4(1.4)	2.3(3.1)	1.3(1.3)
採集による	1.1(0.9)	2.1(2.1)	2.2(2.9)	2.0(1.9)
購入食糧による	53.4(45.9)	1.3(1.3)	4.4(5.8)	3.9(3.8)
交換による	(0.0)	(0.0)	6.5(8.6)	(0.0)
自家消費食料の必要量に対する過不足%	16.4	1.4	−24.8	3.8

注) * 1人当たり900,000 kcal必要として計算されている。
　　** 括弧内の数値は「自家消費分の熱量」を100%とした場合の生業ごとの比率であり，筆者が算出した値である。
出所) Крупник 1989: 106 を改編。

表II-1.3.2　1926年におけるトナカイ飼育民の飼育頭数の年間増加率

	世帯数	年初の トナカイ数	1世帯当たり の頭数(年初)	出生数	出生率 (%)	死亡数	年内 増加数	年末の トナカイ数	年間の 増加率(%)	1世帯当たり の頭数(年末)
チュクチ	1,527	530,538	347	237,106	44.7	177,818	59,288	589,826	11.2	386
コリヤーク	378	121,516	321	57,427	47.3	42,423	15,004	136,520	12.3	361
ネネツ	2,194	428,964	195	152,879	35.6	142,001	10,878	439,842	2.5	200
コミ	410	158,718	387	62,804	39.6	53,558	9,246	167,964	5.8	409
エヴェンキ	2,708	128,192	47	40,051	31.2	43,915	−3,864	124,328	−3.0	45
サーミ	277	18,900	68	5,773	30.5	4,502	1,271	20,171	6.7	72
計	7,497	1,386,828	185	556,040	40.1	464,217	91,823	1,478,651	6.6	197

出所) Богораз 1932: 42

　全人口の10%足らずの人びとが，チュコトカ全体のトナカイの60%を所有していた。ということは，ほとんどの人びとは橇を引かせるためにわずかな数のトナカイを飼っていただけということになる。彼らにとって，その家畜をつぶして肉にすることは滅多にできることではなく，トナカイの肉は富豪の下で働いた報酬として得るしかなかった。富豪は自分たちの持つ多数のトナカイをいくつもの群に分け，牧夫を雇ってその管理や世話を任せていたのである。

　そのようなことはネネツでも珍しくなかった。しかし，世帯間の所有するトナカイの数の差はチュクチほどではなく，100頭以上の家畜を持つ中堅のトナカイ所有者が何百世帯とあった。

　ネネツとチュクチ，どちらのトナカイ飼育の方が，生産性が高かったのだろうか。その答えは容易ではない。トナカイ飼育による食料自給率という観点からはチュクチの方が成功しているようにも見える。しかし，別の観点に立てば別の結論が出せそうである。

　V. G. ボゴラスが再整理した，1926年から27年にかけて実施されたソ連時代最初の国勢調査による統計資料によれば，当時見積もられていたトナカイ飼育による生産物(主に肉)の総額が，ネネツでは99万8687ルーブルだったのに対して，チュクチでは65万212ルーブルとされていた(表II-1.3.3参照)。表II-1.3.1にあるように，チュクチの方が全体としては飼育頭数が多いのにもかかわらずである。ボゴラスはこの違いを次のように説明する。すなわち，半分商業化されたネネツの飼育方法で飼われたトナカイの方が，生業経済のもと

表II-1.3.3　1926−27年の国勢調査時のトナカイ産品の生産額

(単位：ルーブル)

	全生産額	売却額	売却額の比率
シベリア全体	3,587,481	633,168	17.6%
非遊牧民世帯	285,655	44,490	15.6%
遊牧民世帯全体	3,301,826	588,678	17.8%
チュクチ	650,212	89,636	13.8%
コリヤーク	136,469	4,518	3.3%
ネネツ	998,687	228,228	22.9%
エヴェンキ	451,291	13,421	3.0%
コミ	477,253	202,273	42.4%
サーミ	55,234	15,810	28.6%
その他	532,680	34,792	6.5%

出所）Богораз 1932: 42

で飼われているチュクチのものよりも高く見積もられる傾向があるというのである(Богораз 1932: 43)。実際に表II-1.3.3にも表されているように，売りに出されたトナカイ産品の総額はネネツで22万8228ルーブルだったのに対して，チュクチでは8万9636ルーブルにすぎず，ネネツでは総額の22％を占めるのに対して，チュクチでは13％を占めるにすぎない。つまり，貨幣経済，あるいは商業経済との関わりという観点からは，ネネツのトナカイ飼育の方が，生産性が高いということになるわけである。

　これらの事実は，ネネツ，チュクチ両民族間に，そのトナカイ飼育の目的，それに対する姿勢に大きな相違があることを示している。つまり，チュクチにおいては，食料その他の必要物資を自給するために家畜を飼っているのに対して，ネネツの方は食料の自給だけでなく，生産物を売りに出して商業経済に参入することも主要な目的の1つとなっているわけである。

　とすると，次の疑問がわいてくる。この両者の違いは何に起因するのだろうか。私は，両民族がトナカイ多頭飼育を成立させる過程で歩んだ歴史のなかにその答えが潜んでいると考えている。それを次節で確認していこう。

(2) トナカイ多頭飼育の成立過程

　トナカイ飼育自体が紀元前1000年紀の間に森林地帯とステップ地帯の境界地域で始められ，それが西シベリアへはサモエード系の諸民族によって，東シベリアから極東へはツングース系の諸民族によって伝えられたとする，トナカイ飼育の発生起源，伝播説はほぼ広く受け入れられるようになっている。この説はソ連の民族学者，M. G. レーヴィン，G. M. ヴァシレーヴィチ，そして S. ヴァインシュテインらによって提唱されてきたものである(Левин и Василевич 1951; Вайнштейн 1970, 1971)。彼らによれば，トナカイは当初，背に荷物を載せて運ばせる荷駄として飼われていたが，騎馬民族の影響を受けて，騎乗もするようになった。ただ，森林地帯に伝播した段階ではまだ，少数のトナカイを荷駄，騎乗用に飼育するだけで，それを肉にするのは稀であった。そして，トナカイ飼育の方法がツンドラ地帯にまで届くとともに，犬橇文化がそこに影響を与えて，橇を引かせる利用方法が加わった。

　しかし，18世紀頃までは，トナカイを飼う人びとのほとんどが，森林地帯，ツンドラ地帯含めて，狩猟採集を生業，経済生活の柱としていた。トナカイを交通輸送手段として利用することが，彼らの生業活動を活性化させ，効率を高めたが，まだ飼育する家畜に全面的に依存するような状況ではなかった。飼われているトナカイの数も平均的には10〜50頭程度で，裕福な者でも100頭を超える群を持つことはほとんどなく，家畜を肉にして食料にしてしまうということは稀であった。家畜はあくまでも役畜であり，また財産であった。

　そのような状況に変化が見えるのが18世紀の中頃である。興味深いことに，接触することはほとんどあり得ないのにもかかわらず，似たような変化がシベリアの東西両極端で同時に起きていた。つまり，ネネツのなかでもウラル山脈の西側にいたヨーロッパ・ネネツと極東のチュクチである。ツンドラ地帯の人びとの生態を「民族生態」ethnoscology という概念を使って分析している I. I. クループニックによれば，このユーラシア大陸のほぼ両端に近いほど離れた地域での類似の現象は，当時の自然環境と社会環境から説明できるという。まず，自然環境の面からいえば，極度に寒冷地に適応したトナカイには夏が涼しい方が繁殖に適しているとされる。彼が調べた古地理学のデータでは，紀元

1000年以降に2回ほど前後に比べて寒冷な時期が認められたという。それは16世紀中期と18世紀後半から19世紀初期にかけての時代である。では，なぜ16世紀中期の段階でトナカイの多頭飼育が始まらなかったのか。クループニックはそこに社会環境が影響するという。つまり，16世紀の段階ではロシアのシベリア，極東地域における覇権はまだ確立されておらず，各地で軍事衝突が起きて，ツンドラ地帯でも政治情勢，社会情勢が不安定であった。しかし，18世紀ともなると，ロシア帝国のシベリア支配も安定化し，ツンドラの社会情勢が落ち着いて，家畜を増殖させるのに都合がよい状況が生じたというのである（Крупник 1989: 151-152）。

18世紀の後半にはネネツの間でも数千頭もの家畜を所有する富豪が現れていたことを示す資料もある。しかし，そのような富豪といえども，当時は家畜に依存した生活をしていたわけではなかった。彼らも含めて人びとの主要な食料獲得手段は野生トナカイ狩猟であり，飼育トナカイを肉にすることは相変わらず稀であったという。野生トナカイが不猟だったり，川での漁撈が不漁だったりすると，何千頭もトナカイを持っているはずの富豪たちも飢えに苦しんだといわれる。それでも彼らは飼っているトナカイを肉にしようとはしなかった（Зуев 1947: 68）。つまり，家畜トナカイの数が多くなっただけで，経済生活は基本的には変わっていなかったのである。

それを根本的に変える，つまり，狩猟採集に依存した生活から，飼育している家畜に依存する生活に変える原動力は何だったのだろうか。クループニックはそれを野生トナカイの消滅に求める。ネネツの居住地であるウラル山脈の東西に広がるツンドラ地帯やチュクチの居住地であるチュコトカでの野生トナカイの消滅に関しては，過剰狩猟が主要な原因であるといわれたこともあったが，クループニックは，狩猟も関係するものの，主に飼育トナカイとの競合に敗れたためだと主張する。野生トナカイと飼育トナカイは生物学的には極めて近いので，同じ生態系に暮らすが，人間に守られた飼育種が増えれば当然野生種との競合が生じる。野生種は人に守られないばかりか，狩猟対象として狙われる立場にあったため，飼育種と競合すればその勝敗は明らかである。ツンドラのトナカイ飼育民たちは，自分たちの家畜が殖えた直後から，それまでの主要な狩猟対象を失っていくことになった。その喪失が，人びとを狩猟採集経済から

家畜を増やす生産経済へと移行させる原動力となったわけである。

　クループニックはトナカイ多頭飼育による生産経済への移行過程を次のように説明する。すなわち，①家畜トナカイの増殖，②数百頭から数千頭もの家畜を所有する富豪の発生，③野生トナカイの消滅，④狩猟採集から家畜生産への経済システムの転換，ということである。彼の多頭飼育成立メカニズムに関する理論は，ネネツとチュクチに共通する普遍的なものとしてはおおむね妥当なものと考えられる。しかし，この両民族にそれぞれ特徴的に現れている現象，すなわち，食料自給状況に見られる相違点については何も説明していない。クループニックはネネツとチュクチの個別の事例から普遍的な理論を構築したが，私はここで再び個別の問題へと帰っていきたい。

　前述のように，私はトナカイ多頭飼育成立過程で両民族が歩んだ歴史のなかに，両者のトナカイ飼育の相違点が隠されていると考えている。したがって，それぞれどのような歴史を歩んだのかを簡単に振り返っておこう。ここで，比較するのは最も早くトナカイの多頭飼育を成立させたヨーロッパ・ネネツとチュクチである。

　ヨーロッパ・ネネツの間では，飼育トナカイの増殖が始まった18世紀中期には，すでにロシア帝国の支配が安定化していた。彼らは17世紀まではしばしば反乱を起こしていたが，その頃までには多くが毛皮税（ヤサーク）を払い，ロシア帝国の権威を認めるようにはなっていた。ただし，ネネツもツンドラの民として，実は最後まで従順だったわけではない。ハンティ，マンシのような漁撈に依拠した定住民に比べれば，ツンドラの遊牧民は自由であった。さらに，ツンドラ地帯ではロシア帝国がシベリアに求めたクロテンのような高級毛皮を持つ毛皮獣が少なく，また，早くから毛皮獣の過剰狩猟が行われたために，18世紀中期までには，毛皮獣の資源も極めて乏しくなっていた。そのために，ヤサークの支払いにも，またツンドラに進出したロシア正教会が占有した土地への入猟料の支払いにも，野生のトナカイの毛皮が使われていたという（Долгих 1970: 25-26, 124-133）。つまり，ネネツたちは家畜トナカイ増殖時代に入るまでに，トナカイ産品を自給以外に使用することに慣れていたわけである。それがまた，彼らがトナカイ産品を市場へ卸すことに対する抵抗をなくしていた理由の1つとも考えられる。

ネネツ，特にトナカイ産品の商業的利用頻度が高い(言い換えれば市場指向性が高い)ヨーロッパ・ネネツのトナカイ飼育の特徴に決定的な影響を与えたのが，南の方からのコミ(フィン系の言語を話す民族で，ヨーロッパ・ネネツが暮らすツンドラ地帯の南に広がる地域に住んでいる)の北方への進出であった。彼らの大多数はウラルの西側に広がる平野で，農耕，牧畜，そして商業活動などに従事していたが，彼らのなかでも最も北に住み，ネネツにも隣接していたイジマと呼ばれる地域にいたグループが，18世紀末ぐらいからネネツから飼育方法を学んで，トナカイ飼育に進出してきたのである。
　彼らは当初，猟師，漁師，あるいは商人としてネネツの地域に入ってきたという(Жеребцов 1982: 159, 161-162)。彼らはヨーロッパ・ネネツの間にヨーロッパ製品と貨幣経済を普及させるのに一定の役割を果たしていた。彼らは，ツンドラに進出すると，ネネツとの商取引の間に，購入や負債の形として取り上げていくという形でトナカイを所有するようになり，瞬く間に膨大な数の家畜トナカイを所有する富豪へとのし上がっていった。19世紀の統計資料には，彼らの富豪への急成長ぶりがよく現れている。例えば，ボリシェゼメリスカヤ・ツンドラ(ヨーロッパ側の最大のツンドラ)では，18世紀末の段階でネネツの所有するトナカイが15万頭に達し，コミの所有は1万頭にすぎなかったが，1850年代にはネネツのトナカイが3万頭に減ったのに対して，コミの所有するトナカイは12万4000頭にも達していた。そして，19世紀末期には前者が4万7000頭と微増したのに対して，後者は24万6300頭とその5倍以上に達していたのである(Васильев 1979: 206)。
　しかし，コミには基本的にはトナカイ飼育に関する知識も技術も乏しかった。そのために，彼らはネネツの貧しい牧夫たちを雇って，群の管理，家畜の世話をさせた。コミのトナカイ飼育の目的は，食料や生活物資の自給にあるのではなく，トナカイ産品を売って儲けることにあった。彼らは始めから生業ではなく，牧畜産業，あるいは食肉産業として経営するつもりでトナカイ飼育活動に参入してきたのである。それが可能だったのは，この地域にトナカイの肉や毛皮に対する需要があったからである。ヨーロッパ北東部のツンドラ地帯では毛皮交易の影響で，ペチョラ川，メゼニ川，ドヴィナ川などの流域に古くから移民がやってきて町を形成しており，その住民がトナカイ肉や毛皮を消費してく

れたのである。ここに，従来にはない新しい形のトナカイ飼育の形態が生まれた。それは「市場志向型の多頭飼育」とも呼べるものである。ところで，19世紀に入り，ヨーロッパのツンドラ地帯で貧困化するネネツが多数現れたのは，主に温暖化に伴う家畜の疫病の流行やコミとの競争に敗れたことが原因だった。彼らはコミやネネツの富豪たちのもとで働く以外は，都市部に流入して貧民となり，民族としての自覚を失うか，あるいは新天地を求めて北極海の島々（コルグエフ，ヴァイガチ，ノーヴァヤ・ゼムリャなど）に移住していった。

　それに対して，ユーラシアの反対側に当たる極東のチュクチが歩んだ歴史は全く異なっていた。全シベリア的な寒冷化という点では同じ気候条件下にいたものの，チュクチは18世紀の段階ではまだロシア帝国の支配に屈していなかった。ロシアは18世紀初めにはカムチャツカ半島を制し，そこに要塞を築いて，アリューシャン列島，アラスカ，千島列島（クリル列島）へと勢力の拡大を図ったが，北のチュコトカへの拡大だけは成功しなかった。それはチュクチの抵抗が激しかったからである（黒田1992：172-181）。したがって，18世紀にはロシア帝国の支配によってシベリアの社会が安定していたというクループニックの説は，チュコトカの部分についてはあてはまらないということになるだろう。ロシアのカムチャツカ，チュコトカへの侵略は，その地方の先住民の勢力関係にも影響を及ぼした。チュクチとコリヤーク，ユカギールなどは相互に対立と融和を繰り返していたが，後二者の多くがロシアの支配に服することで，チュクチとの対立が先鋭化し，それに伴い，家畜トナカイの略奪合戦も激化した。チュコトカ，カムチャツカの先住民を研究してきたソ連の民族学者 I. S. ヴドーヴィンなどは，チュクチの飼育トナカイが急速に増大したのは，周辺のコリヤークたちからの略奪が主要な原因であるとさえ主張している（Вдовин 1965: 17-20）。18世紀の古文書によれば，1725年から73年までの間に，チュクチが周辺のトナカイ飼育民から略奪した家畜は24万頭に上ったという（黒田1992：180）。

　侵入してくるロシアコサック軍に対するチュクチの激しい抵抗を支えたのが，大規模なトナカイの多頭飼育と，親族や特殊な社会関係で結ばれた海獣狩猟民たちとの協力関係であった。打ち続く戦争という非常事態において，新しい食料供給システムを築くことは，ツンドラのチュクチたちにとって急務であった。

長い間彼らの主要な食料獲得手段であった野生トナカイ狩猟は，戦時においては頼れなかった。というのは，野生トナカイの季節移動の際に行われる待ち伏せ猟は，敵に襲われやすく，また，戦闘で獲物も待ち伏せ地点に寄ってこないからである。彼らは冷涼な良い気候条件下に家畜トナカイを増殖させ，あるいは略奪によって群の規模を大きくしていくことで，主要な食料供給源を変えていったと考えられる。そして，その頃から野生トナカイも姿を消していき，その移行は不可逆的となった。18世紀の後半にはロシアも武力でのチュコトカ制圧をあきらめ，交易地点を定めて，経済的な関係を結ぶように政策を転換するが，それ以降もチュクチの家畜トナカイは増え続け，19世紀の初めまでには1万頭を超える富豪が現れていたといわれる。

ツンドラのトナカイ・チュクチと，海岸地帯に住み，海獣狩猟を主要な生業とする海岸チュクチやユッピックたちとの協力関係も，18世紀のチュクチの抵抗には大きな意味をもっていた。海岸チュクチやユッピックたちはトナカイ・チュクチたちのロシアコサック軍との戦いに，皮張りボートの船団を組んで援軍を送ったり，必要な食料(海獣の肉など)や毛皮(アザラシなど)を支給したりとサポートを続けたといわれる(黒田1992：182)。彼らとの密接な関係は，時代が下って1920年代になっても，その重要性は失われていなかった。貧しいトナカイ・チュクチのなかには，親族関係や婚姻，友人関係を通じた海獣狩猟民との絆に依存して食料や生活物資を確保するものが少なくなかったのである。海獣狩猟民との密接な社会関係や経済的な協力関係は，トナカイ・チュクチがロシアの商業経済や市場に参入する必要性を低下させていた。1789年に，アニュイという場所に交易所が設置されて，ロシアとチュクチの交易も始まったが，後者は基本的にロシアを信用していなかった。最近の研究では19世紀にはアメリカからも捕鯨船などが交易のためにチュコトカの海岸に現れ，チュクチたちと交易をしたという情報もあるが，トナカイ・チュクチの経済生活の基本は，トナカイ飼育を柱として，漁撈，狩猟，採集と，海獣狩猟民たちとの物資の交換にあった。トナカイの肉は，基本的にはチュコトカの先住民のコミュニティのなかで消費されるものであり，ロシアの食肉市場で金に換えるものではなかった。つまり，チュクチの間にはトナカイの多頭飼育を食肉産業にしようという意図はほとんどなく，1920年代までトナカイ飼育は貨幣経済や

商業経済とは縁がなかったのである。

結論

　上記のように，ネネツとチュクチの事例を比較することによって，ツンドラ地帯におけるトナカイの多頭飼育には1920年代まで，2つの類型があったことが分かる。1つは「商業化型」あるいは「市場志向型」ともいえるもので，もう1つは「自給型」あるいは「伝統的交換志向型」とも呼べるものである。前者はヨーロッパ・ネネツに典型的に見られるもので，それは多頭飼育の成立と並行して参入してきたコミの商業主義の強い影響下に発生したものであった。それに対して後者はチュクチのもので，それはロシアとの厳しい対立状況と海獣狩猟民との協力関係のなかから生まれたものであった。両者とも，18世紀後半の比較的冷涼な時期に飼育トナカイの頭数を増やし，19世紀初頭までの野生トナカイの消滅によって，家畜トナカイに依存する多頭飼育を確立した。つまり，自然環境はほぼ共通していた。しかし，その間の社会環境は異なっていた。つまり，クループニックの指摘とは異なり，シベリアの社会情勢全体が一様に安定していたわけでなく，地域によって条件が違っていたのである。多頭飼育成立の時期に，近隣にトナカイ産品に対する需要があり，商業主義が持ち込まれた地域では，トナカイ飼育そのものが牧畜産業，あるいは食肉産業化し，商業主義的な多頭飼育が生まれた。それに対して，そのような要因がなく，戦闘など社会不安が多い地域では，自衛のための食料確保を目的として，トナカイの多頭化が進められた。そのために，どちらかといえば先住民間の伝統的な物資交換システムのなかに組み込まれた多頭飼育が生まれた。それは，トナカイ飼育民のなかだけで閉じているわけではないが，商業主義的な多頭飼育のように，不特定多数の消費者にまでトナカイ産品を分配するシステムではなく，あくまでも先住民間の伝統的な交換システム上で分配されることを前提とした多頭飼育であった。

　1930年代以降，ソ連の社会主義的な集団化政策によって，北方ユーラシアツンドラ地帯のトナカイ多頭飼育は新しい一歩を踏み出す。社会主義に特有な平等主義的な政策が，何千頭もの家畜を所有するような富豪を一掃し，中規模

のトナカイ飼育民を集団農場に組織していった。この集団化は，トナカイの多頭飼育の性格を，チュクチのものよりはネネツの方に近づけた。つまり，自給的な飼育ではなく，政府にトナカイの肉と毛皮を供給するような多頭飼育を普及させたのである。トナカイ飼育民たちは，国家の計画に従って，肉や毛皮などのトナカイ産品を生産し，国に卸さなくてはならなくなったが，一方で政府は生産物を公定価格で買い取るうえに，牧民たちに食料や日用品，家，交通輸送手段，エネルギー，教育，医療，娯楽などを確実に提供することになった。

　ソ連時代に北方ユーラシアのトナカイ飼育が，その保護政策によってある面で大きく発展したことは事実である。しかし，現在そのトナカイ飼育が数多くの問題を抱えていることも事実である。例えば，トナカイ牧民の定住化政策やソ連式の教育によって，若い世代がツンドラでの生活から離れてしまい，伝統的な生活様式が受け継がれなくなっている。あるいは，政府の手厚い保護によって，何でも政府に依存する体質が，トナカイ飼育の経営者や牧民の間に浸透してしまっている。また，1970年代から加速してきたツンドラ地帯での石油，天然ガス開発によって，トナカイ放牧地の地域の水質や大気が汚染されたり，放牧地そのものが縮小したり，放置された機材によって家畜トナカイが怪我をしたりなどの損失も発生している。これらの問題は，ソ連崩壊後の厳しい経済情勢のなかでは，さらに深刻になりつつある。

　すでに北方ユーラシアの人びとは自分たちだけの閉じた社会経済システムのなかでの自給自足的な生活には戻れない。したがって，今トナカイ飼育民に求められているのは，自然条件とも調和した，社会の需要に応えられる商業的なトナカイ飼育産業の育成である。ソ連崩壊後，シベリア，極北地域は遠隔地ゆえのハンディキャップを負っている。それを乗り越えるためには，独創的な発想をもったトナカイ産品の市場開拓を行う必要があるだろう。

付　記

　本稿は，基本的には，1995年に網走市にある北海道立北方民族博物館で行われたシンポジウムのプロシーディングズを翻訳したものである。その後シベリアツンドラ地帯のトナカイ飼育に関する論考や報告書が，欧米や日本で少なからず刊行されたうえに，筆者自身もそれらを参考にしてさらに新しい論文を書いているため，本報告の内容が古くなっていることは否めない。しかし，基本的な論旨は今でも正しいと信じているがゆえに，あえて

新たな知見を付け加えずに翻訳した。ただ，英文で書かれたオリジナルには，説明不足の点が若干見られたことから，それを補ってある。トナカイ多頭飼育の発生と発展に関する，その後の筆者の議論の展開については，1999年に発表した論文と2005年の論文(佐々木 1999, 2005)を参照していただきたい。

引用・参考文献

黒田信一郎
 1992 「チュクチの抵抗――北東シベリア原住民の受難史」岡田宏明・岡田淳子編『北の人類学――環極北地域の文化と生態』pp.161-184. 京都：アカデミア出版

佐々木史郎
 1999 「トナカイ飼育の生産性」松原正毅・小長谷有紀・佐々木史郎編『ユーラシア遊牧社会の歴史と現在』pp.517-540.『国立民族学博物館研究報告別冊』20　吹田：国立民族学博物館
 2005 「ツンドラ地帯におけるトナカイ遊牧の成立過程――帝政ロシア期にネネツとチュクチが選んだ生き残り戦略」松原正毅・小長谷有紀・楊海英編『ユーラシア草原からのメッセージ――遊牧研究の最前線』pp.339-370. 東京：平凡社

Богораз, В. Г.
 1932 Северное оленеводство по данным хозяйственнной переписи 1926-1927 гг. *Советская этнография* 1932 (4): 26-62.

Вайнштейн, С.
 1970 Проблема происхождения оленеводства в Евразии (I Саянский очаг одомашнивания оленя). *Советская Этнография* 1970 (6): 3-14.
 1971 Проблема происхождения оленеводства в Евразии (II Роль саянского очага в распространении оленеводства в Евразии). *Советская Этнография* 1971 (5): 37-52.

Василевич, Г. М. и М. Г. Левин
 1951 Типы олемеводства и их присхождение. *Советская Этнография* 1951 (1): 63-87.

Васильев, В. И.
 1979 *Проблемы формирования северо-самодийских народностей.* Москва: Издательство «Наука».

Вдовин, И. С.
 1965 *Очерки истории и этнографии чукчей.* Ленинград: Издательство «Наука», ленинградское отделение.

Долгих. Б. О.
 1970 *Очерки этнической истории ненцев и энцев* Москва: Издательство «Наука».

Жеребцов, Л. Н.

1982 *Историко-культурные взаимоотношения Коми и соседними народами XIX — начало XX в.* Москва: Издательство «Наука».

Зуев, В. Ф.

1947 *Материалы по этнографии Сибири XVII в.* Труды Института Этнографии том 5. Москва и Ленинград: Издательство АН СССР.

Крупник, И. И.

1976 Становление крупнотабунного оленеводства у тундровых ненцев. *Советская Этнография* 1976 (2): 57-69.

1989 *Арктическая этноэкология: Модели традиционного природопользования морских охотников и оленеводов Северной Евразии.* Москва: Издательство «Наука».

第2章　北ユーラシア東岸
——沿海地方，北海道からカムチャツカ——

1 話者による危機言語の記録とその活用
―― ウデヘ語絵本作りをとおして ――

津曲敏郎

はじめに[1)]

　「言語の危機」，すなわち少数民族言語の大半が遠からず消滅する危機に瀕しているという事実が，言語学者の間で深刻な問題として認識されるようになったのは，そう古いことではなく，ここ十数年のことでしかない。以来，日本を含め世界各地で様々な取り組みが行われてきているが，この認識が広く一般の人びとの間に共有されるには至っていない。当事者である危機言語の話者たちの反応も様々である。生き残りをかけて保存と復興の道を模索する者もあれば，不本意ながらもとどめがたい流れとしてあきらめる者，さらには実用性を第一に考えて積極的に大言語の側に付く者もある。

　たしかに人類全体にとってどの言語も次世代に伝えるべき，かけがえのない知的遺産であるし，人類言語全体の解明を目指す言語学にとっても，その大半を不完全な知識のままに失うことは大きな損失である。もちろん話者自身にとって，民族固有の言語は自らのアイデンティティの一番の証しであることは言うまでもない。しかしながらそうした「大義名分」は，近代化に否応なく組み込まれ，現代に生きようとする少数民族にとっては多くの場合，説得力をもたないこともまた事実である。今，言語学者に求められているのは，外からの押し付けや一方的な調査・記録ではなく，話者に働きかけて記録・保存への意識を促し，必要な支援を行い，話者を巻き込んだ活動を展開することであろう。

　このことは今や危機言語に関わる言語学者の共通認識となりつつあると言ってよいが，その実践には様々な形があり得る。本稿では，はじめに日本の活動

を中心に危機言語への取り組みを振り返ったのち，話者自らが記録することの重要性を，いくつかの事例にもとづいて確認する。特に筆者自身の近年の試みとして，ウデヘ語の絵本作りについて報告し，参考に供したい。最後に，こうした記録活動にとって，音声資料を併せ残すことの意味をも強調しておきたい。

(1) 言語の危機への取り組み[2]

　少数民族言語の一部が衰退と消滅の途にあることは，個別の事例として，また漠然とした形では，以前からそれなりに人びとの意識するところであった。日本ではアイヌ語が，金田一京助らによる本格的な研究開始の当初から，そのように認識されてきたことは周知のとおりである。世界的に見ても，植民地化と近代国家成立の陰で多くの少数言語が犠牲になってきたであろうことは，一般人の想像にもかたくない。しかしながらその規模や進行の度合い，将来に及ぼす影響がどれほどのものかについては，言語学者を含めても確たる認識と展望を共有していなかったのが，1990年代初めまでの状況であったと見てよい。1991年，アメリカ言語学会での危機言語シンポジウムが，この問題を提起する形となり，翌年の *Language* 誌の特集記事で問題の深刻さが言語学者に広く知られるところとなった(*Language* 68(1), 1992)。

　中心メンバーの1人で，永年アラスカ原住民言語の研究と教育に携わってきたマイケル・クラウス氏によれば，今後100年のうちに，言語の数が現在の約6000から半減することはもはや避けがたく，最悪の場合，10分の1ないし20分の1にまで減ることが予測されている(Krauss 1992；クラウス1994)。おおかたの予想をはるかに超えた，この深刻な数字にはにわかには信じがたいものがあるが，現段階で子どもが継承していない言語の数を考慮すれば，その予測は残念ながら多分に現実的であると認めざるを得ない。

　次いで開催された第15回国際言語学者会議(1992，ケベック)でも「危機言語」がメインテーマとして取り上げられ，この問題に世界の言語学者が緊急に取り組むべきことを盛り込んだ宣言文が採択されるに至った(柴田1993)。

　これらの動きを受けて日本言語学会でも，1993年10月の委員会で検討小委員会の設置が決議され，後に「危機言語小委員会」として活動を開始している。

この小委員会を中心として1998年には最初の公開シンポジウムが開催され，それ以前からの日本言語学会大会の場なども含めて，今日まで年に1度に近いペースで関連テーマの公開講演・シンポジウム等が行われている。

　さらに上述の日本言語学会危機言語小委員会での議論と支援のもと，文部省科学研究費特定領域研究として「環太平洋の消滅に瀕した言語にかんする緊急調査研究」（宮岡伯人代表，略称ELPR）が4ヶ年の大型研究プロジェクトとして1999年秋から発足した。大学院生なども含めて約150名の参加を得て，広範囲な調査研究と成果刊行，および上記小委員会と連携しての講演会・シンポジウム等の活動が行われた。このプロジェクトによる報告書シリーズは，講演集，論文集や個別言語の文法記述，語彙，テキストなど合わせて110点を超えている。

(2) 話者自らが記すことの重要性

　こうした取り組みのなかで，現地社会への成果還元や現地との連携における言語学者の役割といった問題についても積極的に議論されるようになった。危機言語を保存し，部分的にせよ維持と復興を図るには，話者の意識を変えることが不可欠である。自分たちの言語とそれに深く根ざした固有の文化が，取るに足りない無価値なものではなく，長い歴史と伝統を受け継ぐかけがえのない財産であること，その行方に世界の注目が寄せられていることに，話者（多くの場合「元話者」もしくはその子孫）の意識が向けば，自信と誇りにつながる。それは，もはや民族語を話さない若い世代や子どもたちにとっても，自分の祖先の言語と文化を見直すきっかけとなるだろう。そのことが直ちに「復興」につながることは事実上期待できないところまできているが，たとえ話せなくても，固有の言語と文化に自覚をもち，知識として受け継ぐことは大きな意味がある。

　そうした観点から，筆者が特に重要だと考えるのは，話者自身の手になる言語の記録である。他から与えられたのではない，自分たちの側からの記録は，同胞にとってまたとない励みとなるだろう。以下にアイヌ語で知られている事例と，筆者が関わったツングース諸語の事例を紹介したい。

生誕百年(2003年)を機に知里幸恵に関わる記念行事や出版が相次いだが，19歳で夭折したこのアイヌ少女の名を不朽のものにしたのは，言うまでもなく自らアイヌ語と日本語対訳で記した『アイヌ神謡集』(郷土研究社1923，岩波文庫版1978)である。アイヌ語学習と研究のテキストとして，あるいはアイヌ文学と文化の手引きとして，後世に与えた影響ははかりしれないものがあるが，それにもましてアイヌ民族に大きな誇りをもたらし，今も陰に陽に精神的な支えの役割を担っているといえよう。もちろん幸恵の天賦の才なくしては，あり得なかった作品であるが，その背景には金田一京助という言語学者との出会いがあったことも事実である。

　しかしながらアイヌ自身を含む一般の学習者が手軽に参照できるような形の辞典が作られたのは，実は世界的な言語の危機が表面化してのち，1990年代後半のことである。言語の学習にとって不可欠な辞典が，この「豊かな」日本にあって，ここまで待たなければ世に出なかったには，それなりの事情があったに違いないが，アイヌ語にとっては残念なことであった。いささか遅きに失した感があるとはいえ，相次いで刊行された辞典の1つに，萱野茂『アイヌ語辞典』(三省堂，1996)がある。民族自身による語彙の記録として，研究者による辞典とはまた違った価値がある。言うまでもなく，萱野氏は本辞典のみならず，アイヌ語・アイヌ文化の保存と普及に関わる多数の著作を含む広範な活動をアイヌの側から続けている人物である。

　いっぽうアイヌ語の陰で，国内にあってその存在さえ忘れられがちなのがウイルタ語である。その話者であった北川源太郎氏が，カナで記したウイルタ語の文例集がある。池上二良教授(現北海道大学名誉教授)の昭和52-54年度科研費によるプロジェクトの研究協力者として提出した8冊のノートを，同教授と筆者が分担して，ウイルタ語音韻表記と日本語訳を付して刊行した(池上編1986；池上・津曲訳解1988，1990，1991)。ウイルタ語の単語をもとに，その変化形や短文を五十音順で列挙したもので，原ノートはカナ書きのウイルタ語のみである。北川氏がノートを残して1984年に急逝されたために，その訳解作業は網走在住のウイルタ語話者の協力を得て行った。原著者自身の手で初めから日本語訳も書いてあれば，資料価値はもっと高まっただろう。また単語や文例の選択も多分に恣意的であるが，あらかじめ適切な調査票を渡しておけば，

もっと体系的な資料となっていたかもしれない。そうした点で悔いは残るが，しかしウイルタ自身が記録したまとまった量の資料としては他にほとんど例を見ない。

また1988年に中国領のソロン語(中国では鄂温克語 ewenke-yu と呼ぶ)を調査した際には，自ら鄂温克族でソロン語話者であり，同言語の研究者である朝克(Chaoke)氏の助力を得た。これをきっかけにその後，同氏の協力でソロン語の文例集(朝克・津曲・風間編1991)，ソロン語を含む鄂温克語方言語彙集(朝克／津曲編1995)，ならびに同氏著の基礎語彙集に対するソロン語索引(津曲編1993)などを刊行した。もちろん朝克氏自身，ほかにもソロン語に関する数多くの著作がある。少数民族のなかからこうした研究者が出ることの意味は極めて大きい。

そのほかナーナイ語の調査(1989年)で出会った古老が，自らナーナイ語とロシア語で記していた民族遊戯に関する資料(十数点のスケッチを含む)を借り受け，日本語訳とナーナイ語索引を付して刊行した(キレ／佐々木・匹田・津曲編訳1993)。言語資料というよりは民族文化資料として貴重である。

こうした資料を埋もれさせない努力も，研究者にとって重要な仕事であると考える。

(3) ウデヘ語の絵本を作る

話者自らが記すことの重要性を，筆者が強く意識するようになったのは，1996年ロシア沿海州ビキン川流域の村クラスヌィ・ヤールで，ウデヘ語の話者であり優れた書き手でもあるアレクサンドル・カンチュガ氏に出会ってからである(津曲2001も参照)。氏は，今日公式に文字化されることのないウデヘ語を，ロシア字を使って自分なりの書き方で書くことができる。ロシア語の短い文例をウデヘ語に訳してもらう作業で，そのことはすぐに確認できた(津曲1997, 1998として刊行)。しかし氏の才能はそれにとどまらず，筆者の求めに応じて，「文学作品」と言ってもよい内容と表現を備えた長大な自伝をウデヘ語とロシア語の対訳で執筆するに至ったのである[3]。自伝は1930年代のウデヘの伝統的な暮らしぶりを描いた少年時代に始まって，ハバロフスクでの学生

時代へと続き，現在も継続して執筆されている。原稿を手にした筆者は，著者の協力を得ながら，その第1部にあたる「少年時代」をまず日本語訳で出版したのち(カンチュガ／津曲訳2001)，ウデヘ語原文と日本語の対訳形式で上記ELPR刊行物として刊行した(カンチュガ／津曲編訳2002)。これには著者自身の吹き込みによる音声CDを付した。さらに現地での利用を念頭に，ウデヘ語・ロシア語版を刊行し，著者と村の人びとおよび学校に寄贈した(Канчуга／Цумагари ред. 2003)。ウデヘ語をほとんど失っている現地の人びとにとって格好の教材(少なくともロシア語で昔の生活を振り返る読み物)となることを期待したからである。

　そのもくろみはある程度達成されたと考えているが，言語の継承にとって一番大切なのは子どもに興味を呼び起こすことである。そこで次に，自伝中の2つの民話を取り出して絵本に仕立てることを計画した[4]。絵は，現地の子どもたちにあらかじめ民話の部分を読んで描いてもらうことにして，学校に協力を依頼した。子どもたちが自ら参加することで，いっそう親しみと当事者意識をもってもらえるに違いない。半年後再訪したときに15枚の絵を受け取った。11歳から16歳まで，10人の作品で，物語の場面とともにウデヘの伝統的衣装や民具，自然景観が思い思いのタッチで描き込まれていた。足りない場面の絵は，日本に帰ってから知り合いのアーティストに描き足してもらった。こうして，2種類の原文テキスト(ロシア字，ローマ字音韻表記)と3種類の翻訳(露日英)を合わせた多言語絵本ができた(カンチュガ／津曲編訳2004)。現地配布用[5]以外に，日本国内でも読んでもらえるよう，同じ内容の市販用も作った。日本を含めた外の世界の人びとに関心を寄せてもらうことが，少数民族にとっては大きな力となるからだ。

(4) 音声資料を併せ残す意味

　この絵本にはさらに音声と絵・テキスト(原文／訳)を併せたCD-ROMも作成し，希望者には頒布もできるようにした。学習教材あるいは研究資料として考えた場合，音声資料の果たす役割は極めて重要である。特に近年では話者の高齢化に伴って，現地にあってさえ，実際にはよく話せない先生が現地語教育

を担当せざるを得ないケースも増えている。単なる音声CDとせずに画像付きとしたことで，再生環境は限られてしまうが，音声と絵・テキストが連動することによる学習効果は極めて高い[6]。実際，現地の学校では子どもたちがパソコンを自由に扱える環境にはまだないが，将来的には整備される可能性もあろう。さしあたり学校で音声を利用することに備えて，別途音声CDも寄贈している。

　このような形も含めて，危機言語の記録をデジタル化されたテキスト（原文と訳）と音声（さらに必要なら絵・写真・ビデオ等の映像も併せて）のセットで残すことは学習上また研究上極めて有益である。映像はさておいて，さしあたり音声だけに限っても，文字データだけからは得られない様々な情報を含んでいる。特に正書法のない言語の文字化は必然的に採録者の音韻解釈を伴うが，その検証には音声が不可欠である。音声があれば，多少不完全な文字化であってもカバーできる可能性がある。

　ちなみに音声データの圧縮保存の技術（MP3形式等）により，1枚のCDにも通常の音声CDの10倍ほどの量のデータが書き込めるようになっている。上記ELPR刊行物中，30点近くがCDを付しており，その中には圧縮形式を利用したものや，音声とテキスト・データをセットにしたものもある[7]。

　言うまでもなく音声資料は対応するテキストがあってこそ，意味をもつのであり，原語の音声資料だけをいくら集めても，それだけでは死蔵される可能性が高い。少なくとも（音声または文字の形で）訳がないと活用できない。さらに原語と訳を照合しつつ，多少とも分析的に理解するためには，やはり文字化された原文テキストが不可欠である。しかし音声資料からテキストを作成することは，母語話者（必ずしも語り手本人である必要はない）の助力と専門家の手による膨大な時間を要する作業である。その点からも，話者自身が不完全な形にせよ自分で「書ける」ことの便宜ははかりしれないものがある。もちろん「不完全」な表記といっても，様々なレベルがあり得るし，併用している大言語との音韻上の差が大きい言語ほど，表記はむずかしいだろう。ロシア字やローマ字を知っている者が誰でも自分の母語を文字化できるわけでもない。むしろカンチュガ氏のような人材は極めて稀であろう。しかし，そのような人材を発掘，さらに育成し支援することは危機言語の記録にとって大きな意味をもつに違い

ない[8]。

　近い将来，話し手を失った言語が父祖の残した書きことばの形で受け継がれ，過去からの声とともに，若者や子どもたちに学ばれるときが来るかもしれない。そんな，あたかも「古典語」を学ぶような形であっても，祖先の言語とそこに込められた思いがおりに触れよみがえり，子孫の記憶に引き継がれるなら，それも言語が「生き残る」一つの道かもしれない[9]。

注

1) 本稿の一部については，第23回「ローマ字の日」記念講演会（北海道ローマ字研究会主催，2004年5月15日，札幌）での講演「消えゆく言語を文字で残す：少数民族ウデヘへの試み」，ならびに平成16年度科研費基盤B1「北方諸言語の類型的比較研究」（津曲敏郎代表）による研究会（2004年7月3～4日，北海道立北方民族博物館，網走）における研究発表「ウデヘ語デジタル絵本の試み」として口頭発表した内容をもとにしている。後者の研究会では「博物館と言語学」というセッションにおいて，両者の連携の必要性と有効性が確認された。このような専門の垣根を超えた交流の輪と和を何よりも大切にされ，その裾野を広げてくださった同博物館の故岡田宏明前館長に，感謝の意とともに小文を捧げたい。
2) この節は津曲（2002）第1節の内容の要約である。特に危機言語に対する日本の取り組みのあゆみについては，同138-139のリストを参照されたい。
3) ウデヘ語で書かれたとされる文学作品としてはКимонко（ロシア語訳1964 [1951]）がほとんど唯一のものとして知られているが，ウデヘ語原文は刊行されていない。ちなみにCh.タクサミ氏によれば，ロシア語訳に先行するウデヘ語原文が完全な形で存在したかどうかにも実は疑問の余地があるとのことである（2004年3月，個人的談話）。
4) すでにELPR刊行物の形で，現地での教材としての使用を念頭に置いてコリャーク語の2冊の絵本が出版されていることがヒントとなった（Kurebito ed. 2001, Kurebito and Jermolinskaja eds. 2002）。
5) 絵本は2004年3月の訪問時に著者と学校に寄贈したが，特に学校でその後どのように活用されているかは，まだ十分に確認していない。
6) このCD-ROMはもともと，道立北方民族博物館での企画展「セドナの箱：オーロラの下のシャーマンと民話の世界から」（2004年2月7日～3月28日）における展示資料として同館学芸員の笹倉いる美氏の尽力で制作されたものをもとにしている。観覧者自身がパソコンを操作することによって閲覧できるようにしたところ，展示資料としても効果が高いことが確認されたという。
7) 例えばKazama（2003）付属のCDでは，パソコン上でツングース諸語の対照基礎語彙のリストを見ながら，個々の単語表記をクリックすると該当する音声が聞けるようになっている。

8) 北米インディアン諸族のテキスト収集に力を注いだ F. ボアズは，自ら採録するばかりでなく，話者に母語筆記のための文字を教え，訓練を施すことによっても膨大なテキストの提供を得たという（渡辺 1996：147）．
9) 危機言語が話者自身によって文字化されることによる，このような意味づけについては津曲（2003）も参照．

引用・参考文献

朝克・津曲敏郎・風間伸次郎編
 1991『ソロン語基本例文集』文部省科研成果報告書1　札幌：北海道大学文学部
朝克
 1995『鄂温克語三方言対照基礎語彙集』津曲敏郎編　ツングース言語文化論集6　小樽：小樽商科大学言語センター
池上二良編
 1986『北川源太郎筆録「ウイルタのことば」(1)』ウイルタ民俗文化財緊急調査報告書8　札幌：北海道教育委員会／網走：網走市北方民俗文化保存協会
池上二良・津曲敏郎訳解
 1988『北川源太郎筆録「ウイルタのことば」(2)』ウイルタ民俗文化財緊急調査報告書9　札幌：北海道教育委員会／網走：網走市北方民俗文化保存協会
 1990『北川源太郎筆録「ウイルタのことば」(3)』ウイルタ民俗文化財緊急調査報告書11　札幌：北海道教育委員会／網走：網走市北方民俗文化保存協会
 1991『北川源太郎筆録「ウイルタのことば」(4)』ウイルタ民俗文化財緊急調査報告書12　札幌：北海道教育委員会／網走：網走市北方民俗文化保存協会
カンチュガ，A.
 2001『ビキン川のほとりで：沿海州ウデヘ人の少年時代』津曲敏郎訳　札幌：北海道大学図書刊行会
カンチュガ，A.
 2002『ウデヘ語自伝テキスト』津曲敏郎編訳（ELPR A2-019，ツングース言語文化論集17　CD 1枚付き）吹田：大阪学院大学情報学部
 2004『ウデヘの二つの昔話』ツングース言語文化論集26　札幌：かりん舎／北海道大学大学院文学研究科（別途 CD 版あり）
Канчуга, А. А./Цумагари, Т. ред.
 2003 *Багдисэ хокто тэлунгуни 1: Нёула экини* (*Автобиографическая повесть 1: Детство, для чтения по удэгейскому языку*) ツングース言語文化論集 22 Sapporo: Graduate School of Letters, Hokkaido University.
Kazama, S.
 2003 *Basic Vocabulary (A) of Tungusic Languages* (ELPR A2-037, ツングース言語文化論集 25 with 1 CD).　Suita: Faculty of Informatics, Osaka Gakuin University.

キレ，ポンサ
  1993『ナーナイの民族遊戯』(ツングース言語文化論集 2)．佐々木史郎・匹田剛・津曲敏郎編訳　小樽：小樽商科大学言語センター

Кимонко, Д.
  1964 *Там, где бежит сукпай (повесть перевод с удэгейского Ю. Шестаковой)*. Москва: Советский Писатель (First published in Khabarovsk, 1951)

Krauss, M.
  1992 The World's Languages in Crisis. *Language* 68(1): 4-10.

クラウス，M. E.
  1994「言語の危機」笹間史子訳　北方言語研究者協議会編『アイヌ語の集い：知里真志保を継ぐ』：249-263，札幌：北海道出版企画センター

Kurebito, M. ed.
  2001 *Koryak Folktale: the Grayling and the Flatfish* (ELPR A2-003). Suita: Faculty of Informatics, Osaka Gakuin University.

Kurebito, M. and T. Ju. Jermolinskaja eds.
  2002 *Koryak Folktale: the Raven* (ELPR A2-018). Suita: Faculty of Informatics, Osaka Gakuin University.

柴田　武
  1993「第 15 回国際言語学者会議の報告」『言語研究』103：259-266．

津曲敏郎編
  1993『朝克著「エウンキ語基礎語彙集」索引』ツングース言語文化論集 3　小樽：小樽商科大学言語センター

津曲敏郎
  1997「ウデヘ語文例」『言語センター広報 *Language Studies*』5：83-91，小樽：小樽商科大学言語センター
  1998「ウデヘ語文例補遺」『言語センター広報 *Language Studies*』6：107-110，小樽：小樽商科大学言語センター
  2001「ウデヘの自分史との出会い」『アークティック・サークル：北海道立北方民族博物館友の会・季刊誌』41：12-14，網走：財団法人北方文化振興協会
  2002「言語の危機と 21 世紀言語学の課題」．津曲敏郎編『環北太平洋の言語』8(ELPR A2-012)：131-141，吹田：大阪学院大学情報学部
  2003「書きことばの創生：少数民族が文字をもつとき」『国文学』48(12)(2003 年 10 月号)：10-14，東京：学燈社

渡辺　己
  1996「テキストの蒐集と利用」宮岡伯人編『言語人類学を学ぶ人のために』：143-157　東京：世界思想社

2 北方諸民族の声の彩
―――アイヌ音楽から考える―――

甲地利恵

はじめに

　本稿は，アイヌ音楽における伝統的な声の要素のいくつかを取り上げ，チュクチ，コリヤーク，イヌイトの音楽と比較しながら，歌唱における声の使い方を手がかりに，今後の研究展開の可能性を探ろうとするものである。
　アイヌ音楽には様々なジャンルが存在する。そのうち声楽の占める割合は器楽に比してはるかに大きく，ほとんどの場合手拍子などを除き無伴奏で歌われる。このような音楽では，歌の旋律そのものがいわば剥き出しになっているだけに，旋律の構造だけでなくそれを支える声の質感ないし音色が，音楽全体の様式を左右する重要な要素となってくる。
　さて，ここに沙流川流域に伝わる座り歌[1]の 1 つで「hup ca ho horere re」という歌い出しの曲がある。この曲を録音した資料には日本放送協会(1948, 1967)，本田・萱野(1976)，萱野(2000)があり，その時代時代の「hup ca ho horere re」が収録されている。聴き比べると，まず歌詞は基本的に同じであり，旋律の構成音程の変化(小林・小林 1987 a：52)，テンポの加速傾向など多少の差異は見出されるものの，曲の同一性を揺るがすほどではない。にもかかわらず，これらを年代順に聴き比べた時，最初と最後では相当異なった印象を受ける聴者は少なくないだろう。おそらく「異なっている」という印象を与える決定的な要素は，歌い手の声，全体の音色の違いにあるかと思われる。すなわち，年代が古いほど，あるいは歌い手が高齢であるほど，各々の声区(後述)の特徴を活かした，様々な技巧で彩られた発声で歌い，若い世代になるほ

ど音色に関しては比較的均質であるという傾向である(千葉1996：15)。

　この例に限らず，歌唱に使われる声の音色に関する同様の変化は，アイヌ音楽を伝承するたいていの地域で，過去約50年間を遡れば容易に見出せる現象である(千葉1996：16)。実際，筆者もこれまでにしばしば「昔の録音を聞くと，何かどうも違うんだよね」，「昔のババたちは凄かったよ，(自分は)どうしたってああいう風な声出ない」といった感想を，アイヌ音楽の伝承に従事する人たちから聞いている。

　おそらく，「今の自分たちの声」とは違うという「昔のババたちの声」とは，最近の歌唱よりも古い時代の資料に聞かれる多彩な声の音色のことであり，言い換えれば，それらの音色に彩られた歌い方の方が，より「伝統的」と感じられる要件ということでもある(千葉1996：1-5)。

　では，その音色とは，具体的にはどのような響きだろうか。特徴的なもののいくつかを取り上げてみよう。

(1) アイヌ音楽における様々な声

　次に挙げるいくつかの要素は，文末に一覧した音声資料を通覧(この場合は通聴か)するなかから，前後の音の文脈や後の時代の歌唱スタイルと比較して相対的にこう聴こえる，と表現したものであって[2]，必ずしも言語学的・解剖学的・音響学的な用語と一致していない。各要素に対する用語や分類は暫定的なものである。また，各曲や各ジャンルの役割や背景，時間的推移はいったん捨象して，音色・音響の要素を同列に列挙している。実際の歌唱においては，あるものは独立して現れ，あるものはいくつか同時に現れたりもする。演唱者自身がどのようにそれを認識・解釈しているかといったイーミックな問題については，ここでは取り上げていない。

声区と音色

　歌唱に使われる音域は，ある高さを境に発声方法が転換し，生じる倍音が変化することで声全体の音色が変わる。その区分は声区と呼ばれ，1つの声区は「声の高さの区域と一定の音質の区域という二重構造の制約」(米山1990：93)

を受けている。

　声区は2つないし3つに分けて説明されるのが一般的なようだが(平凡社音楽大事典(1982):「音域」「声」「発声」の項)、ここでもその考え方を準用し、音域によって低声区・高声区とその中間の中声区に区分してみた[3]。

　アイヌの「伝統的な」歌唱においては、歌唱行為に伴う声区の自然な転換を、歌い手が特に意志的にコントロールして音色を均一化[4]させているようには聴こえてこない。むしろ、声区によって限定される発声法の各々の特徴をそのまま活かして歌唱に反映させている、といった感じである。

・低声区の音

　喉を狭めて発音する低い声、唸り声、喉の奥からの強い摩擦音、倍音を多く含む低音域の声など。男性が行う「サケハウ」、「シノッチャ」、「ラウンクットム[5]」などの呼び名ないしジャンルの曲でよく聴かれる声。「タプカル」と呼ばれる男性の儀礼的な舞でもこうした声が使われる。また女声でも、他のジャンルの歌の低音域ではこうした声色を使うことがある。実際の歌唱では、単に低く唸るというだけでなく、他の声区の音と対比させて用いられることが多い。

・高声区の音

　高音の、柔らかく細い声。いわゆる「裏声」で、呼気とともに喉の奥が広がっているといった印象の、頭声発声に近い声だが、クラシックの声楽家のようなデックング[6]させた高音とは異なる。実際の歌唱の例では、ある歌では部分的に、ある歌ではほぼ全体を通して、裏声が使用される。低声区の声と対比させて使用する例も少なくない。なお高音域では、中声区の地声をそのままで喉を狭めて出したような、日本民謡の歌手にもよくあるような芯のある響きの高音で歌う歌い手もいる。

・中声区の音

　低声区と高声区の中間の音域の声区で、胸部に多く響かせる中音域の声、または裏声に対する地声。これもデックングさせた声ではなく、喉の奥をそれほど開けない、倍音成分の比較的多い声になっている。

様々な技巧

　各声区と結びついた形で、喉、舌、その他各種の器官や共鳴腔を用いて、次

にいくつか挙げるような技巧の声で歌唱が展開される。
- 急速なポルタメント[7]で跳躍する動き（甲地 1995 b：97）。低声区から高声区へすばやく音をスライドさせる。
- 短いトリル[8]やモルデント[9]（小林 1987 a：18.2），あるいはヴィブラート[10]にも聴こえる，近接した複数音の間を繰り返す動き。1つの音を保持しながら，2度ないし3度下の音をごく短いアッポジャトゥーラ[11]やモルデントのように付加して繰り返す。
- 高音と低音の間の往復を繰り返す技巧。高音域の音へスライドしてすぐにその直前の中声区または低声区の声に戻り，それを繰り返す（小林 1987 a：194；千葉 1996：19 fig.1）。
- 1つの音を保持しながら声門をすばやく繰り返し閉じることで，トレモロ[12]のような効果を出す技巧（小林 1987 a：18.2；千葉 1996：19 fig.1）。
- 連続する「r」音：舌先を震わせる「r」を繰り返す音は，様々なジャンルで見出せる。子守歌のなかで赤ん坊をあやすために用いたり，鳥のしぐさを真似た動きをもつ踊りのなかで鳥の鳴き声として用いたり，競い合う踊り・輪踊り・即興的な踊りなどでかけ声やハヤシ言葉のように使用する。「r」音の連続は低音でも高音でも発音できるが，実際の歌唱では高い音域の声で行うものが多く聴こえる。
- 「レクㇷカラ」での声：レクㇷカラは一種の声の遊びで，樺太アイヌに伝承されてきた。この遊びでは2人の女性が向かい合って，各々両手を口の前にもってきて1つのメガフォンをお互いの間につくり，そこへ各々発した音を相互に響かせることで，全体としてホケトゥス[13]のような音響をつくり出す。この時，低声区ではかなり強く喉を緊張させた，倍音成分の多い音が頻出する。また高声区ではややくぐもった感じの[14]細い頭声が聴こえてくる。レクㇷカラを録音した資料は少ないが（日本放送協会編 1951；B. ピウスツキ録音資料［谷本（2000）付属 CD 所収］），残された資料を聴く限りでは，音響の対照を生み出すことが曲全体を通じての基本的な動機となっているようである。例えば，低い声と高い声，呼気と吸気，声の強弱，2人の演じ手の声質そのものの差，などである。
- 呼吸に伴う音：レクㇷカラでは，呼気・吸気に伴う音も用いられている。強

い呼吸音というだけで無声音の場合もあれば，喉の奥が鳴って有声音になることもある。なお，レクフカラのほかに，叙情歌のある種のものでは，呼気に伴う無声音が楽節の終わりで有声音に滑らかに続けて発されていたり，有声音の間に挟まれて出現することもある。
- その他：人間の身体から発する音を用いた儀礼的な行為[15]。例えば，咳払いのようにして喉の奥深くから発する連続音がある。これは，男性による儀式での祈り言葉や正式な挨拶の言葉を誦したりする前後で行われる。また，悪いものを祓う儀礼で，「フッサ」などと唱える際に息を強く吹き出す音を出したりすることがある。なお，その擬音である「フッサ」という語が歌詞の一部になっている歌もある。

(2) コリヤーク，チュクチ，イヌイト

　以上のように，アイヌ音楽において「伝統的」と捉える感覚につながると思われる諸要素は，近隣の極東シベリアの諸先住民族の音楽にも共通・類似したものが見られる。ここでは例として，コリヤークとチュクチ，イヌイトの音楽と，大まかにではあるが比較してみたい。

　アイヌ音楽において聴くことのできる色々な声の要素は，これらの民族の音楽のなかではより強調された形で表れているように思われる。例えば，低い声区の音はより強い唸りに近く，摩擦音はより強く，息の音はかなり明白に強く，声区間のコントラストはよりはっきりと，といったような具合である。いくつか特徴的な例を挙げてみよう。
- 高声区と低声区の声の対照的な組み合わせ：コリヤークの，踊りに伴う歌では，高音と，かなりな低音の摩擦音との対照的な響きを，強い呼吸音とともに強調して繰り返す例がある（甲地 1995 a：88-89）。
- 喉遊びまたは声遊びの音に類似した，喉の奥深くから出す声：喉の奥深くから出す有声・無声の摩擦音で，呼気・吸気とともに交互に発する音。チュクチとコリヤークの場合は，これらの音を踊りの時の歌のなかで用いており，樺太アイヌのレクフカラやイヌイトのカタジャクでのような，手でメガフォンをつくるなどして 2 人以上で音響を編み出すゲームという形態は採ってい

ない。このほか，コリヤークの子守歌のなかでも，この摩擦音を使うものもある（甲地1995a：87）。
・舌先または喉びこの顫え音：カムチャツカ半島レスナヤのコリヤークの歌のなかで，喉びこを顫わす音が使用されている。舌先を顫わす音を使う人もいる（甲地1995a：86）。あるコリヤークの女性は，この顫え音は赤ん坊をあやすために鳴らすのだと説明している。子守歌のなかに顫え音が使われるのは，アイヌの子守歌においても同様で，興味深い共通点である。このほか，コリヤークの芸能のなかでは，この顫え音は動物の鳴き声（例えばアザラシなど）を模倣する時の音として使われている。
・動物の鳴き声の模倣音：動物の鳴き声の模倣音は，極めて具体的で写実的な響きをつくっている。こうした動物の鳴き声の模倣音は，チュクチやコリヤークの踊り，特に動物のしぐさを模倣した踊りのなかで同時に生み出され，踊り全体の効果に寄与している。鳴き声やしぐさの模倣が極めて写実的であることは，チュクチやコリヤークの信仰・儀礼とも深く関わっていると思われる。
・その他：コリヤークの芸能のなかには，踊りながら「フッタ」，「フッタッタ」というかけ声ないしハヤシ言葉が随時挿入されるものがある（甲地1995c：13）。これは樺太アイヌが踊りのなかでかける「フッタ」，「フッタ　フッキ　キシキシ」という詞と非常によく似ている[16]。かけ声とかハヤシ言葉などは今となっては意味不明の音群であることが多いので，これだけでは両者を関係づける根拠にはなりがたいが，単なる偶然とも片づけにくい，興味深い類似である。

(3) 研究の可能性

これまで述べたように，アイヌ音楽の「伝統的な」声の技巧と，北方諸民族のうちコリヤーク，チュクチ，イヌイトの音楽におけるいくつかの特徴との間には，音響的に類似する要素が見られる。しかしもちろん，音響という表面的な現象のみで単純にそれぞれの歴史的文化的な結びつきを考えるのも短絡的である。類似はただの偶然の一致かもしれない。声の音色といっても，声区に

よって発声方法が異なるというのは、人間の身体構造や発声のメカニズムからいって当たり前のことであり、必要以上にクローズアップすることは危険である。アイヌ音楽についていえば、和人の民謡の影響を受けたと考えられる旋律構造をもったレパートリーも少なからず存在する（小林1987b；谷本2000）。「北方」に対するこうしたいわば相対的な南方の文化の影響についても、ある程度区分けができないと、北方との音楽的関係をきちんと把握したことにはならない。さらに近代以降の伝承は、どの民族であれ伝統音楽への「西洋の衝撃」（ネトル1989）、具体的には公教育やマスコミを通じて流れてくる西洋音楽、特にポピュラー音楽の影響を看過するわけにはいかない。

こうした様々な留保条件を踏まえたうえでなお、アイヌと北方諸民族の音楽における声の要素の類似というわずかな手がかりから、仮に「北方（的）」という枠組みを想定するとして、どのような研究展開の可能性があるだろうか。

まず、北方諸民族の音楽の記録や研究、情報の蓄積はまだ十分に多いとはいえないが、確実に集積されつつある。そうしたなかで音楽文化の比較研究を進めるにあたり、それぞれの音楽のなかで声がどのように現象しているかという問題を設定して、「北方」という枠組みをそのうちの仮説の1つとしておくことは可能だろう。比較分析されつつあるデータの中から、声の音色の諸要素の濃淡、頻度、使い方などの点で、あるいは各民族の違いが、あるいは何らかの共通性といえるものが、導き出せる可能性はあるかもしれない。

アイヌ音楽は、伝統的祭儀から離れた叙情歌などのジャンルやレパートリーほどその時々の社会構造の変化を反映しやすいといわれており、特に音階は、和人との関わりからであろう、日本民謡のそれとほとんど変わらないものもある（日本放送協会1965：5-7）。しかし、そのような曲でも、より年配の伝承者の演唱、またはより古い時代の録音資料を聴くと、和人の民謡風の旋律を様々な声の技巧で音色豊かに歌いあげており、そのためにその演唱は明らかに日本民謡とは違う全体の様相をつくり出している。和人の音楽、さらには西洋音楽の影響も受けながら、なおかつアイヌ音楽をアイヌ音楽らしいと感じさせる要素があるとすれば、それはアイヌだけに独自のものか、それとも「北方」に広がりをもつ要素であるのか、様々な角度から検討してみる必要がある。近隣の音楽と様々に比較し重ね合わせてみるなかから、何らかの手がかりが浮かび上

がる可能性はある。

　近年では「伝統的な」ないし「北方的な」声の要素が均質化する傾向が顕著である一方で，伝承活動に従事する人びとの間では，より「伝統的な」歌唱スタイルへの希求や模索の気運も高まっている。アイヌ音楽がアイヌ音楽らしく聴こえる諸要素のありようを解明することは，困難ではあるが，研究だけでなく伝承活動にも貢献することができるであろう課題の１つである。

　　※本稿は次の①②を基に，②の日本語訳を加筆修正し日本語稿として新たにまとめたものである。①で使用，参照した音源を含む資料名は，文末に一覧した。
　　①「第 15 回北方民族文化シンポジウム」(2000 年 10 月 26 日，網走市)での口頭発表
　　②拙稿「On the Variety of Voices in the Musics of Northern Peoples: Focusing on Ainu Music」(甲地 2001)(①の報告である英文稿)

注
1) シントコなどと呼ばれる漆器の蓋を囲んで数名が座り，蓋を手で叩きながら歌う歌のこと。ジャンルの呼び名やジャンル内のレパートリーは地域によって差異がある。
2) 「第 15 回北方民族文化シンポジウム」(2000 年 10 月 26〜27 日)での口頭発表の場では，具体的な例を音声資料で示したが，本稿はそれよりもさらに対象を幅広くし，資料(文末に一覧)を視聴したうえでの一般的な表現に改めたため，個々の具体例を示すことは割愛した。
3) 西洋音楽の，いわゆるクラシックの声楽での声区の区分(頭声・中声・胸声)での中声区の存在については諸説があり，むしろ日本音楽における「裏声・地声」のような2区分の方がまだしもアイヌ音楽の現実に近いかもしれないが，本稿でアイヌ音楽について区分した中声区は，かなり低く唸る，喉の奥の摩擦の多い声とも，細く高い裏声とも明らかに違う音色を帯びた，中間の音域での声区として設定してみた。
4) 声区の転換による音色の変化をどうコントロールするかは，音楽文化によっても異なる。いわゆるクラシックのベルカント唱法などでは，この声区の変化をなるべく目立たせず，どの音高でも均質な音色で発声ができるよう訓練する。一方，そうした変化には比較的寛容であったり，むしろ意図的にその差異を強調することに美を見出す音楽文化もある。例として，ヨーデル，ハワイアン，青森民謡の「ホーハイ節」など。米山 (1990：93-95)。
5) 「ラウンクットム」については萱野(1998：102)。
6) 声楽の発声技術用語で，比較的高い音域において母音の音色をやや暗くすること。これによって，高音域での歌唱の固く鋭い感じが柔らかになるとともに，中声区と高声区の音色の違いを均等化させ，声区を滑らかに容易に転換させる。平凡社音楽大辞典 (1982)：「声」「デックング」「発声」の項。

7) 1つの音から他の音へ移る時に，跳躍的にではなく滑るように音程を連続的に変えながら演奏すること。「新音楽辞典　楽語」音楽之友社(1977)。

8) トリルとは音楽用語で，隣り合った2つの音を交互にすばやく繰り返し，全体として1つの音が顫えて持続しているような効果を出すこと。「新音楽辞典　楽語」音楽之友社(1977)。なお，小林(1987 a)で「短いトリル」として説明されているものは，むしろモルデント(次注)の一種でアッパーモルデントと呼ばれる，主となる音にすぐ上の音を付けてからまたすぐ元の音に戻ることを指すと思われる。

9) 主となる音に，すぐ下の音を付けてからまた元の音に戻ること。「新音楽辞典　楽語」音楽之友社(1977)。

10) トリルよりもごく狭い音程間ですばやく交互に繰り返すことで，全体として1つの音が顫えて持続しているような効果を出すこと。「新音楽辞典　楽語」音楽之友社(1977)。

11) 旋律を構成しているある音の前に，装飾音として付く音のこと。前打音。「新音楽辞典　楽語」音楽之友社(1977)。

12) 声楽の場合は，1つの音を急速に反復させることで，全体として音が顫えて持続しているような効果を出す。「新音楽辞典　楽語」音楽之友社(1977)。

13) 1つの旋律を，2つ以上の声部に割り振り交互に奏することで，全体に微妙な切断感のある音響をつくり出し完成させる音楽上の技法のこと。なお，千葉(1996：15, 18)。

14) メガフォンとして口の前につくった手の内部の空間に響かせているせいでもあろう。

15) これらの行為は，ある種の声や音が何らかの力を有するという了解がその共同体の成員に共有されていなくては成立しない。ここでは，その文化における音楽の価値観につながる，音楽も含めた音の意味体系の一端を構成するものとして例示している。

16) 1994年千葉伸彦氏のご教示および千葉(1996：9, 18)。

引用・参考文献

萱野　茂
　　1998『萱野茂のアイヌ神話集成』10　東京：ビクターエンタテインメント株式会社
甲地利恵
　　1995 a「調査報告・コリヤークの歌の特徴について——とくに子守歌を中心として」谷本一之編『北方諸民族文化国際フェスティヴァル・シンポジウム報告』pp.81-91. 札幌
　　1995 b「アイヌ古式舞踊伝承団体のレパートリーにおける歌をめぐって——国の重要無形民俗文化財の追加指定を受けた9団体の歌の記録追補」『北海道立アイヌ民族文化研究センター研究紀要』1：79-122　札幌：北海道立アイヌ民族文化研究センター
　　1995 c「コリヤークの音楽を訪ねて」『北海道立北方民族博物館友の会季刊誌　Arctic Circle』16：12-14　網走：財団法人北方文化振興協会
　　2001 On the Variety of Voices in the Musics of Northern Peoples: Focusing on Ainu Music　北海道立北方民族博物館編『第15回北方民族文化シンポジウム報告：

北方諸民族文化のなかのアイヌ文化──儀礼・信仰・芸能をめぐって』pp.1-5.
　　　網走：財団法人北方文化振興協会
小林幸男・小林公江
　　1987a「北海道アイヌの音楽の諸相」日本民俗舞踊研究会編『北海道アイヌ古式舞踊』
　　　pp.40-55. 東京：日本民俗舞踊研究会
　　1987b「楽譜の凡例」北海道アイヌ古式舞踊連合保存会編『北海道アイヌ古式舞踊・唄
　　　の記録』pp.17-19. 札幌：北海道アイヌ古式舞踊連合保存会
谷本一之
　　2000『アイヌ絵を聴く──変容の民族音楽誌』札幌：北海道大学図書刊行会
千葉伸彦
　　1996「アイヌの歌の旋律構造について」『東洋音楽研究』61：1-21　東京：東洋音楽学
　　　会
日本放送協会編
　　1965『アイヌ伝統音楽』東京：日本放送協会
ネトル，ブルーノ
　　1989『世界音楽の時代』細川周平訳　東京：勁草書房（原著：1985 *The Western Impact on World Music—Change, Adaptation, and Survival.* Schirmer Books, A Division of Macmillan, Inc.）
米山文明
　　1990「声に関する六章──音声医学の立場から」『ポリフォーン』7：88-97　東京：
　　　TBSブリタニカ

参照した視聴覚資料（五十音順）

萱野　茂
　　1998『萱野茂のアイヌ神話集成』10　VAC-11　東京：ビクターエンタテインメント株
　　　式会社
萱野　茂監修
　　2000『アイヌのうた』VICG-60400　東京：ビクターエンタテインメント株式会社
小泉文夫
　　1967（録音年）東京芸術大学音楽学部小泉文夫記念資料室所蔵資料（http://www.geidai.
　　　ac.jp/labs/koizumi/index.html）
谷本一之
　　1992『ツンドラと氷原を渡る響き　チュクチの歌』VTCD-67『地球の音楽　フィール
　　　ドワーカーによる音の民族誌』67　東京：日本ビクター株式会社／ビクター音楽
　　　産業株式会社
谷本一之編
　　1995『家族の音の肖像──コリヤク』平成5年度文部省科学研究費(国際学術研究)
　　　1993-1995「カムチャツカ半島民族芸能調査」研究成果報告　札幌

2000『アイヌ絵を聴く――変容の民族音楽誌』付属CD　札幌：北海道大学図書刊行会

日本放送協会編，知里真志保監修
　　1948『アイヌ歌謡集　第1集』C-PR 152-177　東京：日本放送協会放送文化研究所／日本コロムビア
　　1949『アイヌ歌謡集　第2集』C-PR 360-374　東京：日本放送協会放送文化研究所／日本コロムビア

日本放送協会編
　　1951『樺太アイヌの古謡』VC-17〜37　東京：日本放送協会
　　1965『アイヌ伝統音楽』付録ソノシート　東京：日本放送出版協会
　　1967『アイヌの音楽』VDL 184〜193　東京：日本放送協会

本田安次・萱野　茂監修
　　1976『アイヌ・オロッコ・ギリヤークの芸能』SJL-2202〜2204　日本の民俗音楽　別巻　東京：ビクター音楽産業株式会社

・平成2年度文部省科学研究費(国際学術研究)1990-1992「北方諸民族芸能調査／チュクチの芸能」(代表：谷本一之)採録資料
・平成5年度文部省科学研究費(国際学術研究)1993-1995「カムチャッカ半島民族芸能調査／コリャーク族の伝統芸能」(代表：谷本一之)採録資料
・平成8年度文部省科学研究費(国際学術研究)1996-1998「カムチャッカ半島民族芸能調査／コリャークとアリュート」(代表：大島稔)採録資料

3 カムチャツカ半島コリヤークの伝統的生業
――トナカイ遊牧の変遷――

大　島　　　稔

カムチャツカ先住民族の概況

　コリヤーク民族が居住する現在のコリヤーク自治管区は，古く1930年12月に民族管区として設立された。1977年からは自治管区と名称を変え，旧ソ連解体時にも，自治を求める活動家たちの運動の結果，1991年にカムチャツカ州から分離して自治が認められ，独立の行政単位を形成することになった。

　自治管区は，北から順に北西部のペンジンスキー，北東部のオリュートルスキー，東海岸のカラギンスキー，西海岸のティギリスキーの4地区に行政区分されている。自治管区の行政の中心は，ティギリスキー地区のパラナ市である。自治管区の人口は1997年の自治管区統計局資料によると3万2142人で，人口密度は1 km² あたり0.1人，北部のペンジンスキー地区は最も人口密度が低く1 km² あたり0.01人である。

　自治管区の先住民人口は1万694人で，自治管区全人口の約33.3％である。先住民のなかでもコリヤークが最も人口が多く，自治管区全体の約22.1％を占め，次にチュクチの約4.8％，イテリメンの約3.7％，エベンの約2.6％で，アレウトなどその他の民族は極めて少数である。

　1997年のカムチャツカ半島全体の総人口は41万1000人で，先住民は1万3210人であるから，半島全体の人口に対する先住民率は3.2％である。

生業活動の現況

　コリヤークの伝統的生業は，地域によってその組み合わせと割合は異なるが，トナカイ遊牧，陸獣と海獣の狩猟および漁撈であった。旧ソ連時代の集団化

(コルホーズ)・国営化(ソフホーズ)政策のもとで，製材，畑作，養鶏，養豚，酪農など新産業が導入された(図II-2.3.1参照)が，結果として，伝統的生業を捨てさせて全く新しい産業構造に転換するには至らなかった。その意味では，総体的に見ると，旧ソ連時代を通じてトナカイ遊牧をはじめとする伝統的生業とそれを基盤とするコリヤークの伝統文化は比較的保持されてきたといえる。しかし，現在，トナカイ遊牧が産業として危機に瀕しているのは否定しがたい事実である。

コサックの将校ウラジミール・アトラソフのカムチャツカの「発見」(1697年)から数えて1997年時点で300年間になる。そのような長期にわたり，近・現代文明と直に接触してきたわけであるから，カムチャツカ先住民の文化が外的要因により変化を余儀なくされてきた事実は否定できない。

近代化の恩恵として，医療施設，学校教育，飛行機，モーターボート，電話通信や，夏に交替で休暇をとれること，退職者の老人ホームなどを挙げる先住民も多い。しかし，一方で，トナカイ遊牧に関する日常の儀礼や芸能は保持されているものの，春や秋，冬，そして交易の際の大規模な祭りなど行われなくなった祭りも多く，特に1960年以降は古い伝統が急激に失われてきたと嘆く先住民も多いのである。

分析の視点

「北方における近代的開発」がカムチャツカ半島先住民の生業・社会・文化に及ぼした影響を分析・評価するためには，①トナカイ遊牧・狩猟・漁撈という伝統的生業に加えて，毛皮を税として徴収する「ヤサク」に関わる罠猟と交易が生業活動の中心であった帝政ロシア期(この時期に野生トナカイの減少など伝統的狩猟に変化が生じる)，②旧ソ連時代の集団農場・国営農場化・遊牧民の定住化期，③ペロストロイカ(改革)以降の期間という3つの時期を転換期として捉える必要があると思われる。

これらの3つの時期に，トナカイ遊牧・狩猟・漁撈という伝統的生業と，その経済的基盤に依拠した物質文化や儀礼・信仰・芸能・言語などの伝統的文化や社会組織が具体的にどんな変化を受けたのかについて，これまでに蓄積された研究事例は決して多いとはいえないが，私自身が1991年から1998年までの

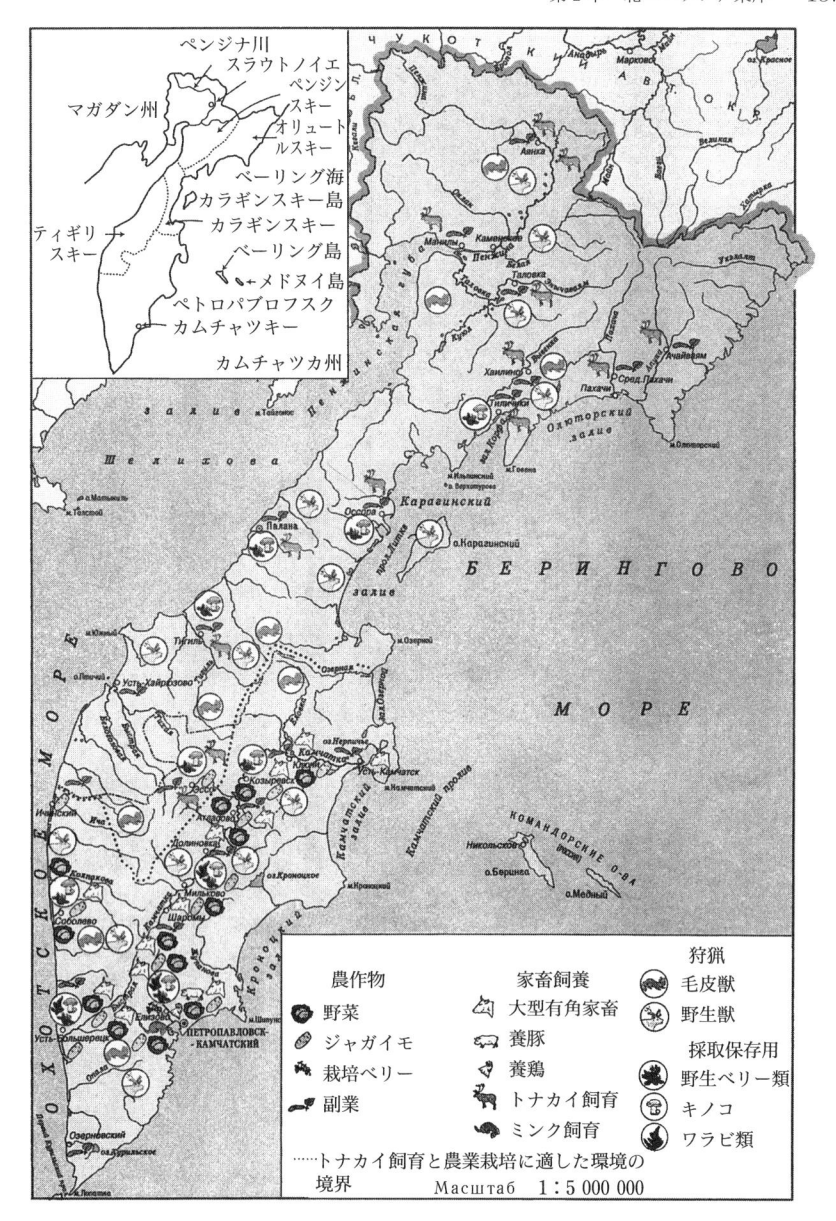

図II-2.3.1 カムチャツカ半島産業経済地図

出所）*Атлас: люби и знай свой край* 1995

調査で集めたいくつかの事例(大島1998)をもとに，②と③の転換期，すなわち，ソビエト化とペレストロイカという転換期を経て，焦点となるトナカイ遊牧生業が受けた変化とそれに伴う社会・文化への影響を分析することにする。

定住化・国営化・集住化

カムチャツカにおける最大の影響要因は，ソ連時代の国家政策によるものといえないだろうか。以下に取り上げるのは，地域住民の定住化とトナカイ遊牧の国営農場化，およびそれに伴う地方都市への集住化の問題である。

カムチャツカでは，1927年にソ連体制への組み入れが終了し，1930年にコリヤーク自治管区が制定され，以後白系ロシア人，ウクライナ人の入植が開始される。その結果，1926年に1万9000人であったカムチャツカ全体の人口が，1939年には10万9000人に達している。

1997年度のペンジンスキー地区マニルィでの調査によると，1930年代に初めて先住民もパスポートをもらうことになり，ロシア語の名前をつけなければならなくなった。苗字にコリヤーク本来の名前をつけ，個々人の名前は，ロシア語で人気のある名前を選んだという。しかし，多くの人は，パスポート上の名前とは別にコリヤークの名前を現在でも持っており，家族内あるいは親族内，村落内では，コリヤーク名を使って呼び合う。

定住化以前

定住化以前と定住化直後の転換期におけるトナカイ遊牧の状況については，当時を知る古老がまだ多くいるにもかかわらず集積された情報は少ない。現代のトナカイ遊牧と比較できるような資料のいくつかをこれから紹介する。

ペンジンスキー地区のスラウトノイェでの情報によると，定住化以前は，家族あるいは拡大家族(男とその兄弟の家族からなる)単位でトナカイを放牧しながら移動生活をし，年に1度スラウトノイェの近辺に来て，カムチャダールやアメリカ人と交易をしていたという。

1906年頃生まれのジョットバガル・バルバラ・コンスタンティノヴナも証言するように，スラウトノイェに定住する前にトナカイ遊牧をしながら移動生活をしていた頃は，1つの拡大家族単位が私有するトナカイの数は今よりも多

かった。現在，スラウトノイェに居住するコリヤークは，交易の場所に定住させられ，私有のトナカイを国営農場に供出させられたという。

1936年生まれのエベルヴォン・ニコライ・ヌテンヴァタヴィチは，父ヌテンヴァットの思い出話のなかで，移動生活の時代を次のように語った。父には，2人の妻がいた。ニコライの母と2人の兄と三男の自分と，それに1人の姉妹の1家族，父のもう1人の妻には，息子1人と娘2人。その娘たちの夫2人と独身者の他人が加わって，1つの大きなテントに部屋を区切ってみんなで住んでいた。各群が5000頭ずつ2つのトナカイの群を所有していた金持ちであったという。この数字によると12人強で1万頭のトナカイを遊牧していたことになる。

国営化の問題

定住化は，1950年代に始まる国営農場化のためである。国営化の時の記憶は現在でも鮮明で，数千頭から数万頭のトナカイを所有していた家族が，最大で50頭までしかトナカイ所有を許されなくなったという。

国営化以前は，コリヤークの人びとにとって所有するトナカイの頭数は富裕を示す基準であった。しかし，ソフホーズができた時に，各男子50頭以下の私有を許して，残りのトナカイはソフホーズに供出させられたという。現在トナカイの私有数には個人差があり，東海岸のアナプカ村での1家族のトナカイ私有数は，最大で50頭，平均10〜15頭である。

ソフホーズでは，国有のトナカイと私有のトナカイが1つの群で一緒に遊牧されているため，現在でも，国有のトナカイと私有トナカイの識別には伝来の方法が用いられている。私有のトナカイには，耳の一部を切り取って目印をつけ，他人の所有するトナカイと区別している。各人がそれぞれ印をもち，例えば，右耳下1ヶ所，左右の下に2ヶ所などと区別する。

集住化の問題

トナカイ遊牧は，北部カムチャツカの地域経済の基幹産業といえるが，1935年前後にトナカイ遊牧民の定住化政策が始まり，多くのコリヤークの人たちは，ソビエト政府により新しく建設された村落への定住を強制された。1940年代

には，各地で地域の中心となる都市が建設され，村落から都市への集住化が数次にわたって実施された。カムチャツカではこうした集住化が1970年代まで続いた地域もある。

例えば，ペンジンスキー地区では，1940年にマニルィ市が建設され，ウスティ・ペンジナから遠くタイゴノス半島のイトカンまでの約20の村落の住民がマニルィに集められることになった[1]。しかし，人口約120人でそのほとんどがコリヤークであるパレニをはじめ，公式には廃村になり移住したことになっているが，集住化に反して年寄りが居残っている例外的な村もある。パレニでは，犬橇も使われており，イヌの生贄，狩猟儀礼，シャーマンによる治療など伝統文化をよく保存しているが，公式の村でないために診療所も駐在所もない。緊急医療救助のヘリコプターが唯一の近代的交通手段である。

集住化による廃村は，最近まで続いていた。東海岸のアナプカの住民は，1959年につくられた新アナプカに移住したが，さらに1974年にトナカイ・コルホーズの拡大ソホーズへの統合によって新アナプカが廃村となると，近隣に新しくつくられた漁業基地のイリピルやキチガ，ティムラート，オッソラの村に移った。他の村では，仕事を見つけるのは容易ではなく，さらに移住した家族も多い。家族の絆が壊れ，アルコール中毒などで，若い多くの人が失望のうちに死んだという。

西海岸のレスナヤとレキニキの中間に位置するポトカーゲルナヤ村は，廃村になってレキニキ村に統合された。レキニキ村のトナカイ遊牧コルホーズが1970年に東海岸のティムラートに統合された後，レキニキ村も1980年に廃村になり，住民はティムラート，オッソラの村に移った。これは北部カムチャツカで最も遅い廃村の例と思われる。

遊牧方法の変化

海岸狩猟民は，夏冬ともに海岸で暮らし，伝統的にも定住性が高かったが，トナカイ遊牧民は，チュコトカ内陸でトナカイ遊牧をするチュクチと同様，夏に蚊や虻の害を避けるため風の強い海岸や山頂付近へ移動し，冬は内陸にとどまるという移動生活を伝統的に行っていた。

トナカイの餌となる草や木の葉，キノコ類が豊富にある夏の遊牧は，さほど

困難でないので，若い未熟練遊牧者にもできる仕事である。そのため，熟練者は，サケの遡上時期には遊牧を若い牧童に任せ，川の近くでサケ漁に従事する。この食料としてのサケの供給により，夏のトナカイ肉の消費が抑えられてきた。冬は地理・地形に関する知識，オオカミ対策などの必要性から，熟練者も含め，家族全員でトナカイと移動するというのが伝統的生活であった。

トナカイ遊牧をしてきた住民が定住し，集住化によって都市生活者となると，群をなしてトナカイ・ゴケを食べ尽くすトナカイを柵に囲い込むような飼育はできない。そのため，居住地を中心に放牧地を確定して半定住の生活，すなわち遊牧飼育に従事する専門技術者のみが，5～10人の男性と1～2人の女性から成るブリガーダと呼ばれる作業班を組織し，家族の住む都市を離れてツンドラで季節的移動を行うという生活を強いられることになった[2]。

国営化以後のトナカイ遊牧には，ほかにも変化が見られる。スラウトノイェでの情報では，唯一の産業であるトナカイ遊牧のソフホーズができて，ロシア人が長となった。遊牧の実質的な仕事に従事しているのはコリヤークが多く，トナカイ頭数を数える仕事やトラクター運転などの新しくつくり出された仕事にはロシア人が従事している。遊牧する女性従事者は，ほぼ間違いなくコリヤークである。ロシア人は，主に建築，土木，運送，行政，学校，幼稚園などで仕事をしている。いずれもコリヤークの伝統文化になかった新しく創造された労働である。

機械化のもたらした生活の変化

定住化，集住化と国営化によって変化を余儀なくされたトナカイの遊牧形態は，伝統的な移動性の生活様式に大きな変革をもたらすことになる。また，生態の観察と経験による伝統的資源管理から生産効率重視の資源管理へと経営の転換があった。

現在でも観察と経験による伝統的資源管理の方法がいくつか継承されている。例えば，トナカイを見ただけで，誰の所有するトナカイであるかを識別できる。メスよりもオスの枝角の方が大きいので，枝角で雌雄の判別ができる。また，いつもトナカイといっしょにおり，見慣れているから，体形，模様，行動の特徴，枝角などで個体識別ができるという。また，橇を牽引するトナカイには，

図II-2.3.2　スラウトノイェの冬の遊牧地

「まだら」,「顔白」,「脚白」などの毛色に関する識別名前がつけられている。経験から, 春になるとトナカイがあばれることが多くなるので, 枝角をつかむのは危険になるとか, 病気やけがのトナカイを見分け, 仔トナカイでも冬を越せないトナカイは秋に優先的に屠殺するとか, 冬に殺すトナカイは, オスと年寄りのメスが主であるとかの伝統的知識を遊牧と管理に活かしている(図II-2.3.2)。

　生産効率向上のため, 繁殖用トナカイ数を増大させ, トナカイ橇や犬橇に代わって, トラクターやヴィズィデホートと呼ばれる万能走行車, 飛行機, モーターボート, 航空機, 無線通信機などの導入による機械化が実施され, それに伴って輸送用および自家消費の食肉用トナカイ数が減少することになった。

　例えばアナパカでは, 伝統的に陸上の物資輸送にトナカイ橇と犬橇を使い分けてきた。トナカイ橇は, ツンドラで幕営地の移動に使うが, 犬橇は村の近くで近距離の輸送に用いる。トナカイ橇は, 普通2頭で牽くが, 積荷の重さによって頭数が変わることがある。トナカイに騎乗することはないが, トナカイの背に荷駄袋をつけて荷物を運ぶことがある。トナカイとイヌを用いた輸送について, トナカイの食物であるシロゴケと草, イヌの食物である魚は現地で調達可能であり, 再生産が容易である。これらに飛行機, トラクター, ヴィズィデホート, スノーモービル, モーターボートという近代的輸送機関がとって代

図II-2.3.3　ヴィズィデホートによる輸送

図II-2.3.4　スノーモービルによる輸送

わると，いずれにしても，ガソリンを必要とし，購入しなければならなくなる。これが，外来の物資に依存する体質をもたらした。機械化はまた，遊牧地の荒廃を招いた(図II-2.3.3，図II-2.3.4)。

　それでは機械化による新しい仕事の創造，分業化による生産効率の向上政策でトナカイの総数が増えたのだろうか。カムチャツカ全体で1926年に26万頭以上いたというトナカイは，1935年には9万5000頭まで一旦減少し，その後

1990年までにコリヤーク自治管区だけでも15万頭にまで回復している（Корякский Автономый Округ 2000：24）。国営化の時点で減少し，その後，65年間で頭数を回復したが，国営化以前の状態には達していない。

トナカイ遊牧民と海岸漁撈民の間にあった伝統的交易あるいはカムチャダールやロシア商人を介しての交易市の開催が衰退し，トラクター，ヴィズィデホート，スノーモービル，モーターボート，ガソリン，漁網をはじめとする外部経済に依存する率が高くなり，食料の一部もロシア化され，外部食品への依存度が高くなるという変化が見られる。パラナからスラウトノイェに来たコリヤーク商人がトナカイ肉を購入するためにヘリコプターで空輸してきた物資は，いずれも麻袋に入った米，砂糖，小麦粉，マカロニであった。また，ペンジナ湾沿岸のシェスタコヴァで樽詰の塩蔵サケとイクラを売った代価は，ガソリンと小麦粉，イモ，玉葱，イクラ用空ビン，ミルク，塩，缶詰類，砂糖，紅茶，紙巻煙草，ドライフルーツであった。

社会的側面の変化

定住化・国営化・集住化というトナカイ遊牧の近代化が社会的側面に与えた影響として，分業化による家族主義の崩壊がある。ソフホーズは，伝統的トナカイ遊牧における家族主義とトナカイ群の世襲性を破棄し，ソ連国民は誰でもソフホーズの一員になれるという平等主義のもとにソビエト体制に適合させ，中央政府の管理しやすいトナカイ生産組織をつくった。ソフホーズ長が他の地域から任命され派遣されてくる場合も多かったし，生産組織の単位である作業班の構成メンバーも伝統的家族主義をある程度は考慮しているものの，コリヤークの伝統的な絆の深い家族主義を中心とした構成にはほど遠い場合もある。

1906年頃生まれのジョットバガル・バルバラ・コンスタンティノヴナによると，スラウトノイェのソフホーズがつくられた頃の冬のキャンプでは，父方のイトコである3人の男性とその妻たちがトナカイを遊牧し，家族の者は村に残った。夏には，さらに10人の男が遊牧に携わった。国営化直後の時点では，まだ家族または拡大家族構成によるトナカイ遊牧が見られた。

地域によって異なるが，ソフホーズ遊牧グループは現在でも血族・姻族を中心に構成されていることが多い。しかし，その場合でも10人のうちに2人か

ら3人の非血縁者が含まれている。

　トナカイ遊牧は，本来，地域の人びとが家族を単位として環境との間で直接に相互作用しあうという伝統的な様式を有している。自然・生態系に優しい，あるいは再生産を保証する生業システムであり，生態の観察と長年の経験が技術習得に重要であった。定住化と集住化，そして国営化が生み出したものは，これらの伝統的生業システムの変化であり，その変化は先住民自身にとって生活の悪化を意味していた。

　遊牧する家族の就学児童を学校に付設された寄宿舎に住まわせる寄宿制度がもたらしたものは，伝統的トナカイ遊牧技術伝承の中断であり，学校教育で行われる近代科学の知識では代えがたい自然資源利用の伝統的知識と経験の喪失であった。集住化された都市部には，トナカイ遊牧の専門的知識をもたず，かと言ってそれに代わる他の専門的職業の教育も受けていない都市住民の労働者層が生まれることになった。

ペレストロイカ以後の変化

　国営企業から市場原理の導入への変革を図るペレストロイカ以後，定住化・集住化・国営化の時代につくり出された問題はさらに深刻化しているといえよう。多くのソフホーズで経営が悪化しており，各地で私有トナカイを集めて協同で遊牧を行う協同組合方式の私企業化が進行しているのだが，ソフホーズも私企業もトナカイ頭数の大幅な減少という事態に直面している。

　スラウトノイェのようなソフホーズ経営が例外的にうまくいっている場合でも，本来8つあったソフホーズの数は，5つに減っている。マニルィでも6つのソフホーズのほかに3つの私企業化した協同組合がある。人口が320人でエウェン，コリヤーク，イテリメン，ロシア人から成るアナヴガイには2つのトナカイ遊牧グループがあり，いずれもソフホーズではなく協同組合経営に変換した。1つのチームが7人で1000頭のトナカイを遊牧しているという。スレドニイ・パハチでも5つのソフホーズが3つに減少し，その代わり私企業化した協同組合が1つある。

　しかし，国営化が生んだ問題が私企業化によって解決したわけではない。むしろ，ロシア経済全体の落ち込みによるソフホーズでの給与遅滞に対し，自己

防衛のために，自由に取引できる私有トナカイによる遊牧の私企業化を余儀なくされたといえる。総トナカイ頭数の減少に加えて，私有トナカイ数50頭という制限があったことは，私企業化されたトナカイ遊牧の効率を悪化させるばかりである。

ペレストロイカ以前の国有化の少なくとも50年間に新たに生み出された問題は，ペレストロイカによって何も解決されずに事態は悪化しているのが現状である。

トナカイ数減少の原因の1つに，国営化時代に毎年実施されていたヘリコプターによるオオカミの駆除がペレストロイカ以後行われなくなり，オオカミによる被害が増大したことが挙げられる。これはペレストロイカ以後中央政府からの資金的援助が途絶えたこと，さらにガソリンの不足が原因であるという。

さらに深刻な問題は，カムチャツカ全土で，若い世代のトナカイ遊牧従事者が減少していることである。ソフホーズの給与遅滞が1998年の時点で4年にわたり，トナカイ遊牧に従事する意欲がなくなっているのに加えて，伝統的トナカイ遊牧技術の子弟への教育もなくなった。それに代わる公教育での職業教育もないので，都会で育った若い世代は，トナカイ遊牧技術が未熟練のまま遊牧に従事している。それが原因で，人手不足からトナカイを売却するしかないという状況になっている。ハイリナでは，人口934人のうち，退職した老人と就学児童を除くと就労可能人口は約500人であるが，そのうち100人が失業しているという。

まとめ

カムチャツカにおけるトナカイ遊牧を例に，定住化，国営化，集住化という近・現代的文明の「開発」がもたらす先住民の伝統的生業システムへの影響を見てきた。これまでの議論は以下のようにまとめられる。

1) 国営化に伴う経営の近代化と機械化の意図に反して，総トナカイ頭数が国営化以前の状態に回復しなかった。
2) 国営化による私有トナカイの大幅な制限は，労働意欲の減退につながった。
3) 機械化により，土地の荒廃とガソリン購入を通じた外部経済への依存の度合いが増加した。

4）地域環境に適合し再生産可能な伝統的な橇という輸送システムが失われつつある。
5）定住化と集住化により家族主義が崩壊し，生態の観察と経験が必須の伝統的トナカイ遊牧技術の伝達・教育が阻害された。
6）ペレストロイカ以後も蓄積された問題の解決策は生じていない。むしろ悪化しているのではないか。
7）文化の基盤をなすトナカイ遊牧生業が危機にあるのではないか。

注
1) 集住化が生んだ問題の1つに，漁場占有の問題がある。例えば，マニルィでは，町からペンジナ河左岸に個人の漁場がところ狭しと並んでいる。船を所有しない住民の間では，町から近い漁場を占有しようと競争が激しい。徒歩で2時間もかかる遠くウスチ・ペンジナの河口付近に漁場を持つ者もいる。
2) 海岸から遠いところに放牧地を持つマニルィ・ソフホーズのトナカイ作業班 No.5 では，夏は風通しの良い山の尾根にトナカイを放牧する。

引用・参考文献

Antropova, V. V
 1964 The Koryaks. In Levin and Potapov (eds.) *The Peoples of Siberia*. pp.851-875. Chicago and London: The University of Chicago Press.

Jochelson, Waldemar
 1908 [1975] *The Koryak*. Jesup North Pacific Expedition Vo.6, New York: AMS Press, Inc.

Корякский Автономый Округ
 2000 *70 лет Коряский Автономый Округ Атлас 1930-2000,* Палана

Моисеев, Р. С. ред.
 1995 *Атлас люби и знай свой край*. Москва: Федеральная Служба Геодезии и Картографии России.

大島 稔
 1998「コリヤークのトナカイ飼育——1996年ペンジナ地区スラウトノイェにおける調査」大島稔編『カムチャツカ半島諸民族の生業・社会・芸能』117-133，小樽：小樽商科大学言語センター

4 カムチャツカにおける漁業と先住民社会
──日本人の果たした役割──

渡部　裕

はじめに

　冷戦時代，外国人にとってカムチャツカ半島は禁断の地であった。筆者は1997年からカムチャツカの先住民文化について現地調査を行ってきた。また，文化接触の観点から1945年8月以前に展開されていた日本人漁業者と先住民との関係についても調査を行ってきた。こうした調査の過程で，北東部のカラガ村に住む78歳になるコリヤークの女性が述べた言葉が印象深く心に残った。「1936年より前のことであるが，自分が住む近くに日本の漁場があった。子どもの頃日本人が働きながら歌うのを聞いた。日本人は昼も夜も働き，いつも歌っていた。ある朝起きてみると静かなので不思議に思っていたが，それは日本人が去ったからだと気がついた」。カムチャツカ半島の先住民であるイテリメン，コリヤーク，エベンの年配の方たち(主に女性)への聞取りが調査の中心である。日本人がカムチャツカを去って以来55年以上が経過した現在では，当時，日本人との接触を体験した第1世代で生存されている方はごく少数となっている。しかし，一連の聞取り調査から，現在においても，当時の日本人との交流に関する体験が多くの人びとの記憶に残されていることが次第に明らかとなってきた。それは第1世代の体験が次の世代へ，あるいは孫の世代へと語り伝えられ，そうした記憶が時代を超えて先住民社会に受け継がれているからにほかならない。

　カムチャツカの先住民にとって日本人はどのように捉えられていたのであろうか。彼らの語り伝える「記憶」をもとに，日本人漁業者と先住民との交流か

ら文化接触のあり方を考えてみたい。

調査地

聞取り調査を行ったのは次の市や村であるが，情報提供者の情報内容が言及している地域はさらに広範で，西海岸では南端近くから北部のペンジナ地区まで，東海岸ではウスチ・カムチャツカからコルフ湾までに及んでいる（図Ⅱ-2.4.1）。
- ペトロパブロフスク・カムチャツキー市
- エリゾボ地区：ラズドリニイ村
- ブイストル地区：エッソ村，アナブガイ村
- チギリ地区：パラナ村，チギリ村
- ウスチ・ハイリューゾヴァ地区：ウスチ・ハイリューゾヴァ村，カヴラン村，ハイリューゾヴァ村
- カラギン地区：オッソラ村，カラガ村

(1) カムチャツカにおける漁業の歴史

カムチャツカ半島における豊富なサケ資源の情報は，ロシア企業に雇用された日本人からもたらされた。1897(明治30)年に初めて日本船がカムチャツカ半島沿岸に出漁し，1900(明治33)年にはサハリン・沿海地域から転向した漁業者が大挙して出漁する事態となった。しかし，日本人漁業者によるカムチャツカ半島への本格的な進出は，日露戦争終結に伴う講和条約に，ロシア沿岸における漁業権を日本人に認めるという項目が盛り込まれたことによる。日本人にとってカムチャツカ沿岸における漁業活動は，入漁料の支払はあるとはいえ，高い収益が期待されるものであった。

ロシア沿岸漁業に進出した日本企業は，サケの漁獲と初期の段階では塩サケの加工を中心に行っていたが，すぐにサケの缶詰生産に着手した。カムチャツカ各地の沿岸に日本企業の漁場や缶詰工場などの加工施設が展開し，カムチャツカの先住民は日本人と多くの接点をもつに至った。カムチャツカへのロシア国内からの移住者は，ロシア革命後にソ連体制が浸透する1930年代前半まで

170　II　北ユーラシア

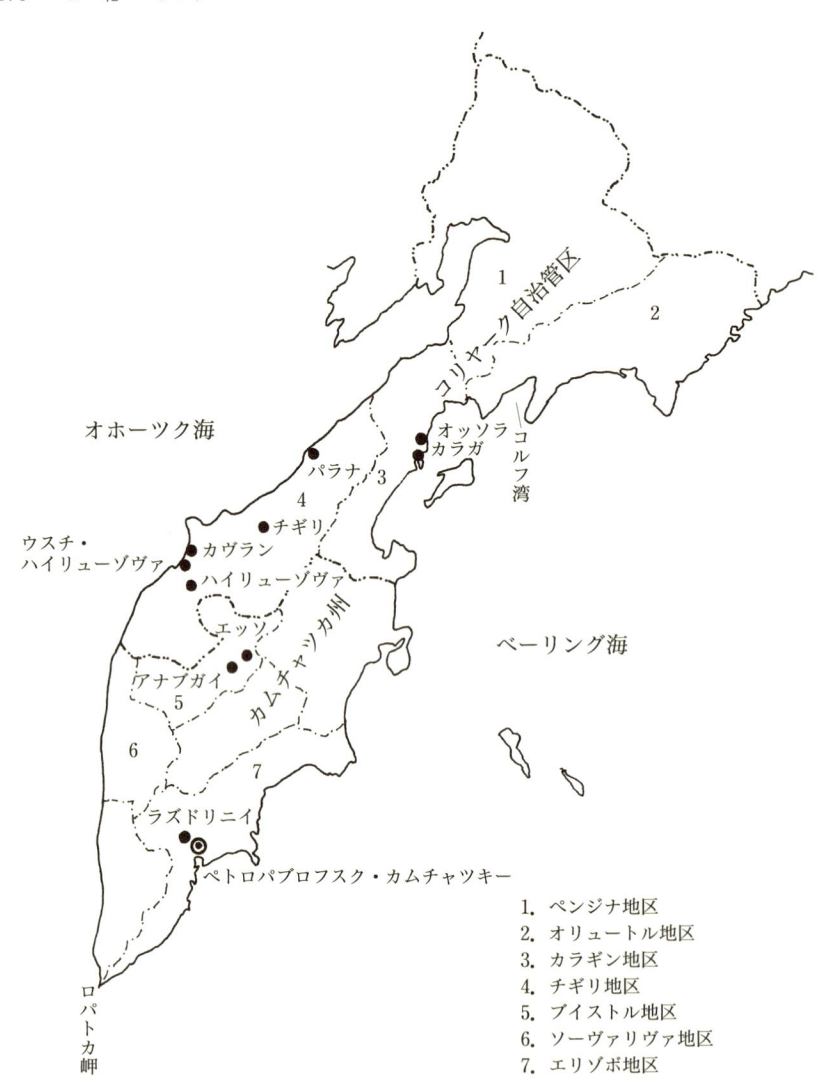

図II-2.4.1　主な調査地

1. ペンジナ地区
2. オリュートル地区
3. カラギン地区
4. チギリ地区
5. ブイストル地区
6. ソーヴァリヴァ地区
7. エリゾボ地区

多くはなかった。それまでは，カムチャツカの居住者の大部分はイテリメンやコリヤーク，エベンなどの先住民である。先住民は必然的に日本人との接触の機会を多くもつようになったのである。さらに，漁獲や加工などの漁業労働者としてロシア／ソ連企業に雇用された日本人もいたことも接触の影響として考慮する必要がある。

　中心地ペトロパブロフスク市の人口は1908年で260人(ラテルネル1942)，1920年頃でも1000人程度(ベルグマン1935)と報告されている。また地方においても，屯田兵として各地にカムチャツカ・カザック兵団が入植したが，1906年の入植者は男女合わせて503人(ラテルネル1942)と報告されている。その他の移住者，一時的滞在者を考慮しても，カムチャツカにおけるロシア革命以前の外来者人口は，先住民人口(コリヤーク約8000人，イテリメン約4200人，エベン約500人など)より圧倒的に少数であった。一方，日本企業における日本人漁業者は，1910年には6800人余りであったが，年々増加し，1913(大正2)年には1万2000人ほどに達していたと推定され，その後，さらに増加する。1920年代まで，季節的にせよ日本人漁業者は先住民とともにカムチャツカの人口の大きな部分を占めていたのである。

　その後，カムチャツカにおける企業はロシア革命を契機として再編された。ソ連政権確立後は借区料の高騰などから日本企業の経営の効率化が求められた結果，日本企業の合同が進み，1935(昭和10)年頃までに日魯漁業株式会社にほぼ一本化された。合同後の日魯漁業の漁獲，生産は巨額なものとなり，1934(昭和9)年のサケ漁獲84万846石(シロザケに換算すると5000万尾)，缶詰生産142万1721函(カニ缶を含む)は1913年の18倍にあたる。日本企業の合同とともに，その漁区や工場はカムチャツカ西海岸北部や東海岸北部まで拡大された。ちなみに，ソ連企業に雇用された日本人労働者数は1930(昭和5)年では2980人であったとされている。

　ソ連は政治体制の確立とともに積極的にカムチャツカの経済改革に乗り出し，国営企業を設立して水産業の振興を開始するとともに，労働人口の増加策を採り始めた。ロシア／ソ連の漁区は1928(昭和3)年までは50前後であったが，計画経済に従って極東地域の漁業振興策が打ち出された翌年から増加し，日本の漁区数と並ぶまでになった。ロシアの漁場では多くの日本人が漁業労働者，

加工労働者として雇用されてきたが、やはりソ連時代に漁場の数が増加し、カムチャツカ株式会社などの国営企業やリューリ兄弟商会などの民間企業における日本人の雇用が増加した。日本人の雇用は1933(昭和8)年に中止されたが、これはカムチャツカを含むロシア極東の漁業の「脱日本」化政策であった。

漁場経営者と雇用労働者

　初期の漁場経営者の多くは、北海道やサハリンの漁場経営者、海産物商、回船問屋などで資本を蓄積した個人経営者であった。その出身地も北海道南部の函館、本州日本海側の富山、石川、新潟などであった。こうした個人経営者にとって遠隔地における漁場経営はリスクが大きかったことから、次第に大きな資本への合同・合併を経て、最終的には国策的な会社・日魯漁業株式会社にまとめられる。

　一方、漁場の労働者についても、初期の個人経営漁場では漁場主の出身地から労働者の多くを雇用する傾向があったが、次第に日本人による漁場の数が増加し、缶詰加工が生産の中心になるにつれて、大量の労働者を確保する必要に迫られた。何よりもカムチャツカなど「北洋」の漁場労働は季節労働であり、漁村や農村に労働市場を頼らなければならなかったからである。北海道や本州北部の市町村に出稼ぎを支援するための出稼ぎ労働者供給組合(出稼ぎ漁夫／雑夫供給組合)が組織され、より組織的な労働者募集の方法が採られるようになった。

　漁獲にあたる漁夫の多くは北海道南部の日本海側の漁村出身者である。また、塩蔵加工や缶詰工場等での労働者の多くは青森、秋田、岩手など本州北部の農村出身者であった。こうした地域的な偏りは、明治時代当初からの慣習的な出稼ぎ体制や、ロシア領沿岸漁業と北海道沿岸の漁業に共通する要素があったからでもあるが、経済不況や農村の余剰人口、北海道南部の不漁、特にニシン漁の不漁が大きな要因であった。

接触のあり方

　日本人漁業者と先住民の接触のあり方や機会は、ロシア革命後の前後で大きく変化している。それまで比較的自由な行動が許されていた日本人は、ソ連体

制の確立とともに借区外へ出ることが制限され，また漁場番人として越冬滞在することも禁止された。主要な地点には漁業監督官や内務省の監視官などが配置されていた。こうした措置によって日本企業の労働者と先住民との接触は次第に規制され，接触の機会も少なくなったと考えられている。しかも，1930年代には何の罪もないイテリメンやコリヤークなどの先住民，コサック系の人びとが日本のスパイの嫌疑で逮捕され処刑されている。しかし，ソ連企業に雇用された日本人の存在や監視体制の程度にも地域差が見られるなど，必ずしも先住民と日本人との接触の機会が閉ざされたわけでないと思われる。

(2) カムチャツカ先住民における北洋漁業の記憶

これまで日本人漁業時代の体験あるいは記憶について聞取り調査に協力をいただいた方は40名を超えている。日本人との接触に関する体験や地域社会のなかで語り伝えられてきたそれらの情報は以下のようにまとめられる。
〈日本人漁業者と先住民との接触の機会〉
1) サケの売買関係：先住民が漁獲したサケを日本人が購入した。
2) 漁業の技術指導：先住民に網の作り方や漁業技術を日本人が教えた。
　　日本企業は限られたサケの遡上時期にできる限り多くの原魚を捕獲しようとし，そのため，先住民から積極的にサケを購入していた。先住民の漁獲量を増やすために，網の製作や設置方法などの指導・援助も行っていた事例が知られている。
3) 先住民の雇用：先住民の一部は日本の漁場に雇用されて働いた。
　　今のところ日本側の資料では，先住民を日本企業がサケ漁のために雇用していたことは明らかではないが，少なくとも東海岸北部では先住民が日本企業で働いたことがあったと考えられる。
4) 先住民の子どもたちの訪問：後に大人たちは，子どもたちが日本の施設に近寄らないよう，「日本人に連れていかれるぞ」と教えているが，子どもたちは物珍しくて日本の施設を覗きに行って，中を見学したり，何がしかの日本の菓子やその他の食べ物を与えられたことがあった。
5) 毛皮の売買：先住民が捕獲した毛皮獣の毛皮を日本人が購入した。

カムチャツカの開発が毛皮交易によって始まったように，もともと毛皮獣狩猟は盛んな地域であり，20世紀初頭にはハドソン湾会社やオラフ・スエンソン社など北アメリカの毛皮会社や日本の毛皮会社がカムチャツカに進出していた。聞取り情報から日本人の一部の漁場においても先住民との間で毛皮の売買が行われていたと思われる。

6）漁場の番人としての季節雇用：冬季の越冬番人として先住民が日本企業に雇用された。

　かつて，日本の漁場では漁期が終了して撤収する際に，数名の者を冬季番人として残留させ漁場の施設，漁艇，漁具の保守にあたらせた。こうした越冬番人たちと先住民との交流も一部では行われたという。カムチャツカの厳寒に慣れていなかった日本人は，あまりの寒さに耐え切れず先住民の世話になったこともあったという。ソ連体制の確立後には，漁場施設の保守管理のために日本人が冬季に残留することは許されなくなり，漁場の近くに位置する集落の住民である先住民に冬季番人を委ねた。日本の食料を与えられた番人の存在は，カムチャツカにおける日本産の食料普及に一定の役割を果たしたであろう。特にこのような番人は，夏季においても積極的に日本人漁業者と交流をもっていた。日本語を覚えたり，日本の歌を習い覚えたりした人たちもいたのである。

7）医療：先住民は拠点漁場に配置されていた医者の治療を受けることができた。

　初期の中小の企業乱立時代は別としても，日魯漁業株式会社の時代には大規模な拠点漁業施設に医師を配置しており，先住民に対する医療にも積極的に取り組んでいたと思われる。聞取りからは先住民が薬をもらいに日本の漁場に行ったとする事例も知られている。目の治療に日本まで行った先住民がいたとする話も伝えられている。このような医療行為は特に日本人に対する好ましい印象を残す要因の1つであったものと考えてよいであろう。特に子どもの眼病のために日本の漁場に目薬をもらいに行って，目を治すことができたとする話が最も多い。

8）ロシア／ソ連企業における日本人の雇用：ロシア／ソ連企業に雇用された日本人と先住民との交流があった。

ある地点の漁場や缶詰工場が日本の企業と誤解されて伝えられているように，多くの日本人がソ連の漁場・工場で働いていた。
9）日本人との婚姻関係など：カムチャツカに漁場の労働者としてではなく居住した日本人が存在した。また，日本人を父親あるいは祖父にもつ先住民も存在する。

　どのような経緯でカムチャツカに住むようになったかは不明であるが，先住民の女性と結婚して生活していた日本人が何人かは存在したと考えられる。また，先住民の女性と一時的に性的関係をもった日本人もいたと考えられる。

〈日本人漁業者に対する先住民の印象〉

　直接日本人を見た体験あるいは語り伝えられてきたこととして，日本人漁業者に対する印象は次のようなものである。

1）好ましい印象：「日本人と先住民は友人関係にあった」，「日本人は親切だった」。この好ましい印象は，自由な接触が行われていた時代の日本人漁業者と先住民の友好的な関係を示唆している。
2）悪い印象：「日本人が怖くて日本の施設に近づかなかった」。また，大人が子どもたちに「日本の建物に行くと日本人に連れていかれる」と脅した。その他，特定の人物が日本人に連れて行かれたとする具体的事例が先住民社会で語られてきた。
3）労働の様子に対する印象：「日本人はよく働く人たちだ。夜も昼も働く」，「海が荒れていようが，雨が降ろうが，日本人は海に出てサケを獲っていた」，「日本人はよく笑い，よく唄う」
4）日本人の身体的特徴に対する印象：「日本人のように足が短い」，「日本人の娘のようにきれいだという表現があった」，「足が短い」，「目が黒く，髪も黒い」，「小柄だ」
5）日本人の服装に関する記憶：下駄，乾燥した草の靴，ショートパンツ状のズボン

〈日本人から先住民にもたらされた日本製品〉

1）食料品・嗜好品：米，砂糖，菓子，アルコール，タバコ
2）金属製品：銃，ナイフ，トラバサミ（ワナ），鉄材，釣針，縫い針，指貫
3）食器：皿，茶碗，急須

4）衣類：シャツ，背広
5）その他：ガラスビーズ，綿糸(網の材料)

〈先住民から日本人に渡った物〉
1）漁獲物：サケ
2）毛皮類：先住民が狩猟で獲た毛皮
3）食料品：パン(日本人が現地の人にパンを焼くことを依頼)
4）その他：先住民手製のナイフ(日本人が持ち込んだ鉄材を先住民が加工したもの)

〈先住民社会で使用された日本語起源の言葉〉
1）船の名称：kawasaki, san-pan, isabunka
　＊このなかで isabunka は現在でも「sabunka」として小型の木造漁船を指す言葉として使われている。
2）船の組織の名称：sentoh：船頭，kuriban は唐繰番(karakuriban の kara が脱落したものと考えられる)

〈先住民社会に語り伝えられた日本語〉
1）毛皮について：kumano-kawa, inuno-kawa, kitsune-gawa(これは，「クマの皮」，「イヌの皮」，「キツネ皮」であろう)
2）数詞：1, 2, 3……
3）日本の歌：歌の一節として「アナター」という部分を記憶している例
4）食べ物：manma，ご飯のこと，また料理名としても使われてきた(サケの挽肉をボール状にして油で焼いてライスを添えた料理：コリヤークに伝わる)

〈日本人が活動したことにちなんだと思われる地名〉
1）河川の名称：
　・西海岸北部キンキルとレスナヤの間にある川に，第一日本人川(Pervaya Yaponka)，第二日本人川(Vtoraya Yaponka)の名称が使われている。
　・西海岸中部ウスチ・ハイリューゾヴァとカヴランの間にある小河川を Yaponka と呼んでいる。
　・東海岸北部のティムラットの少し南に「日本人の川」と呼ぶ川があった。

〈地元で再利用された日本製品〉
1）日本の缶詰工場：一部の旧日本工場はソ連によって操業されていた。
2）小型船舶：川崎船や三羽船などの小型船が漁業に再利用された。また，同型の船を新たに建造して利用した例もある。
3）船舶エンジン：川崎船のエンジンを発電用に再利用した例がある。
4）その他日本漁場に残置された日本製品：かますを住居の敷物や入口の戸の代わりとして利用した事例がある。また，網の錘（おもり）であった鉛を溶かして銃弾として利用した例がある。

(3) 先住民社会における日本

　日本人の存在はカムチャツカの先住民にどのように受けとめられていたのだろうか。筆者の聞取り調査では，「日本人はよく働く」，「よく笑いよく歌う」，「日本人と先住民とは友人であった」など，好ましい印象で捉えられているように思われる。しかし，「日露漁業協約」以前には，突然やって来て我が物顔にサケを獲ってゆく日本人を嫌悪し，追い払いたいと思った人たちもいた。また，1920（大正9）年にはカムチャツカ川河口のウスチ・カムチャツカ村で反日集会が開かれ，日本の漁業者をカムチャツカから排除する決議がされている。1930年代に行われた「日本のスパイ」を嫌疑とするコサックやイテリメンの人たちに対する「粛清」の影響も大きなものがあったと思われる。

　一方，サケや毛皮を日本人に売ることによって，カムチャツカの人びとは様々な日本製品を手に入れていた[1]。こうした関係を基に日本人に親しみを覚える人たちもいたのである。具体的にはカムチャツカ川流域の人たち（イテリメン）やカラギンスキー湾沿岸の人たち（コリヤーク）のなかに，そうした記憶が語り継がれている。

　サケ漁業の技術については，日本人と先住民が直接交流することによって伝えられたものと，ロシア／ソ連企業が導入したことによるものがある。商業的な漁業の導入という点でカムチャツカに伝えられた日本の漁業システムの要素として次のものが考えられる。

〈先住民との直接的関係によるもの〉
1) 大型の網の製造技術(網の製法や素材を提供した)
2) 漁法の指導(海域における漁業？)
3) 漁船の操作や船や漁場の組織(直接日本人の指導を受けたのか？)

〈ロシア／ソ連企業が導入したもの〉
1) 漁業資材(漁網や漁船など日本製の漁業資材)
2) 漁法(日本人漁業者を雇用し，日本の漁法を採り入れて漁獲した)
3) 加工技術(塩蔵サケなど日本向けの製品は特に日本人によって加工された。尤も多くの塩を用いた塩蔵サケについてロシア人は価値を認めていない。逆にロシアからもたらされた技術として，魚卵の塩漬であるイクラの製造方法があり，当初は「ロシア漬」と称して，その製造にはロシア人を雇用していた)
4) 加工システム(缶詰工場などを日本から導入した。例えば，西海岸のウスチ・ハイリューゾヴァの向かいに見えるプチチ島にはカムチャツカ株式会社のカニ缶詰工場が造られたが，機械設備とその設置・操業，カニの漁獲などは当初日本人が行った)

第2次世界大戦後，ソ連極東の漁業は独自に大型化，沖合漁業へと転換した。こうした時期のサケ漁業を含むカムチャツカの沿岸漁業は，漁獲量の面でもあまり振るわなかったと思われる。今日，イテリメンやコリヤークの人びとが，私たちがすでに忘れてしまった日本の船の名称「サンパン」，「カワサキ」，「イサブンカ／サブンカ」(「クンガス」はロシア語起源であるが，日本製の漁船などを指した)を口にするとき，たしかに日本の漁業が現地に受け入れられた時期があったのだと思う。現在，カムチャツカのサケ漁場では「建網」もなお使われている。

(4) 文化接触の意味するもの

カムチャツカにおける日本人漁業者と先住民との文化接触については，今後も多くの事例を収集する必要を感じており，この文化接触のあり方を早急に結

論づけることは差し控えたい。しかし，カムチャツカにおけるこれら文化接触のあり方には，今後の調査研究の方向を考えるうえでいくつか特徴を挙げることができる。

　1つは，カムチャツカはあくまでもロシア／ソ連の国土であり，日本人は一定の制限のなかで漁業活動を許可されたにすぎないということである。したがって，日本人と先住民とは植民地における支配者対被支配者の関係でないことは当然で，先住民は自分たちの捕獲したサケを日本企業に売却したが，それは基本的な社会的経済構造として強制的なものではなく，あくまでも任意の経済活動であったのである。

　2つ目にはカムチャツカに渡っていた日本人漁業者の属性である。大部分は季節的な雇用労働者で，秋田県，青森県，北海道など北日本の農村，漁村の出身者であった。彼らは劣悪な労働条件のなかで長時間に耐え，近代日本の産業を支える底辺の労働者であったといえる。

　3つ目には先住民の伝統的経済活動であったサケ漁が商業的に意味をもつようになったことである。先住民は帝政ロシアの支配のなかで，商品経済との関わりを毛皮交易に求めてきたが，日本人漁業者の進出によってサケという新たな経済手段をもつことができたといえる。

　　＊本稿にかかる研究の一部は，平成9年度文部省科学研究費補助金国際学術研究（学術調査）（研究代表者　大島稔　小樽商科大学教授，課題番号08041002），平成10年度北海道立北方民族博物館海外民族調査事業，平成12年度・13年度笹川科学研究助成および平成15年度〜平成16年度文部科学省基盤研究（A）（1）（海外学術調査）「先住民による海洋資源の流通と管理」（研究代表者　岸上伸啓　国立民族学博物館助教授，課題番号15251012）の成果である。

注

1）カムチャツカの先住民にサケや毛皮との交易で用いられて日本製品として，次のようなものがあった。
　①アルコール飲料，日用雑貨，小舟，石油，網（内藤1937）
　②渡部の聞取りでは食料品（米，小麦粉，砂糖：塊の砂糖，茶，磚茶），食器（陶器製の皿，茶碗），日本製銃，トラバサミ，網の材料（綿糸），嗜好品（タバコ，アルコール飲料），布地（絹），その他（釣針，縫い針，指貫，ビーズ）がある。そのほか，交換では

なく日本人が与えたものとして，ご飯，菓子，薬がある。「日本製の銃」には日本からの持ち出しの点で疑問も残る。

③日本毛皮貿易会社の毛皮交易品として麦粉，葉タバコ，砂糖，石油，反物，婦人用首飾り，磚茶，アメリカ製ライフル銃（ウィンチェスター），アメリカ製散弾銃，銃弾，火薬，日本製ボート（5人乗り），角砂糖，古着（洋服），長革靴，反物（更紗の花模様），ガラス玉，ネックレス，古外套，マント類が挙げられている（神田 1986）。

引用・参考文献

ベルグマン，ステン
　1935『カムチヤツカ探検旅行記』中垣虎兒郎訳，東京：学芸社
伊藤　修
　1926『最北の日本へ（カムサツカ見聞記）』東京：大阪屋号書店
荊木光男
　1973『私と北洋の鮭』私家版
神田勝平
　1986『毛皮と私』東京：社団法人日本原毛皮協会
木下定通
　1978『オコツク漁場物語』私家版
内藤民治（編著）
　1937『堤清六の生涯』函館：曙光会（非売品）
中山英司
　1934「カムチャツカ西海岸出土の石器時代遺物」『人類学雑誌』49(10)：375-388
岡本信男（編）
　1971『日魯漁業経営史』第一巻　東京：水産社
函館市史編さん委員会
　1997「躍進する北洋漁業と基地の発展」『函館市史　通説編』3, pp.575-632. 函館：函館市
ラテルネル，M.
　1942『ベーリング海周航記──浦潮よりノームまで』竹村浩吉訳，東京：文政同志社
セルゲーフ，エム・ア
　1937『堪察加經濟事情』東京：露領水産組合
竹村浩吉
　1942「カムチヤトカ現況」『ベーリング海周航記──浦潮よりノームまで』（付録）pp. 289-334. 東京：文政同志社
田口喜三郎
　1966『太平洋産サケ・マス資源とその漁業』東京：恒星社厚生閣
田中丸祐厚
　1942 a「北窓閑話（二）」『北洋漁業』3(10)：73-79. 東京：露領水産組合

1942b「北窓閑話(三)」『北洋漁業』3(11)：71-76. 東京：露領水産組合
　1943「北窓閑話(九)」『北洋漁業』4(6)：72-80. 東京：露領水産組合
渡部　裕
　1998「平成9年度コリヤーク伝承芸能調査──生業を中心に」大島稔編『カムチャツカ半島諸民族の生業・社会・芸能』pp.83-90. 小樽：小樽商科大学言語センター
　2001「カムチャツカ先住民の文化接触──北洋漁業と先住民の関係」『北海道立北方民族博物館研究紀要』10：17-46. 網走：北海道立北方民族博物館
Watanabe, Yutaka
　2002　The Cultural Relationship between the Indigenous People of Kamchatka and the Japanese: for Special Reference on the Contact during the Japanese Fishery Days. *Proceedings of the 16th International Abashiri Symposium*: 7-12. Abashiri: Association for the Promotion of Norhern Cultures.

資料紹介　コリヤークのガーディアンとチャーム

笹倉いる美

はじめに

　北海道立北方民族博物館(以下，北方民族博物館)では，開館以来，東はグリーンランドから西はスカンディナビア半島に至る広大な北方地域を対象に，そこに住む先住民族の生活用具を中心に様々な資料[1]の収集・保存に努めてきた。こうして収集した資料群のなかでも，特にその用法や機能に不明な点が多いのが宗教儀礼や祭祀に用いられてきた道具類である。

　本稿では，こうした資料群のなかからコリヤークのガーディアンとチャーム(「お守り」，「護符」にあたるもの)を取り上げ，平成6年度に購入によって収集した4点(資料登録番号 H 6.14, H 6.15, H 6.25, H 6.35)および平成12年度に寄贈された1点(資料登録番号 D 12.17)の形態や用途について紹介する。

　なお，コリヤークのガーディアンとチャームについては，ヨヘルソン(Jochelson 1908 [1975])が，その形態や用途，扱い方から13種類を紹介している[2]。また，岸上は1994年のロシア・カムチャツカ州レスナヤ村での調査で3種類の偶像の存在を確認し，その役割や使用方法等について報告している(岸上 1995：63)。

北方民族博物館所蔵資料の検討

　平成6年度収集の4点に関して，購入先から得られた資料情報は，

　　1993年にカムチャツカの北方を旅行した男性が入手したもので，その男性は直接それらの所有者から購入した。彼は資料の背後の事情や使用方法についての詳しいメモを手に入れた。ほとんどは1950年以前につくられ

たもので，数点は 20 世紀初期のものである。こうしたお守りのほとんどは葬儀のときに焼かれた。

というものであった。この情報に加えて，各資料について 40 語程度の英語の説明が付与されていた。

コリヤークが，遺体を火葬する際に護符を焼くということは，呉人恵が 2004 年にマガダン州セヴェロ＝エベンスクで行った現地調査によっても確認されているが(呉人 私信)，一般にこうした資料購入時の添付情報の真偽については確認できないものも多い。

【H 6.14】(図Ⅱ-2.5.1, 図Ⅱ-2.5.2, 図Ⅱ-2.5.3)
添付情報：コリヤークのガーディアン・チャーム。1940 年頃。儀式に関するもので，トナカイの群を災いから守る。儀式に使わないときは，トナカイ皮製の袋にしまっている。木製の人，犬の形，アザラシ皮，トナカイ角。トナカイ皮製袋付。

この資料の中心は聖なる火錐板である。火錐板とは，木と木をこすりあわせて発火させるときの受けとなる板のことである。板状の木にくぼみをつけたところで，棒状の木を回転させて発火させる。火錐板はチュクチと同様に，コリヤークの特徴的ある護符といってよいであろう[3]。護符の場合，火錐板は人の形をしている。

さてコリヤークには，トナカイコリヤークと海岸コリヤークのグループがあり，どちらのグループでも火錐板は大切なものとされているが，この資料の場合，トナカイコリヤークの特徴を呈している。

まず，火錐板に他の像もつけられていること(海岸コリヤークの場合は板単独)，また火錐板用のトナカイ毛でできた襟があること(海岸コリヤークの場合は草製)，しまわれる袋があること(海岸コリヤークの場合，住居の中に護符が置かれるスペースがある)(Jochelson 1975：32-36)という 3 点から，この資料はトナカイコリヤークのものであると判断される。

この護符の中心となる火錐板は，前述したように粗く人の形をしていて，お腹の部分にドリル(火錐棒)の跡が丸くへこんでいる。火錐板はアザラシ毛皮製紐によってトナカイ角に結びつけられており，このトナカイ角にはほかにイヌ

184　II　北ユーラシア

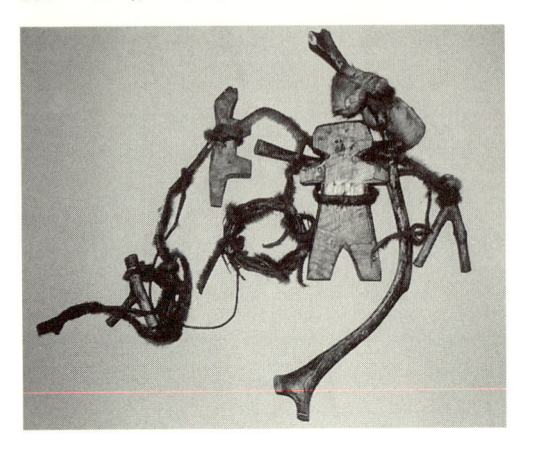

図II-2.5.1

図II-2.5.2

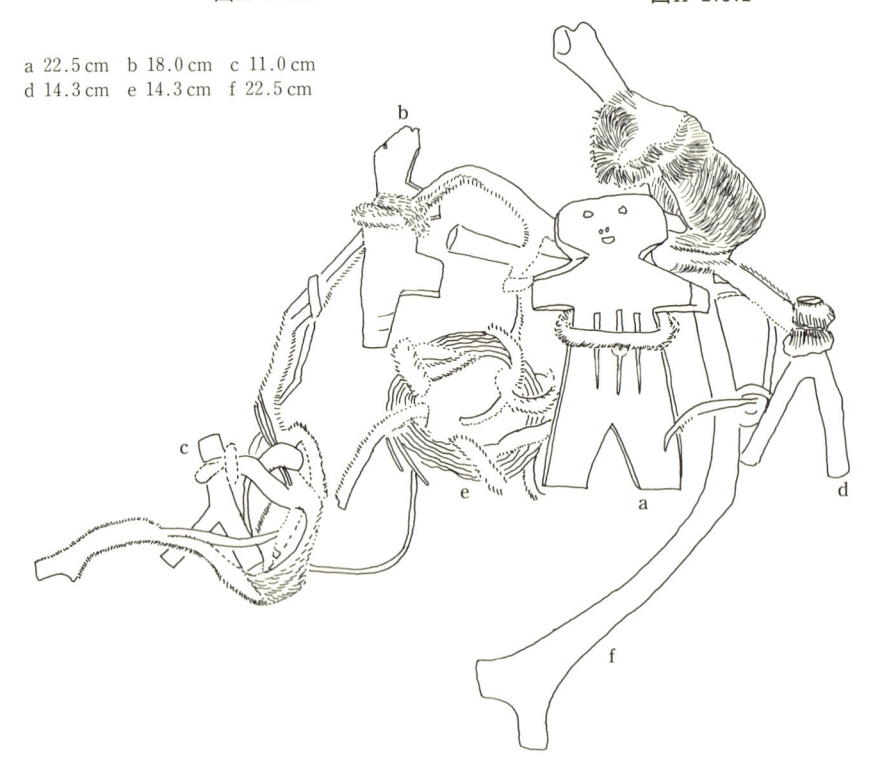

a 22.5 cm　b 18.0 cm　c 11.0 cm
d 14.3 cm　e 14.3 cm　f 22.5 cm

図II-2.5.3

の形の木製像，2つのふたまたの像，輪にした枝がついている。イヌの形の像はトナカイ飼養の牧犬を，ふたまたの像はトナカイ群を守る牧童を示している（Jochelson 1975：40）。輪にした枝の意味は不明である。

　火そのものが多くの民族で尊敬の対象であり，火への供物についてハルヴァは多くの例を挙げているが（ハルヴァ1989：216-224），コリヤークの場合，火に対して直接供物を捧げるということはなく，火を産み出したもの（火錐板）へ供物を捧げているようである。この資料にも口にあたる部分に食事を与えた痕跡が見られる。

【H 6.15】(図II-2.5.4, 図II-2.5.5)
添付情報：コリヤークの呪術用具。1935年頃。移動の際の幸運を祈念するた
　　　　　めの珍しいチャーム。トナカイの皮，石，腱，チェコと中国のビー
　　　　　ズ。

　トナカイ皮，石，ビーズ，枝などが束になっている。ビーズは糸に通して，あるいは人型に切った皮や，石を覆った袋に縫いつけられている。

　人型に切ってビーズを縫いつけたものには，口にあたる部分に食事を与えた（脂を塗った）痕跡が見られる。皮紐には結び目が作られている。また服を着た皮製のぬいぐるみ状の人形もついている。こうしたぬいぐるみ状の護符は，大きさの差はあれ，後述のH 6.35とD 12.17の資料にも見られる。

　石が意味をもっている場合も多く，「聖なる石」と呼ばれる呪術的な力のある石があり，護符とされ，占いに用いられることもあった（Jochelson 1975: 44）。吊してその動きによって占う。この資料にも吊すのにちょうどよさそうな紐がついている。

　またチュクチにも，コリヤークと同じように，呪術的な力をもつ石があった。チュクチの場合，こうした石はトナカイ放牧の援助者であり，チュクチはこの援助者の寸法に合わせて人間の服を縫い，グィチグィイ・グィルグィル（小枝製の角状のものを束ねたもの。一つひとつが特定のトナカイを意味している）の束に結わえつけて放牧させるという（レベジェフ1990：89-90）。またボゴラスも石が病気に関連している例を挙げており（Bogoras 1975: 339），重要な意味をもつ石があることが分かる。

186   II　北ユーラシア

図II-2.5.4

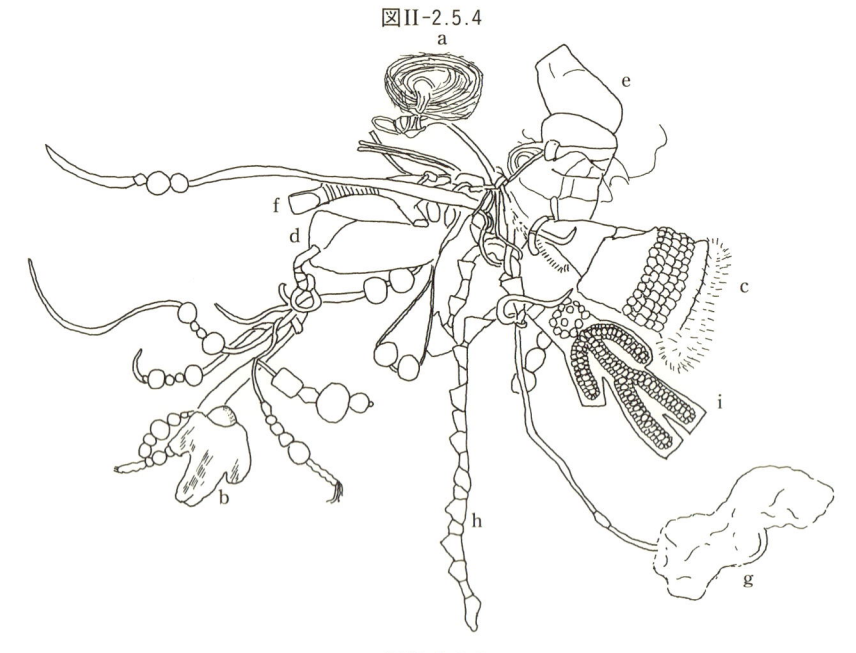

図II-2.5.5

a 未計測　b 4.2 cm　c 中に石が入っている。11 cm
d 中に石が入っている。5.3 cm
e 布と皮。小さな硬いものが入っている。8.0 cm
f 二またの枝。6.4 cm
g 9.7 cm　h 結び目のある皮ひも 21.5 cm　i 7.8 cm

21.4 cm

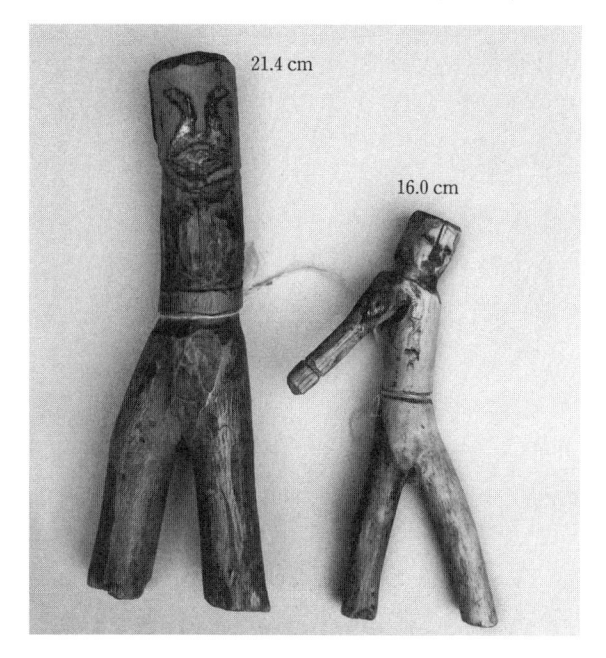

16.0 cm

図II-2.5.6

　ビーズは他の像の代用となり，呪文によってお守りの役割を果たしたり，精霊に対しての供物にもなるという (Bogoras 1975: 346-347)。添付情報にある「中国とチェコのビーズ」というのは，中国とチェコがビーズの産地として有名であるためにそう記述されたのではないかと考えるが，検証はできていない。

【H 6.25】(図II-2.5.6)
添付情報：コリヤークのガーディアン像。1945年頃。曲がったハンノキの棒状の像が2体，腱で結ばれている。男性と女性を表して，家や家族を守る。それらは世話され，食事の象徴として脂肪が与えられる。その脂肪の染みが残っている。

　家と家族を守る男女のペアということであるが，男女の別を示す特徴は見られない。口の部分に食事を与えられた(脂を塗布された)痕跡がある。

188　II　北ユーラシア

図II-2.5.7

図II-2.5.8

a　ビーズの目がとれたあとがある詰め物をした人形。8.5cm
b, c, d のような像は他に2個ついている。また2個がとれたあとがある。
b 1.5cm　c 2.5cm　d 3.2cm　e 6.0cm
e のような枝の一部は資料全体で6個ついている。
f 6.5cm　g 5.7cm　h 3.7cm　i 1.5cm　j 6.5cm　k 12.7cm　l 25.5cm

第2章 北ユーラシア東岸

【H 6.35】(図II-2.5.7, 図II-2.5.8)

添付情報：コリヤークのガーディアン・チャーム。1900年頃。群と家族を守るために使われた。世代から世代へと受け継がれたもので，それぞれのメンバーがチャームを加えていった。トナカイの毛皮と皮，木製と皮製のチャーム。

　この資料にもおそらく火錐板がついていたと思われる。アザラシ毛皮製紐を輪にしたもの，人型に削った板，イヌの像，皮製ぬいぐるみの人形，骨で構成されており，全体に脂っぽい。

　骨がついている点，板片から作られた人の形，イヌの像の留め方など，チュクチのものに類似した特徴がある (Bogoras 1975: 338-367)。

【D 12.17】(図II-2.5.9)

　この資料は，2000年10月3日にロシア・カムチャツカ州のビビンカ村で収集され，収集者によって当館に寄贈されたものである。コリヤーク語のナマランスキー方言で「カラク」と呼ばれる。

　本資料はトナカイ皮製の服を着た人形が2体結ばれて，様々なビーズがついている。中に詰め物をしており，それぞれの家にあって何事かあるとこの人形を戸口にぶら下げて食物を与える。こうしたカラクは甘いものが好きだということで，「甘いものを供えること」が寄贈の条件とされたが，この資料の場合には，食物が直接塗布されたような痕跡は見受けられなかった。

　上記の資料に共通しているのは，ガーディアン／チャームの構成要素として金属が用いられていない点である。H 6.15の資料では，アルミのようなものがビーズを留めるのに使われてはいるが，何か呪術的な意味があるというほどの使われ方ではない。護符に金属をつけ，それによって悪霊を退けるという用例が指摘されているが(ロット＝ファルク 1980：90)，本資料の場合にはこうした状況は見られないようである。

190　II　北ユーラシア

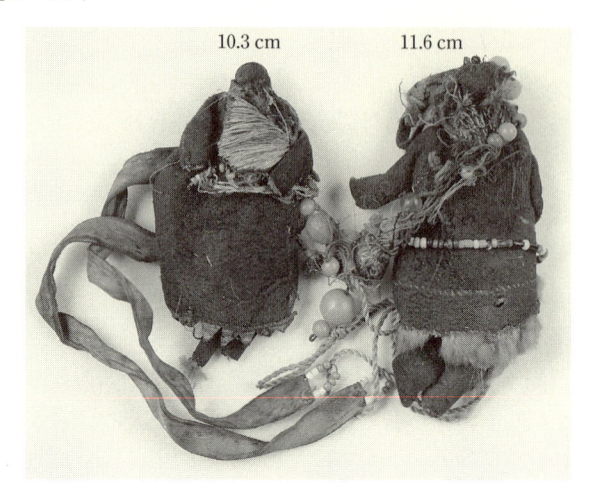

10.3 cm　　11.6 cm

図II-2.5.9

おわりに

　以上，北方民族博物館所蔵のコリヤークのガーディアンとチャームについて，素材や構成要素を概観し，用途を検討してきた。

　1990年代以降，次第にロシア，特にシベリア，カムチャツカ地域での現地民族調査が盛んに行われるようになってきている。北アメリカの極北地帯では，宣教師による布教活動によって伝統的な宗教はキリスト教に取って代わられた。しかし，ロシアの北方地域の場合，「旧ソ連時代には一般の旅行者の訪問が制限されていたうえに，この村に入植した白人人口が極めて少なかったために，この村には予想していた以上に「伝統的な」宗教儀礼，祭りや宗教的な慣習が残っている」ことが判明したと，レスナヤ村を調査した岸上は記していることから（岸上 1995：61），レスナヤ村に限らずこの地域では同様と考えられる。ガーディアンやチャームについても，さらに資料や情報が集められることが期待される。

　北方民族博物館ではコリヤーク以外の民族のガーディアンやチャームも収集しているが，こうした資料を整理し，比較検討する作業のなかから，北方諸民族のもつ世界観の一端を描きだすことが今後の課題である。

注

1) 一般的に博物館では「資料」，美術館では「作品」と呼ばれる museum の収集対象物。内在する意味には無関係に用いられる語。ただし博物館で護符類など信仰に関わる資料については単なる資料として扱うだけでは不十分であろう。
2) ヨヘルソンが紹介するコリヤークの13種類のガーディアンとチャームは，次の通りである(Jochelson 1908［1975］)。1.聖なる火錐板，2.太鼓，3.カマクとカラク(コリヤークの護符の呼び名。形態は様々である。)，4.角製の雪払い具，5.子どものカマク，6.皮船とそのチャーム，7.はしご，8.聖なる矢，9.サン＝ワーム(太陽虫)，10.特別な家の護符，11.占い石，12.アミュレット(護符)，13.いれずみ
3) 火錐板がコリヤークの特徴的な資料であることは，火錐板のお土産品があることからも分かる。

引用・参考文献

岸上伸啓
　　1995「ロシア極東民族コリヤークの宗教と社会について」谷本一之編『北方諸民族文化国際フェスティバル・シンポジウム報告』57-69 札幌：北海道教育大学

ハホフスカヤ，リュドミラ・ニコラエヴナ，呉人恵
　　2003「コリヤーク葬送儀礼の伝統と変容に関する分析の試み」『北海道立北方民族博物館研究紀要』12：1-13. 網走：北海道立北方民族博物館

ハルヴァ，ウノ
　　1989『シャマニズム：アルタイ系諸民族の世界像』田中克彦訳　東京：三省堂

レベジェフ，V. V., Yu. B. シムチェンコ
　　1990『カムチャトカにトナカイを追う』斎藤晨二訳　東京：平凡社

ロット＝ファルク，E.
　　1980『シベリアの狩猟儀礼』田中克彦訳　東京：弘文堂

Bogoras, Waldemar
　　1904-09［1975］*The Chukchee*. The Jesup North Pacific Expedition 7. Memoir of the American Museum of Natural History. New York: AMS Press.

Jochelson, Waldemar
　　1908［1975］*The Koryak*. The Jesup North Pacific Expedition 6. Memoir of the American Museum of Natural History. New York: AMS Press.

III
北アメリカ

第1章　北アメリカ西岸
　　──アラスカからカナダ──

1 ポート・モラー
―― 気候条件と生態環境を克服した人びと ――

岡田宏明・岡田淳子

はじめに

　ホット・スプリング (Hot Springs) 集落遺跡は，アラスカ半島のベーリング海側，ポート・モラー (Port Moller) に近い北緯55度22分，西経160度30分に位置している。古集落はポート・モラー湾とヘレンディーン (Herendeen) 湾を分ける岬の突端にあり，約6万m^{2}の広さをもつ。遺跡の広い範囲が貝塚で覆われ，周囲には丈の低いハンノキが点在するツンドラが広がっている。
　岬を囲む遠浅の海には様々な種類の貝が生息し，特にポート・モラー湾では干潮時に，現在も多くの貝を採取することができる。冬は湾内が結氷するので，私たちは1972年から1984年まで夏のシーズンを選んで発掘調査を行ったが，期間は6回，延べ8ヶ月に及んだ。この地域は天候のよい日がほとんどなく，調査中を通じて雨，霧，強風の日が多く，夏にもかかわらず気温は3～10℃の日が続いた。珍しく晴れると気温は20℃ぐらいまで上昇することもあった。
　晴れた日には，カリブー，ヒグマ，キツネ，ジリス，ヤマアラシ，クズリ，ネズミ，アザラシなどの野生動物がやって来るし，海には，サケ，カレイ，ヒラメ，カサゴなどの魚類やエビが見られる。貝類は，砂の中に棲む4種の二枚貝のほかに，岩礁にはムラサキイガイや，小さな巻貝チヂミボラなども棲んでいる。
　ホット・スプリングという地名の由来である温泉は，源泉で75℃以上の高温を示し，小さな谷を流れて地温を15℃に保っている。私たちはこの地熱を利用してキャンプを行ったが，おそらく，かつてこの遺跡に住んだ人たちも同

じ利用法を考えていたであろう。

　この小論は，以上のような環境のなかで住み続けてきた人たちの文化・社会を，発掘調査から時間的，空間的に復元したものである。

(1) 遺跡の編年と気候変化

　34点の炭化資料をもとに行った放射性炭素の年代測定結果によれば，この遺跡に人が住んだのは約4500年前から600年前まで，中断した期間があったとしても，約4000年間にわたっていたと考えられる。放射性炭素の測定値は発掘による層位的な証拠と必ずしも一致しているわけではない。しかし，今私たちは，沖野慎二氏がホット・スプリング遺跡のいくつかの住居址や文化層の資料を基に行った，花粉分析を参考にすることができる（図Ⅲ-1.1.1）。その結果からは，文化層がのっている約4500年前の地層から住民が去っていった600年前までの間に，温暖で比較的乾燥し人が住むのに適した期間のほかに，気温が低く湿気が多くて人の住みにくかった時期が，少なくとも2回存在していたことが明らかになっている。

　最初の居住の中断は当時測定した放射性炭素の絶対年代で見ると，約4000年前から3500年前までの間で，地層としては白みがかった黄褐色の粘土質の土に，時には破砕した貝を含む［Ⅵ層］と名づけた層の時期である。2度目の中断は，約2000年前から1500年前までの時期で，小さな砂利を含む砂混じりの黒色土層，［Ⅲ層］として認識した層の時期である。この2つの層では花粉の数が少ないうえに，茶褐色に変色し破砕して発見されることが多かった。またこれらの層では，シダの胞子やミズゴケ，緑藻類の数が多くなり，トウヒやカバなど樹木の花粉も見られるが，湿気が多くミズゴケや緑藻類の育つ湿地環境が出現していたと考えられる。この2つの時期を比較すると，古い方が，より湿潤で，新しい方が，より寒冷であったとみられる。

　湿潤だった時期には，貝層の堆積がなく遺物の発見も少ないので，居住者が少なかったか，あるいは居住していない期間もあったと思われる。居住者たちは，ホット・スプリング集落を離れどこかへ移住したものと考えられる。この調査結果は，人の居住に適さない原因が，温度の低さより湿度の高さにあった

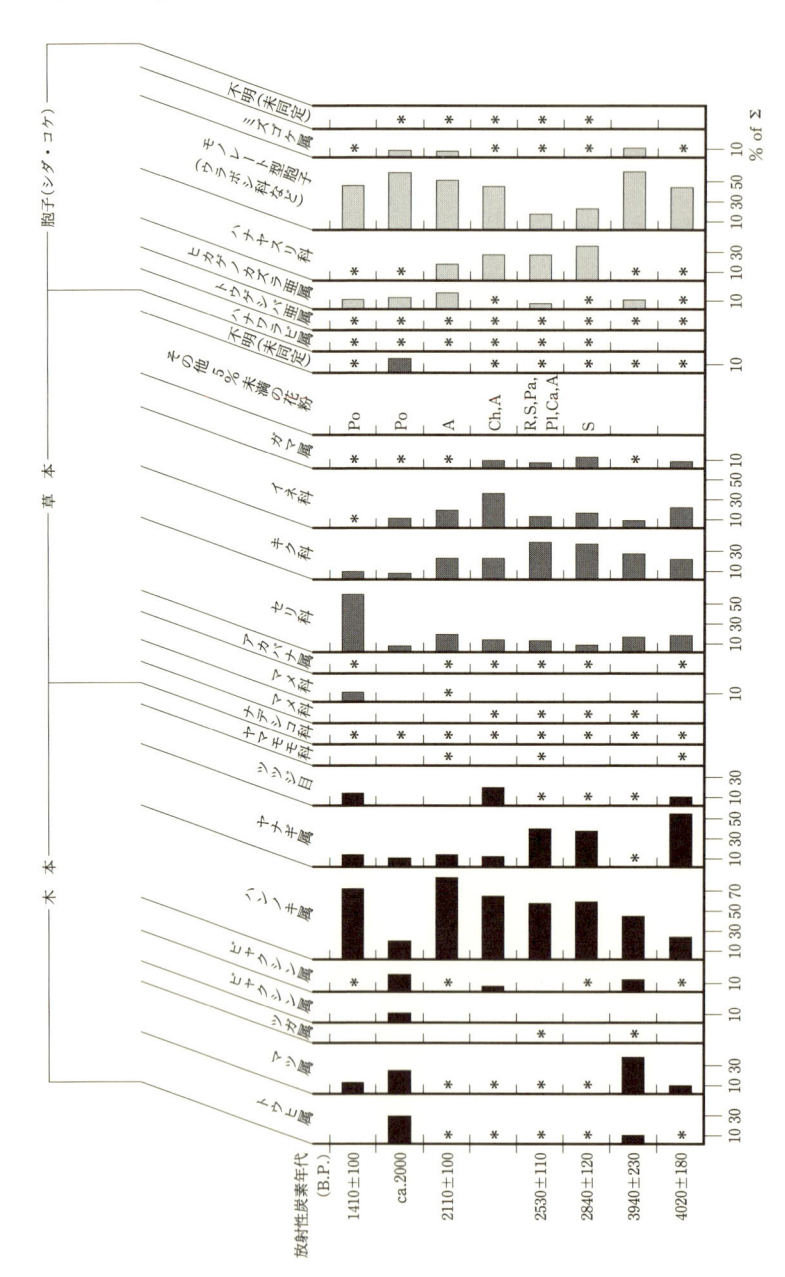

198　Ⅲ　北アメリカ

図Ⅲ-1.1.1　花粉ダイアグラム

注) A＝ヨモギ属　Ca＝キキョウ科　Ch＝アカザ科　Pa＝オタネニンジン属　Pl＝オオバコ属　Po＝ハナシノブ科　R＝キンポウゲ科　S＝ヤレモコウ属　＊＝5%未満
出所) 沖野慎二の花粉分析による

ことを示している。

　一方，居住者が定着していた時期は，ポート・モラーⅠ（およそ 4500～4000 年前），ポート・モラーⅡ（およそ 3500～2000 年前），ポート・モラーⅢ（およそ 1500～600 年前）の 3 時期に分けられる。現在の結論は，以前発表したものと基本的には同じであるが（Okada et al. 1979: 32-33, 1984: 10-11），資料の追加分析により，多少の変更をしている。なお，放射性炭素の年代測定法が，30 年を経て精緻になったことによる実年代の多少の変更も余儀なくされるであろう。

　3 回の居住期間はそれぞれに，ハンノキ，ヤナギ類の樹木やキク科の草本の花粉とともに胞子や菌糸の発見数が増大する。ことに 2500 年前の前後には花粉や胞子の数が最大になって，温和な気候の頂点に達していたと考えられる。その後次第に，温暖ではあるが湿潤な気候に変化していった。

　ホット・スプリングに見るこのような気候変化は，アラスカの周辺地域での氷河や地質，植物年代学の研究結果に適合している。また，一部を除いて，放射性炭素の測定結果も層順および，あらましの絶対年代を表すものと考えている。

　細かな層の状態を示すと，ポート・モラーⅠは貝と炭化物の互層［ⅧおよびⅦ層］であり，ポート・モラーⅡは貝と炭化物と褐色土の互層［ⅤおよびⅣ層］で厚い貝層をもつ。この 2 つの層の間にある白みを帯びた寒冷気候の褐色土層［Ⅵ層］は，厚い部分と薄い箇所とがあり，一定していないのが気にかかるところである。遺跡の広い部分を覆う黒褐色土［Ⅲ層］の上に広がるポート・モラーⅢは豊かな貝の堆積の中に人工遺物の発見も多い［ⅡおよびⅠ層］。温暖な時期だった層では，安定して活動的な生活の営みが行われていたとみられる（表Ⅲ-1.1.1）。

(2) 食 料 資 源

　ホット・スプリング集落は，稀に見る広大で豊かな貝塚を伴っており，動物すなわち哺乳類，鳥類，魚類，貝類を，食料や道具の材料として利用した情報を与えてくれた。

表III-1.1.1　気候と層位

年前(B.P.)	花粉	気候環境
1000 ポート・モラーIII 1500	1410 B.P. 散形花序(ウド, サクラソウ) (HL03上部)	乾燥／温暖
	(U2-III) トウヒ／ネズ(ヒノキ科) カバ　シダ／ミズゴケ	湿潤／寒冷
2000 ポート・モラーII 3000	2100 B.P.　シダ (HL02上部) 2530 B.P. (HL03下部)　ハンノキ／ヤナギ 2840 B.P.　キク科の植物 (HL02下部)　香草類	湿潤／温暖 乾燥／温暖
3500	3940 B.P.　トウヒ／カバ (U2-VI)　シダ／ミズゴケ	湿潤／寒冷
4000 ポート・モラーI	4220 B.P. (U2-VII)	乾燥／温暖

陸棲および海棲哺乳類

〈ポート・モラーI（およそ4500〜4000年前）〉

　岬突端の台地上に見られる文化層［VIIIおよびVII層］から発見される。1982年に発掘調査したHH-U2最下層のU-C住居址からは，大型の石ランプが発見され，すでに石ランプ文化が定着していたことが知られた。ホット・スプリング集落の居住者たちは多くの食料を海棲哺乳類に依存しており(96.1％)，なかでもアザラシ類に負うところが大きかった(84.5％)。そのうちワモンアザラシが大半の61.9％を占め，カリブー，キツネ，オオカミ，クマなどの陸棲哺乳類は，全体のわずか3.9％にすぎない。

⟨ポート・モラーⅡ（およそ 3500〜2000 年前）⟩

　ポート・モラーⅡでは大型の石ランプが据付粘土容器に変わり，また円礫を素材にした小型の石ランプが出現する。

　海棲哺乳類の骨が哺乳類全体の 96.5％を占め，そのうちアザラシ類が 86.6％，さらにワモンアザラシは 53.1％にも達している。オットセイ，セイウチ，アシカなど他の海棲哺乳類はわずかに 9.9％で，陸棲哺乳類の骨は，さらに少なく全体の 3.5％しか見られなかった。

⟨ポート・モラーⅢ（およそ 1500〜600 年前）⟩

　エゾイシカゲガイを主体とする厚い貝層が特徴的で，遺跡の大部分を覆っている。小型の石ランプとともに据付粘土容器が，この時期も使われ続け，魚網に使われた石錘が多量に見られるようになる。海棲哺乳類の利用は 72.8％と少し減るが，アザラシ類が 55.8％，ワモンアザラシが 33.0％と多くを占めることは変わらない。他の海棲哺乳類が 16.3％，陸棲哺乳類は 27.2％に上昇した。

　ポート・モラーⅠからⅢまで 4000 年を通じ，アザラシ類を主として狩猟していたことは変わっていない。特にワモンアザラシの大量利用は冬季の狩猟を示唆している。この傾向が変わらないとはいえ，ポート・モラーⅢになるとトド，セイウチや陸獣などの捕獲が増えてくる。これは狩猟技術・捕獲方法の向上のためであり，おそらく罠や毒物が使用されたものと推測される。

　アリューシャン東部，ウムナック島のチャルカ遺跡では，同じように海棲哺乳類の利用が盛んであるが，違うのはアザラシ類ではなくラッコが 50％を占めていることで，全体を通じて幼獣を 80％捕獲していることも大きな違いである（Lippold 1966）（表Ⅲ-1.1.2）。

魚・貝類

　ホット・スプリング貝塚を形成する貝の種類は，小型のムラサキイガイ，オオイシカゲガイ，ダイコクミゾガイ，ナガウバガイ，オオノガイ，ベニサラガイで，なかでもムラサキイガイとオオイシカゲガイが多数を占める。

　遺跡周辺の海は潮間帯の幅が広い。遠浅で潮の満ち干が大きいからで，岩礁性の巻貝とムラサキイガイ，そして砂泥性のオオイシカゲガイは小潮の日にも

表Ⅲ-1.1.2　主要動物骨の割合　(単位：％)

		ポート・モラーⅠ	ポート・モラーⅡ	ポート・モラーⅢ
海棲哺乳類	ワモンアザラシ ゴマフアザラシ アゴヒゲアザラシ 不明アザラシ セイウチ オットセイ アシカ クジラ	96.10	96.50	72.80
陸棲哺乳類	カリブー キツネ オオカミ クマ その他	3.90	3.50	27.20

表Ⅲ-1.1.3　貝類利用の割合　(単位：％)

	ポート・モラーⅠ	ポート・モラーⅡ	ポート・モラーⅢ
ムラサキイガイ	96.50	94.00	59.10
オオイシカゲガイ	0.30	1.80	40.00
ナガウバガイ ダイコクミゾガイ オオノガイ チヂミボラ	3.20	4.20	0.90

採取することができるが，その他の貝は70cm以上海面が下がる大潮の日にならないと採取できない。

　ポート・モラーⅠおよびⅡは，貝層のほとんどが破砕したムラサキイガイで占められている。この層には多くの小砂利が含まれており，貝が波で大きく動かないよう自らの筋で絡めていた錘の石だったと思われる。当時の住民は，石とともに採取し居住地に運び込んだ後，利用したものであろう。また，貝層の中では，魚骨や哺乳類の骨がかたまって発見される。貝，小砂利，骨の量について調べたところ，比率は11：4：1を示していた。また数で比較すると，20cm×10cm×10cmの貝層ブロックの中に，ムラサキイガイ4934，チヂミボラ156，オオイシカゲガイ15，オオノガイ5が数えられた。ポート・モラーⅡの後半になると，ムラサキイガイやチヂミボラの割合が減り，ナガウバガイや

オオイシカゲガイが増加してくる(表Ⅲ-1.1.3)。

　ポート・モラーⅢの時期になると，オオイシカゲガイが圧倒的に多くなる。これは岩礁性の貝から砂泥性の貝に移行したものであり，ブリストル湾の広い地域で砂の堆積があったことと関連している(Kotani 1980)。オオイシカゲガイは通常の大きさでムラサキイガイの4倍のカロリーを提供する。またほとんど日常的に採取が可能であるが，他の二枚貝は引き潮が大きくなる日，一夏に15日程度しか集めることができない。これらのことから，ポート・モラーⅢではオオイシカゲガイが特に選ばれたものと思われる。

　ムラサキイガイの調理法について，この貝の堆積には必ず炭の層が伴っているので，直接火に翳して貝の口を開かせたものではないかと考えられた。調査の全体を通じて土器はひとかけらも発見されなかったので，大量に発見されるオオイシカゲガイが，どのように調理されたものかは今のところ分かっていない。実験の結果から，温泉の熱湯を利用したものか，あるいは方式を確立して叩き割ったものかと推測している。

　貝塚から発見される魚骨などには，ネズミザメ，ニシン，サケ科，カジカ科，マダラ，オヒョウ，カレイ科があり，当時の食生活がうかがえる。ポート・モラーⅠで1ヶ所から15個のマダラの鰓骨が見つかり，古い頃は，捕獲に偏りがあったものと思われた。ポート・モラーⅡでも魚の種類は変わらないが，ポート・モラーⅢになるとタラやオヒョウが減少し，サケが著しく増加するという変化が現れる。魚の捕獲具についても釣り針が少なくなり，魚網の錘と思われる石器が多量に発見されるようになる。漁法の変化，すなわち魚網が普及したことを意味するものであり，網がなければ海でのサケ漁は難しかったものと考えることができる。

　ポート・モラーⅢでは，以前の時期に多量に見られたウニ殻があまり見当たらない。おそらく，ポート・モラー湾に多量の砂泥が入り込んだためウニが棲みにくくなった結果と思われる。砂の堆積が顕著ではなかったヘレンディーン湾東岸では，現在もウニが生息している。

鳥　類

　ホット・スプリング遺跡ではD. イエスナー(David. R. Yesner)による興味

表III-1.1.4 動物相一覧(ホット・スプリング遺跡)

I. 軟体動物門	Phylum Mollusca
a. 腹足類(巻貝類)	Class Gastropoda
1. タマキビガイ	*Littorina brevacula*
2. ヒレチヂミボラ	*Nucella lamellosa*
3. ホソスジチヂミボラ	*Nucella lima*
b. 斧足類(二枚貝類)	Class Pelecypoda
1. ムラサキイガイ	*Mtilus edulis*
2. オオイシカゲガイ	*Clinocardium nuttalli*
3. ウバトリガイ類	*Seripes sp.*
4. ナガウバガイ	*Mactromeris vogi alaskana*
5. ベニサラガイ	*Peronidia lutea*
6. ダイコクミゾガイ	*Siliqua patula*
7. オオノガイ	*Mya (Arenomya) arenaria oonogai*
II. 棘皮動物門	Phylum Echinodermata
a. ウニ類	Class Echinoidea
1. バフンウニ	*Strongylocentrotus intermedius*
III. 脊椎動物門	Phylum Vertebrata
a. 魚類	Class Pisces
1. ネズミザメ	*Lamna ditropis*
2. ニシン	*Clupea pallasi*
3. サケ科	Salmonidae gen. indet.
4. カジカ科	Cottidae gen. indet.
5. マダラ	*Gadus macrocephalus*
6. オヒョウ	*Hippoglossus stenolepis*
7. カレイ科	Pleuronectidae gen. indet.
b. 哺乳類	Class Mammalia
1. ネズミ科	Muridae gen. indet.
2. ホッキョクジリス	*Citellus franklini*
3. ヒグマ属	*Ursus sp.*
4. ハイイロオオカミ	*Canis lupus*
5. アカギツネ	*Vulpes vulpes*
6. イタチ	*Mustela frenata*
7. ミンク	*Mustela vison*
8. ラッコ	*Enhygra lutris*
9. トド	*Eumetopias jubata*
10. キタオットセイ	*Callorhinus ursinus*
11. セイウチ	*Odobenus rosmarus*
12. アゴヒゲアザラシ	*Erignathus barbatus*
13. ワモンアザラシ	*Phoca hispida*
14. ゼニガタアザラシ	*Phoca vitulina*
15. カリブー	*Rangifer tarandus*
16. ヘラジカ	*Alces alces*
17. クジラ目(クジラ・イルカ類)	Cetacea fam. indet.

出所) 西本豊弘(Okada, H. *et al.* 1979, 34p)

表III-1.1.5　鳥類一覧(ホット・スプリング遺跡)

ハシグロアビ	*Gavia immer*
オオハム	*Gavia arctica*
アビ	*Gavia stellata*
アカエリカイツブリ	Podiceps grisegena
ワタリアホウドリ	*Diomedea albatrus*
ハシボソミズナギドリ	Puffinus tenuirostris
フルマカモメ	Fulmarus glacialis
ハイイロウミツバメ	Oceanodroma furcata
ミミヒメウ(ミミウ)	*Phalacrocorax auritus*
チシマウミガラス	*Phalacrocorax urile*
ヒメウ	Phalacrocorax pelagicus
コクガン	Branta bernicla nigricans
ミカドガン	Anser canagicus
オナガガモ	Anas acuta
スズガモ	Aythya marila
シノリガモ	Histrionicus histrionicus
コケワタガモ	*Polysticta stelleri*
ホンケワタガモ	Somateria mollissima
ケワタガモ	*Somateria spectabilis*
アラナミキンクロ	Melanitta perspicillata
クロガモ	*Oidemia nigra*
カワアイサ	Mergus merganser
ウミアイサ	*Mergus serrator*
ハクトウワシ	Haliaeetus leucocephalus
カラフトライチョウ(ヌマライチョウ)	Lagopus lagopus
アカエリヒレアシシギ	Lobipes lobatus
シロカモメ	Larus hyperboreus
ワシカモメ	*Larus glaucescens*
ミツユビカモメ	*Rissa tridactyla*
ウミガラス	*Uria aalge*
ウミバト	*Cepphus columba*
エトロフウミスズメ	Aethia cristatella
ウミオウム	*Cyclorrhynchus psittacula*
アメリカウミスズメ	*Ptychoramphus aleutica*
ワタリガラス	Corvus corax

注)　*大量に出土。
出所)　デビッド R. イエスナー(Okada, H. *et al.* 1979, 49p)
参考文献)
内田亨監修 1972『谷津・内田 動物分類名辞典』東京：中山書店
山階芳麿 1986『世界鳥類和名辞典』東京：大学書林

深い鳥類の分析結果を見ることができる(Okada et al. 1979)(表Ⅲ-1.1.5)。
　35種類の鳥類を捕獲していたことが知られ，そのなかには3種類のアビ，数種のガン・カモ，アホウドリ，ウ，カモメ，ウミガラス，ウミバト，ウミオウム，ウミスズメなどが含まれている。海浜に飛来する渡り鳥を主とし，多種類の鳥を様々な方法で捕らえたと考えられる。鳥の捕獲に使われたと思われる先の分かれた槍先や投石用の石が見られるし，ポート・モラーⅢでは5g以下のたくさんの石錘が発見されて鳥網の使用を印象づけている。

(3) 社会的信仰の発展と特色

　ポート・モラーのように資料の豊富な遺跡でも，発掘調査からここに住んだ人びとの社会や信仰の行動を復元することは難しく，結論はまだ遠いところにある。しかしながら，人びとの暮らしていた社会組織の基盤は，半地下式の住居にあるはずである。1972年の最初の調査期間に，私たちは遺跡全体の高低測量図を作成し，地上に残された住居跡と思われる窪みをすべて測量し把握した(図Ⅲ-1.1.2)。それらは合計230個あり，その多くが住居跡であろうと推定された。これらのなかから，私たちは6軒の家を完全に発掘した。そのうち3軒はポート・モラーⅢ(HL 01, HH 01, HH 02)，2軒はポート・モラーⅡ(HL 02, HH 03)に属し，残りの1軒(HL 03)は，上部がポート・モラーⅢ，下部がポート・モラーⅡの時期のものであった。
　これらの6軒は，全体から見ると数も少なく，選んだ理由も根拠がうすく，全体の時期を網羅しているとも言えない。けれど，遺跡の高台にあるU調査地点では，5m×5mの発掘区の中に9軒の住居跡を発見し，部分的に調査することができた。時代としては古い方3000年間のすべての時期にわたるものである。このことは，非常に多くの住居が地下に隠れて存在することを示唆し，遺跡の広さを考慮すれば，暖かく乾燥していた時期にはベーリング海沿岸で屈指の大集落が営まれていたことが推定される。これは豊富な文化遺物によっても証明されているし，調査範囲内で13体の人骨を発掘した事実は，集落住民の人口密度の高さを示すものでもある。
　私たちがタウンゼント(J. B. Townsend)の「複雑な社会と海の近さには積

第1章 北アメリカ西岸　207

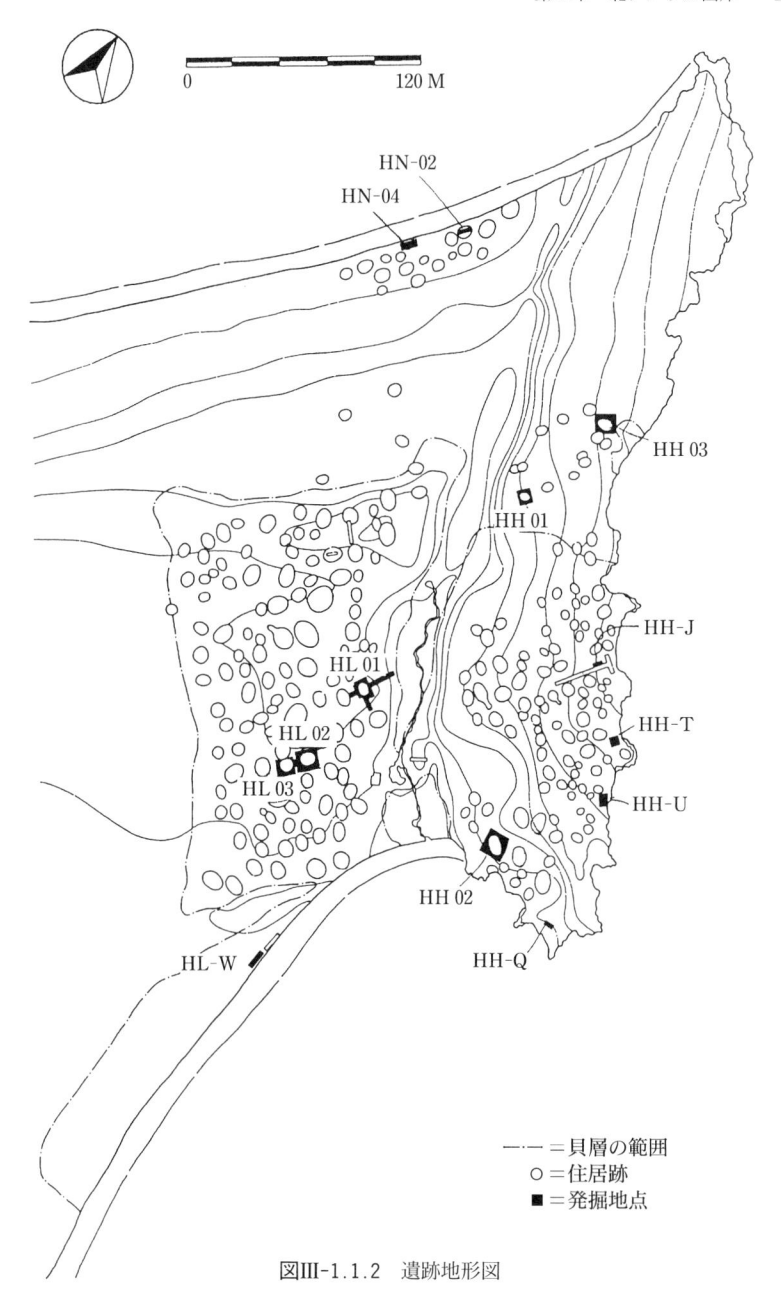

図III-1.1.2　遺跡地形図

表III-1.1.6　ホット・スプリング遺跡における放射性炭素による測定年代

年代(B.P.)	住居址(またはトレンチ)	層(または場所)
610±90	HH01	竈
1390±70	HL01	床面
1410±100	HL03	上部
1440±75	HH02	竈
2110±100	HL02	上部
2450±130	HH03	粘土容器付近
2530±110	HL03	下部
2680±180	トレンチ I	底部(Workman 1966)
2790±180	HHU2	V-1
2840±120	HL02	下部
3240±80？	T-7	III
2930±90	Q-7	IV-1
2960±320	トレンチ II	底部(Workman 1966)
3000±90	U-7	V
3030±90	Q-7	IV-12
3140±140？	HN02	上部
3160±90	Q-7	IV-16
3270±100	T-7	V
3280±160	HN02	下部
3380±130	HN04	上部
3430±95	T-7	VI
3520±95	T-7(住居C)	VII(T-4)
3540±120	Q-7(住居B)	VI, VII
3870±140？	HHU2	V-4
3940±230	HHU2	VI-3
4020±130	HN04	炉
4020±180	HHU2	VII
4260±170？	HHU2(住居B)	VIIの下
4200±130	HHU2	VIII
4210±160	HHU2(住居C)	
4430±110？	HH03	床面
4490±120	J-4	VII
4920±130	HHU2	IV
5560±100	HHU2	X

注)？は層序と整合性のないもの。

極的な相関がある」という説を受け入れるとすれば，このように海岸に住む人びとは最も複雑な社会組織をもっていたと言えるかもしれない(Townsend 1980)。階層社会があったと言い切るのは大胆かもしれないが，階層社会はアラスカ太平洋岸の先住民社会ではかなり普遍的であり，ホット・スプリング集落のように生態環境の頂点にあって住みやすい気候条件をもっていたならば，達成する可能性は十分にあったのではないかと思うのである。しかし，ポート・モラーの資料では，イエスナーが比較的近い地域にあるポート・ハイデン(Port Heiden)遺跡のデータで詳細に示したような"生態的な先進地域"という説を支持する理由は今のところ見つけられていない(Yesner 1985)。

特別に注意をひきつける儀礼の遺構が，U調査地点で発見され，集落の住民たちの精神生活を垣間見ることができた。1つは7人の遺体の埋葬が，2番目に古いU-B住居址の覆土から出土したもので，放射性炭素による測定では，およそ4200年前の年代が与えられている。3人の成人男性と4人の子どもが浅い窪みに埋葬され，副葬品を伴っていた。特に注目すべきは，10個のシロイルカの頭骨が，遺体を囲んで弧状に置かれていたことであった。これと非常によく似た遺構が，北海道東部の東釧路貝塚から発見されていることも注意すべきであろう。ポート・モラーの遺物群の中に大型の銛が発見されないので，計画的なシロイルカの狩猟はなされていなかったと考えてよいだろう。予期しないイルカの大猟に，人びとは霊的な力を感じ，その価値を高く評価して祀ったのではないかと思われる。

ポート・モラーIIの貝層からもう1つの祭祀遺構が発見された。約2700年前のもので，4m×3mの範囲内にセイウチの骨盤が2対，顎骨を差し込んだアゴヒゲアザラシの頭骨が2個，セイウチ幼獣の胸骨が2体分，いずれも赤色顔料に覆われて見出された。赤色は生命の強さを象徴するものであり，これらの骨の近くから，貝殻に詰められた赤色顔料の粉末が発見されていることも注目に値する。また同じ地点から両面に人間と動物の顔を彫刻したセイウチの牙や，カリブーの彫刻がついた飾りピン，たくさんの動物や人物の顔が彫り出された護符なども出土した。これらの遺物は祭祀儀礼と関係があると見られ，おそらくは動物崇拝のシャマニズムがあったと推測される。

さらに，ポート・モラーIIの同じ層から小さな住居のような遺構が発見され

210 Ⅲ 北アメリカ

図Ⅲ-1.1.3 貝層の堆積状況（HH-U）

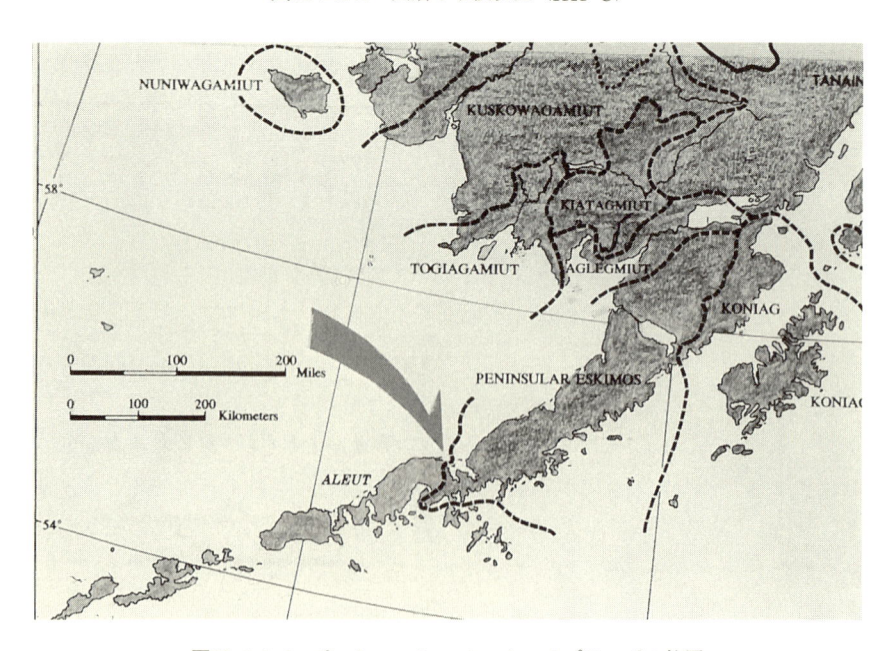

図Ⅲ-1.1.4 ポート・モラー ホット・スプリングの位置

た。先に述べた祭祀遺構と近隣関係にあるらしく，クジラ（またはイルカ）の脊椎骨で作られたマスク（面），シカの平角で作られ団扇太鼓のような形をした道具など，特筆すべき遺物が見つかった。マスクは人の顔の大きさより少し小さいが，両側に紐を通した穴がある。おそらくはシャーマンが被り，狩猟動物の魂をなだめるよう霊に祈ったものであろう。

　高度に発達した社会組織や信仰活動をもつことで，ホット・スプリング集落は完成された。R. F. シャウクは米国北西海岸で規模が大きく長期間定着した居住地を見ると，潟湖や入り江の近くに位置しており，それは資源に関連していると唱えている (Schalk 1981)。この見解は資源供給のうえから組み立てられたたいへん貴重な理論で，広い視野から人口の集中化や集落の型を語るモデルになると思われる。ホット・スプリング集落と似た規模と定着性をもった確実な遺跡＝廃村は，そこが社会を発展させるに適した地域として解明されていくに相違ないというのが，私たちの見解である。このことは北西海岸の文化が北太平洋沿岸で物質的，社会的，精神的発達を遂げたと同じように，重要な意味をもっている。ホット・スプリング遺跡は，遠く離れた北の海にあって，そのことを発信し続けているのではないだろうか。

引用・参考文献

Kotani, Y.
　　1980　Paleoecology of the Alaska Peninsula as Seen from the Hot Springs Site, Port Moller. In Y. Kotani and W. Workman (eds.), *Alaska Native Culture and History*. pp.113-121. Senri Ethnological Studies 4, Suita: National Museum of Ethnology.

Lippold, L. K.
　　1966　Chaluka: The Economic Base. *Arctic Anthropology* 3 (2): 125-131.

Okada, H. and A. Okada
　　1974a　*The Hot Springs Village Site: Preliminary Report of the 1972 Excavations at Port Moller, Alaska*. Hachioji.
　　1974b　Preliminary Report of the 1972 Excavations at Port Moller, Alaska. *Arctic Anthropology* 11 (Supplement): 112-124.

Okada, H., A. Okada, Y. Kotani and K. Hattori.
　　1976　*The Hot Springs Village Site (2): Preliminary Report of the 1974 Excavations at Port Moller, Alaska*. Hachioji.

Okada, H., A. Okada and Y. Kotani.
  1979 *The Hot Springs Village Site (3): Preliminary Report of the 1977 Excavations at Port Moller, Alaska.* Sapporo: Hokkaido University.
  1984 *The Hot Springs Village Site (4): Preliminary Report of the 1980 and 1982 Excavations at Port Moller, Alaska.* Sapporo: Hokkaido University.
  1986 *The Hot Springs Village Site (5): Preliminary Report of the 1984 Excavations at Port Moller, Alaska.* Sapporo: Hokkaido University.

Schalk, R. F.
  1981 Land Use and Organizational Complexity among Foragers of Northwestern North America. In S. Koyama and D. H. Thomas (eds.), *Affluent Foragers*. pp.53-75. Senri Ethnological Studies 9, Suita: National Museum of Ethnology.

Townsend, J. B.
  1980 Ranked Societies of the Alaska Pacific Rim, In Y. Kotani and W. Workman (eds.), *Alaska Native Culture and History*. pp.123-156. Senri Ethnological Studies 4, Suita: National Museum of Ethnology.

Workman, W. B.
  1966 Prehistory at Port Moller, Alaska Peninsula in Light of Fieldwork in 1960. *Arctic Anthropology* 3 (2): 132-153.

Yesner, D. R.
  1985 Cultural Boundaries and Ecological Frontiers in Coastal Regions: an Example from the Alaska Peninsula. In S. Green and S. Perlman (eds.), *The Archaeology of Frontiers and Boundaries*. pp.51-91, Orlando: Academic Press.

2 サケをめぐる混沌
―――カナダ北西海岸先住民のサケ漁―――

岩崎まさみ

はじめに

　ブリティッシュ・コロンビア州を訪れる旅行者の多くは，旅の思い出として名物のサケ料理を味わい，またサケ加工品やサケをテーマとした土産品を持ち帰る。サケはブリティッシュ・コロンビア州のシンボルとも言えるほどに重要であり，経済的にも社会・文化的にもブリティッシュ・コロンビア州に住む人びとは先住民・非先住民を問わず，サケに深く依存している。しかし近年，これほどまでに重要なサケ資源に異変が起きている。1990年代に入り顕著になってきたサケ資源の減少により，現在ブリティッシュ・コロンビア州ではサケをめぐる深刻な対立が見られ，先住民族による漁業の権利を問う裁判や，商業漁業者を巻き込んだ抗議行動などが報じられている。この対立の歴史的背景は複雑であり，19世紀後半の近代化のために展開された開発事業による環境変化や，サケ缶詰産業の育成，またカナダ政府による先住民族同化政策などの社会的要因と複雑に関わっている。さらに近年に至り，カナダ政府は長い間続いた先住民族を主流社会に同化しようとする政策から一転して，先住民族の諸権利を認めていく政策を展開している。このような政治的環境の変化により1980年代以降，カナダ各地において先住民族の諸権利を確立するための裁判が続き，それらの裁判の判決はサケ漁を含む先住民族による漁業全般に影響を及ぼしている。本章ではブリティッシュ・コロンビア州における先住民族によるサケ漁の歴史，特に近年の状況を中心に検証し，さらにそれらの背景となった主要な裁判の影響をたどることにより，現在この地域で見られるサケをめぐ

る問題の本質を明らかにしたい。

(1) ブリティッシュ・コロンビア州におけるサケ漁

　ブリティッシュ・コロンビア州はカナダの西端に位置し(図III-1.2.1)，バンクーバー市は人口207万人を有するカナダ第3の都市である。首都であるオタワ市やカナダ第1の都市トロント市を抱えるオンタリオ州がカナダの東の中心地であるのに対し，ブリティッシュ・コロンビア州はカナダの西の経済の中心地である。ブリティッシュ・コロンビア州にとってサケ漁は基幹産業であり，1990年代には州の漁業の総収益の40％をサケ漁が占めるほどサケ資源への依存度は高い。サケ漁のほとんどは商業サケ漁の許可をもった漁業者によって行われ，捕獲されたサケはカナダ国内外に広く流通している。これらの商業サケ漁業者のほかに，週末などに一般のカナダ人や観光客が趣味としてサケ釣りを

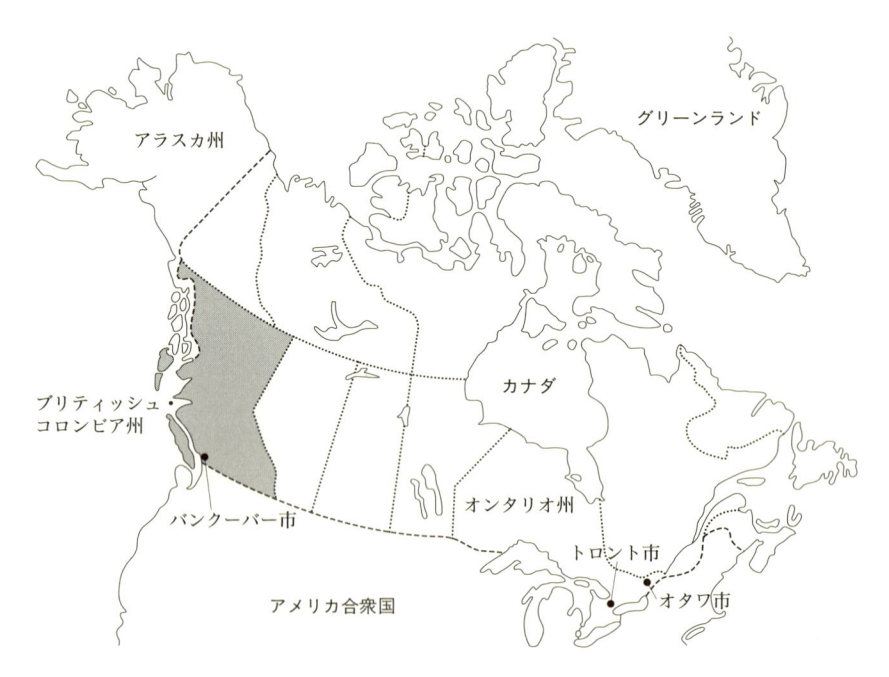

図III-1.2.1　ブリティッシュ・コロンビア州の位置

したり，また先住民族が食料や儀礼などのためにサケを捕獲するなど，サケに対する需要は高い。

　これらのサケを必要とする人びとに加えて，アメリカ合衆国とカナダの国家間の条約のもとに，アラスカ州やワシントン州の漁業者がサケを捕獲している。カナダとアメリカ合衆国の間では1985年以来，太平洋沿岸におけるサケ漁に関する協定を設け，アラスカ沿岸からブリティッシュ・コロンビア州沿岸を回遊するサケの捕獲枠を決定している。しかしそれぞれの国の漁業者のサケをめぐる対立は深刻であり，アメリカ合衆国とカナダの漁業者の間で繰り返される紛争を解決し，また双方の政府がサケ資源保全のための資源管理制度を確立していくことを目的として，1999年には両国が「太平洋サケ合意書」に署名している。つまりサケは商業的価値が高く，その資源ユーザーが多種多様であり，また需要はカナダとアメリカ合衆国を合わせた広域に広がっているといえる。

　かつてはブリティッシュ・コロンビア州のいずれの川でもサケが見られたが，その状況は近年大きく変わってしまった。現在サケ漁は主にフレイザー川，スキーナ川，ナス川，そしてこれらの川の支流，海岸地域の入り江などで行われている。これらの地域でのサケ生産量の比率は60％がフレイザー川，スキーナ川が15％，ナス川が1％，その他の河川が24％である。これらの川ではマスノスケ，シロザケ，ベニザケ，ギンザケ，カラフトマスの5種のサケが捕獲されている。

　ブリティッシュ・コロンビア州の各地に住む先住民族は，これら5種のサケのほかに少数のスチールヘッドトラウト（ニジマス）や，ニシン，オヒョウ，タラ，カニ，貝類等を獲っている。特にユーラコンは，その身から採った油を乾燥したサケにつけて食べるなど，毎日の食事に欠かせない食料であり，栄養価だけではなく文化的重要性も高い。そのほかに各地域の先住民族のグループは，それぞれの自然環境条件に合わせて，過去にはアザラシやクジラなどの海洋哺乳動物を捕獲し，またサケやその他の魚介類を管理・利用し，海洋資源の利用を基盤とした文化を育んできた。なかでもサケはブリティッシュ・コロンビア州全体の先住民族にとって欠かせない資源であり，その重要性は長い間語り継がれてきた神話や日常使われる言葉などにも現れ，現在の世代にも受け継がれている（Meggs 1991；岩崎・グッドマン 1999，2000）。

先住民族によるサケ漁の形態が大きく変化したのは19世紀末であるが，それはカナダの近代化のために行われた華々しい開発事業の陰で，先住民族の長い伝統が犠牲となっていった悲劇といえる(Meggs 1991; Newell 1993)。その当時カナダの1州となったブリティッシュ・コロンビア州では，ヨーロッパへの輸出用のサケ缶詰の生産が始まった。カナダ政府はサケ缶詰産業を育成する一方，先住民族の伝統的サケ漁に対して次々と規制を強化した。サケ漁の主体は次第に先住民族からサケ缶詰業者である非先住民族へ移り，先住民族はサケ缶詰業を支える労働者となっていった。この変化を決定的にしたのが1876年の漁業法制定であり，この法律のもとで，サケ資源管理の責任がカナダ政府に移行した。その結果，先住民族が長年行ってきたサケ資源の管理方法が機能しなくなったばかりでなく，サケ漁を基盤としていた先住民族の社会・文化そのものが急速に崩壊した。そしてその後，漁業法のもとでサケ漁に関する規制が次々と設けられていった。それは同時にサケ漁が先住民族の手から非先住民族の手へ移り，ブリティッシュ・コロンビア州全体の経済を支える基幹産業の中核を担うようになってきた経過でもあった。

　現在，カナダ政府は資源管理のために，サケ漁をその利用目的により3つに区分している(岩崎・グッドマン 1999，2000)。第1にサケ利用の90％を占める商業漁業，第2に娯楽のために，許可を取って行う遊漁，第3に先住民族が日常の食料としてサケを獲る先住民漁業がある。先住民族の場合は生業漁業のみならず，許可を得て商業漁業に参入することも可能であり，1987年には全体の商業漁業者の12％ほどが先住民族であった(Government of Canada 2002)。しかし1990年代のサケ資源の激減を受けてカナダ政府が操業の合理化政策を展開するなかで，小規模漁業者は大資本の漁業会社に吸収されていった。その結果，10年後の1997年には商業漁業者のなかで先住民族の数は5％に減少し，この傾向は現在も続いている。また先住民族の特権として許可されている生業漁業の比率も1980年代に3％から，10年後の1997年には2％弱と減少している。明らかにサケ資源が減少したことによる影響は，先住民族のサケ漁において，深刻に現れているといえる。

(2) 1970年代から1990年代の変化

　19世紀以来カナダ政府が先住民族を同化しようとする政策から，多民族国家としての政策に転換していく曲がり角を記すのは，1969年にカナダ政府が発表した白書であるといわれている（Culhane 1998; McKee 1996; Smith 1995）。この白書は先住民族を一般のカナダ人と同様に扱うことにより，主流社会への同化を完成させようとするものであった。しかしカナダ各地の先住民族団体による反発は激しく，カナダ政府が翌年の春にはこの白書を撤回したことにより，逆にこの後に続く先住民族の諸権利の確立への道筋をつけることとなった。1973年の「コルダー判決」は先住民族の諸権利が現行法のもとでも認めることができる可能性を示し，その後30数年間に展開される先住民族の諸権利確立のための最初の道しるべとなった。1982年にはカナダ憲法が制定され，その35条第1項には先住民族の権利が明記されたことにより，先住民族の諸権利を確立するための法律上の土台ができあがった。その後「先住民族の権利」とは何かをめぐる議論がカナダ各地に起こり，それを問ういくつもの裁判が起こされた（Asch 1984）。またこの時期にカナダ政府との土地をめぐる諸権利の交渉を進めて合意に至ったニスガのケースが注目された。

　カナダにおける先住民族の漁業権の議論に拍車をかけたのが，国境を超えたアメリカ合衆国，ワシントン州で下された「ボルド判決」であった。この判決の内容は，先住民族にはワシントン州，アイダホ州，オレゴン州，北部カリフォルニア州におけるサケの50％を捕獲する権利があり，先住民族はその権利を守るために漁業管理を政府と共同で行うというものであった（Government of Canada 1990）。ブリティッシュ・コロンビア州の先住民族は，アメリカ合衆国で先住民族の漁業権が確立したことに強く刺激され，これらの地域の先住民族と共通した歴史，文化をもつカナダの先住民族にもカナダ政府に対して同様の政策を求める動きが強まっていった。

　1990年にはカナダ先住民族の漁業権の確立に向けた努力を加速させた「スパロー裁判」により，カナダ先住民族によるサケ漁は新しい時代を迎えた（Government of Canada 1990; Meggs 1991; Newell 1993）。生業漁業の許可のもとで漁業省が規定する長さを超えた漁網を使ったことを許可規定違反とされ

た先住民であるスパロー氏は，そのことは「先住民族の権利」を脅かすものであると訴訟を起こした。この裁判の判決で，最高裁判所はスパロー氏の主張を認め，カナダ政府は先住民族のサケ漁を規制するうえで，サケ漁が先住民族にとって食料として，また社会・文化的，儀礼的に必要であることを尊重する義務を負うとした。さらにこの判決のなかで先住民族の漁業権は資源保護に次いで大切であり，他の漁業（商業漁業と遊漁）より優先するものであることが明らかになった。この判決により，それまでの許可規定が改正され，生業漁業に対する規制が緩和され，その結果現在見られるように先住民族の人びとが商業漁業と変わらない漁法でサケを獲って日常の食料とする「生業漁業」が行われるようになった。

　現在ブリティッシュ・コロンビア州の各地で見られる生業漁業は，その地域のサケ資源の状況や地理的条件，過去にカナダ政府と取り交わされた合意書の内容などによって地域的な差が見られる。ここでは多様な形態の一例として，アラート・ベイのニムキッシュ・バンド（ナムギース・バンドとも呼ばれる）が行っている生業漁業の概要を紹介する（岩崎・グッドマン1999）。アラート・ベイの人びとは伝統的にバンクーバー島のニムキッシュ川でサケ漁を行っていたが，サケ缶詰産業が盛んだった時代に労働力を提供するために対岸の島のアラート・ベイに強制的に移住させられ，現在もここにコミュニティーをつくり住んでいる。このバンドは自らのサケ孵化場を持ち，サケ資源の管理を行い，サケ漁の伝統を守るための積極的な努力を重ねている。アラート・ベイの人びとは生業漁業の許可のもとで，各世帯に年間100尾程度いきわたる量のサケを捕獲している。そのほかに1980年代までは商業漁業の許可を持つ先住民族の漁師も多くいたが，1990年代に入りカナダ政府のサケ産業の合理化政策により，商業漁業を断念した先住民漁業者も多く，現在はその数は少ない。「スパロー判決」以降，生業漁業に関する規制が緩和されたものの，この地域の人びとはその年の漁期の始めに部族事務所から生業漁業のライセンスを受け，ベニザケが遡上する約1ヶ月の間に食料となるサケを獲る。獲ったサケの数は部族事務所に届け出て，部族事務所はその記録をもとに生業漁業の管理を行っている。伝統的な漁法でサケを獲る人は少なく，現在は数人の商業漁業の許可を持つ漁師が，自分たちの漁船を用い，サケが川を遡上する前の入り江で一度に大

量に獲り，それを親類や近所の人びとに配るという方法を採っている。数人の漁師がそれぞれ一度漁に出ると，コミュニティー全体が必要な量を獲ることができる。このようなコミュニティーを単位としたサケ漁の方法は伝統的なパターンであり，ニムキッシュ川でサケを獲っていた時代に行われたコミュニティーの生業としてのサケ漁の伝統的組織が活かされている。

現在ブリティッシュ・コロンビア州では40を超える先住民族がカナダ政府と土地の権利に関する交渉を行っている。ニムキッシュ・バンドも同様にカナダ政府との土地やその他の権利に関する交渉を行っているが，当然サケ漁の権利もそのなかで議論されている。バンドのヘッド・チーフであるビル・クランマー氏は将来的にバンドがニムキッシュ川に遡上するサケのすべての権利を持ち，資源保護管理，サケ漁の管理を行い，過去のようなサケ漁を基盤としたコミュニティーとして発展させたいと主張している。

先住民族とカナダ政府の土地およびその他の権利に関する交渉の結末は，今後の先住民族サケ漁の方向を決定することは言うまでもない。ブリティッシュ・コロンビア州では1996年2月にニスカの人びとが100年来の交渉の末にカナダ政府と土地諸権利交渉の基本合意に至った(Government of Canada et al. 1996)。ニスカの人びとはブリティッシュ・コロンビア州の北部ナス川で伝統的にサケ漁を行ってきた。この合意書のなかの漁業という項目には，第一にサケ資源が十分であること，また公衆衛生や安全に関する規定に触れないという条件を満たす範囲でニスカの人びとはサケ漁を行う権利をコミュニティーとして有するとしている。さらにこの合意書のなかでは，カナダ憲法で保証されている先住民族としての権利を具体的にサケの尾数で表し，それぞれのサケ種の回帰率に合わせて，例えばベニザケであれば最低1万6800尾，最高6万3000尾という数字を示している。さらに今後25年の間捕獲枠として，ナス川を遡上するベニザケのうち，産卵のために残すサケを除いた捕獲対象の13％，またカラフトマスの場合は15％を捕獲できるとしている。捕獲したサケの流通に関しては，ニスカの責任のもとに行うという条件で，「売ること」が認められている。つまりカナダ政府は資源管理の責任を負い続けるものの，合意書で示された捕獲枠の範囲内で，サケの生産・流通をニスカに委ねるという内容である。

ブリティッシュ・コロンビア州における先住民族のサケ漁は，ニスカのケースが示すように，現在進行している土地の権利交渉を背景に，減少するサケ資源の保護と先住権の確立という課題を抱えている。アラート・ベイのニムキッシュ・バンドのチーフは，「ニスカの合意内容は私たちが求めるサケ漁のモデルケースではない。私たちはこの地域のサケの100％の権利を求めている」としている。一方カナダ漁業省の担当官は，「ニスカはナス川という独立した地域でサケ漁をしていることから，先住民族の権利を認めた合意が可能だったのであり，他の地域ではもっと困難な条件が考えられる」と述べている。この視点の違いが今後どのようにうめられていくのかは注目される問題である。

(3) サケ漁をめぐる現在の問題

　カナダ政府と先住民グループとの土地諸権利の交渉が進むかたわら，先住民族漁業者と非先住民族漁業者のサケ漁をめぐる対立が複雑さを極めている。非先住者のサケ漁業者はカナダ政府が先住民族に対して過度の優遇をしているとし，カナダ政府が先住民族の権利のみを認め，非先住民の漁業者の利益を犠牲にしてきたと主張する声も高い(Smith 1995)。サケ資源の全般的な減少という厳しい現実を背景に，ブリティッシュ・コロンビア州のサケ漁をめぐる近年の問題は深刻である。

　ブリティッシュ・コロンビア州のサケ漁に関わる対立で，現在，最も深刻な問題は生業漁業のライセンスのもとで獲ったサケは売ることはできないという規定が先住権を脅かしているかどうかという議論である。この問題は1996年8月に下された「バン・デル・ピート裁判」に端を発している(Government of Canada 1996)。バンクーバー島で商業漁業の許可を持たない先住民が生業漁業として獲ったサケを売ったことに対して起こされた裁判において，カナダ最高裁判所が「ヨーロッパ人との接触以前にサケを現金化していたということを証明できない限り，サケを現金化する行為は先住民族の権利とは認められない」という判決を下した。この判決をどのように解釈するかについて多様な議論があり，ある先住民族は「この判決は暗に生業漁業として獲ったサケを現金化する道を開いた」と判決を歓迎している。また先住民族と利害が対立する人

びとは「この判決はサケを現金化することは先住民族の権利として認められないとするものである。ゆえに現行の先住民による商業漁業を廃止すべきである」と主張している(Globe and Mail, Aug. 22, 1996)。その後カズノコに関して、過去に現金化が行われていたかどうか、またその行為が先住権として認められるかを問う「グラッドストーン裁判」が行われ、またサケ加工業者が商業漁業の許可を持たない先住民族からサケを買ったことに対して、その違法性を問う「スモークハウス裁判」などが起きている。これらの裁判で問われている問題は、先住民族に許される生業漁業で獲ったサケを「売る」行為は先住民族の権利であるかという問題であり、その議論はまだ尽きていない。

「売る」という行為に関する議論は、カナダ政府の先住民族政策のレベルでも深刻な問題となっている。1990年の「スパロー裁判」の判決を受けて、1992年にカナダ政府は先住民族漁業戦略(Aboriginal Fishery Strategy)をたて、先住民族が「生業漁業」の許可のもとで捕獲したサケを商業的に流通させる、つまり「売る」という試みが一部でなされてきた(The Fraser River Sockeye Public Review Board 1995)。この試みは「パイロット・セール」と呼ばれ、先住民族がカナダ政府の許可のもとで、捕獲したサケを特定の制限の範囲で「売る」プロジェクトであり、ブリティッシュ・コロンビア州のスキーナ川、アルバーニ入り江、フレイザー川の下流域の3ヶ所で行われてきた。カナダ政府のこのプロジェクトに対して非先住民族漁業者からの批判が次第に高まり、1998年以来、「パイロット・セール」は人権憲章やカナダ憲法に触れているかどうかを問う一連の裁判が続いている。

「パイロット・セール」は「ネイティブ・オンリー・フィッシャリー(先住民族限定の漁業)」とも呼ばれ、「売る」ことを目的としたプロジェクトであることから、先住民族だけに与えられる商業漁業の許可であり、非先住民漁業者はカナダ政府に対して平等性に欠く差別的な政策であると抗議している。1990年代に入って深刻化しているサケ資源の減少という現実を前に、このような不満はつのる一方であり、各地での抗議行動が相次ぎ、ついに1998年には140人もの非先住民商業漁業者が、カナダ政府への抗議として、漁が許可されていない時期にサケを捕獲して逮捕された。この抗議行動に対して、2003年7月にはブリティッシュ・コロンビア州下級裁判所が判決を下し、「パイロット・

セール」は憲法違反であるとし，抗議行動をとった非先住民漁業者を無罪とした。さらに州裁判所は「パイロット・セール」は人権を侵すものであり「政府がスポンサーする人種差別である」と批判し，カナダ政府に対してプロジェクトの中止を求めた(CBC July 28, 2003)。カナダ政府はそれを受けて，「パイロット・セール」を一時中止し，先住民族の漁業に関する政策を見直すための委員会を設置し，問題の解決に向けた審議を開始した。この時期を前後して，非先住民漁業者の抗議行動はさらに激化し，先住民族がサケ漁を行う場所に警察の監視を依頼し，非先住民漁業者の抗議行動の脅威からの保護を求めるなど，非先住民漁業者と先住民族の対立が一気に高まっていった。

「売る」という行為は先住権であるかどうかという議論は，2004年7月に新たな局面を迎えた(CBC July 12, 2004)。1988年以来審議してきた140人の非先住民漁業者の抗議行動に対して，ブリティッシュ・コロンビア州高等裁判所は1年前の下級裁判所の判決をくつがえして，「パイロット・セール」は非先住民漁業者を差別するものではないという判決を言い渡した。判決文ではカナダにおいて先住民族は社会的に不利な立場に置かれてきた歴史をもち，失業や貧困の問題は深刻であり，さらに「パイロット・セール」で捕獲するサケの量は，商業サケ漁の総生産量に比較すると微々たるものであることを判決の理由としている。加えて，高等裁判所はカナダ政府の現行の「パイロット・セール」の再考を求め，カナダ政府に対して先住民族が商業サケ漁へ参入するための優遇措置を慎重に考え，より効果的な政策を採るべきであるとした。

2004年7月のブリティッシュ・コロンビア高等裁判所による「パイロット・セール」を容認する判決は多様な反応で迎えられた。非先住民漁業者の代表は，この判決により「パイロット・セール」は不適切であり，うまく機能していないことが明らかになったことは進展であるが，最終的な判断はカナダ高等裁判所の審議に委ねると発表している(CBC July 12, 2004)。一方，先住民族漁業者は先住民族こそが何千年にもわたりブリティッシュ・コロンビア州でサケ漁を行ってきたと主張し，「パイロット・セール」は人種の違いによって与えられる許可ではなく，この地で先住民族がサケ漁を行ってきた事実に対して与えられる許可であるとしている。先住民族がサケを売ることが先住権に含まれるのかどうかという問題は，今後カナダ高等裁判所で議論されるが，実際

にサケ漁が行われるブリティッシュ・コロンビア州では，非先住民漁業者と先住民族漁業者の対立はさらに深刻化することが予想されている。

おわりに

　先住民族が自由にサケを捕獲し，自給のためだけではなく，交易品として，広く利用していた時代から，地域の人びとにとりサケは多様な価値をもつ資源であった。サケは社会・文化的価値にとどまらず，交易品として，先住民族社会の経済を機能させる重要な役割を果たしていた。カナダ社会の歴史的変遷のなかにあって，サケの経済的重要性はさらに高まり，ついにブリティッシュ・コロンビア州の基幹産業へと成長していったが，その経過でサケ漁の担い手は先住民族から非先住民族へと代わり，先住民族社会においてサケおよびサケ漁が果たす経済的，社会・文化的役割は次第に薄れていった。近年のサケ資源の減少により，サケ資源を求めるユーザー間の競争が高まっていくなかで，先住民族はさらに隅に押しやられ，先住民族はサケ資源の恩恵を受けることが困難な状況に陥っている。

　ブリティッシュ・コロンビア州の先住民族は，これまでの非先住民漁業者との対立に加えて，サケ養殖業者という新たな脅威に直面している。ブリティッシュ・コロンビア州沿岸にはサケ養殖場が多数あり，養殖サケが天然サケの市場を脅かすという問題に加えて，生態系や地域の自然環境の保全を脅かす多くの問題が指摘されている。養殖用に持ち込まれる外来種のサケが養殖場から逃げて地元の天然サケ資源に及ぼす影響や，養殖場で使う飼料に含まれる薬品等が環境に及ぼす影響などである。地域の先住民漁業者は，すでに環境汚染や寄生虫サケジラミ(sea lice)の発生が見られ，他の魚種や海藻類の成長が著しく悪化していることを指摘している(CBC March 30, 2005)。

　「サケの民」として長い歴史をもつブリティッシュ・コロンビア州の先住民族が，現代カナダ社会の一員として安定した地位を確立するためには，サケ漁の伝統に根ざしたエスニシティーの確立が不可欠である。その過程でサケやサケ漁が果たす社会・文化的役割は，現代という時代において特に強く求められている。さらに先住民族がカナダ社会において安定した経済基盤を確立し，カ

ナダ経済の発展に貢献していくことは，エスニシティーの確立と同等に重要であり，先住民族にとってサケ漁がその可能性を秘めた産業であることは明らかである。近年のサケ漁をめぐる裁判を通して語られる先住民族の主張は，ブリティッシュ・コロンビア州の先住民族の将来への主張であり，「サケの民」であり続けるとの宣言なのではないだろうか。

引用・参考文献

岩崎・グッドマン まさみ
 1999「サケ資源の減少とナムギースの人々」秋道智彌編『自然はだれのものか』pp. 65-86. 京都：昭和堂
 2000「カナダ北西海岸におけるサケをめぐる対立」秋道智彌・岸上伸啓編『紛争の海』pp.168-188. 京都：人文書院

Asch, Michael
 1984 *Home and Native Land: Aboriginal Rights and the Canadian Constitution.* Toronto: Methuen.

CBC (The Canadian Broadcasting Corporation On-line News)
 2003 July 28, *Judge Rules against Aboriginal-only Fishery.* http://cbc.ca/canada/national.
 2004 July 12, *Native-only Fisheries Upheld by Judge.* http://cbc.ca/canada/national.
 2005 March 30, *Parasite on Farmed Salmon Threstens Wild Species: Study.* http://cbc.ca/canada/national.

Culhane, Dara
 1998 *The Pleasure of The Crown.* Burnaby: Talton Books.

The Fraser River Sockeye Public Review Board
 1995 *Fraser River Sockeye 1994: Problems and Discrepancies.* Vancouver: The Fraser River Sockeye Public River Board.

Globe and Mail
 1996 August 22, *Indians Don't Have Right to Sell Catch, Court Rules!* Toronto: Globe and Mail.

Government of Canada
 1990 *British Columbia Native Fishery: Strategy and Action Plan.* Ottawa: Government of Canada.
 2002 未公開資料

Government of Canada, Department of Justice
 1996 *Published Memorandum from Ruth Grealis, Counsel Legal Service to Wm. Rowat. Deputy Minister, Fisheries and Oceans, August 21, 1996.* Ottawa:

Government of Canada.
Government of Canada, The Province of British Columbia, and the Nisga'a Tribal Council
　1996 *Nisga'a Treaty Negotiation: Agreement-in-Principles, Febrary 15, 1996.* Ottawa: Government of Canada, The Province of British Columbia, and the Nisga'a Tribal Council.
Meggs, Geoff
　1991 *Salmon: The Decline of the British Columbia Fishery.* Vancouver: Douglas & McIntyre.
McKee, Christopher
　1996 *Treaty Talks in British Columbia.* Vancouver: UBC Press.
Newell, Dianne
　1993 *Tangled Webs of History: Indians and the Law in Canada's Pacific Coast Fisheries.* Toronto: University of Toronto Press.
Smith, Melvin H.
　1995 *Our Home or Native Land: What Governments' Aboriginal Policy is doing to Canada.* Toronto: Stoddart.

3 「私たちの文化」の生まれるとき
――アラスカ・チムシアンにおける文化の持続・再生・開発――

岡 庭 義 行

はじめに

　人類学者が調査対象としてきた地域の人びとが，自ら伝統文化と呼ばれるものを構築したり，あるいは名乗ったり，または調査地の人びとのもとへ調査資料が環流したりするという現実に直面してから，人類学者が生み出した「文化」と，調査地の人びとが実践する「文化」を積極的に区別しようとする姿勢が目立ってきた。たしかに，初期の人類学では，この自明の用語と考えられてきた文化概念を解体し，内省し，そして再構築しようとすることに躊躇していたようにも見える。そもそも，伝統文化とか社会構造などの概念は，あくまで人類学者がつくりあげたものであって，その概念から引き出される説明能力や，調査資料の分析から派生するある種の実感とか肌触りのようなものが，徐々に現実の文化慣行から得られるイメージとかけ離れてしまったことが，この議論の背景にはあると考えることもできるであろう。

　特に，民族誌の環流は，これまで人類学者がつくり出してきた「彼らの文化」に関する諸言説を「彼ら」に知らしめることになった。前述のように調査地の人びとが日常生活のなかで実践する文化慣行と，人類学者によって語られた文化の比較が行われるようになってから久しいが，同時に調査地の人びとが自らの文化を自ら語ることも，人類学者はフィールドから経験している。特に，彼らが「私たちの(our)」という言葉を使うとき，それは人類学者などの外部からの視線が照射されたときに触発されたものであることが多い。すなわち，彼らは文化を日常社会で実践するだけでなく，人類学者をはじめとする外部の

人びとから「彼らの文化」と呼ばれることに対抗して，「私たちの」という冠をつけ，自らの文化の自己主張を開始しているということである。この文脈には，多くの論点が埋め込まれていると考えられ，例えばAndersonの指摘する出版資本主義[1]などは，文化概念の問題に取り組む人類学者の注目を集めてきた。いずれにしても，今や文化を語る資格を持つのは人類学者だけであるという幻想は，明らかに消失しつつあるといえるだろう。

　本論の目的は，アラスカ州に居住するアラスカ・チムシアンが語る「私たちの文化(Our Culture)」[2]に関して，それらが生み出された歴史的文脈，社会的な機能と結果について，人類学的に検討することである。アラスカ・チムシアンは，カナダからの移住と1人の強力な宣教師によるキリスト教への改宗を経験し，アラスカ州で唯一のリザベーションを所有しつつも，現在，厳密にはアラスカ先住民としての地位を占めてはいない。この結果，彼らが外部からの訪問者に対して頻繁に語る「私たちの文化」には，数多くの文化複合が看取され，例えば，近年になってカナダのチムシアン文化から模倣・再学習したものであったり，また，移住と改宗という共同体固有の歴史的経験を文化伝統に組み込むなどの試みもなされてきた。

　このため，本論は，共同体がどのように「私たちの文化」をつくりあげ，その共同体の成員たちが身につけていくのか，あるいは，どのようにして，しきたり・習慣などとして集団の行動に文化的傾向性を与え，彼らの「伝統」と呼ばれていくものに変貌させていくのかということを主題化したものでもある。かつて，関本は国民文化に関する議論のなかで，文化概念と向き合う姿勢として，「あらゆるタイプの共同体が，それぞれにこの概念と言説を生産し消費している状況を記録し，その作られ方，維持され方，使われ方を，社会的歴史的文脈で検討すること」(関本 1994：19)を提唱した。まさに，本論も同様の視点から，アラスカ・チムシアンにおける「私たちの文化」を「社会的歴史的文脈」から分析することを主眼としている。彼らが語り，実践する「私たちの文化」の「事実性」(関本 1994)を明らかにすることは，たしかに当該社会の人類学的理解を前進させるために大きな意味があるものと考えられるからである。もちろん，客観的でより精緻な文化一般の概念整備を否定するものではないが，一方で，政治的社会的文脈で北方諸地域の人びとが「私たちの文化」を主張し

ているという事実も看過することはできず，この状況は，アラスカ・チムシアンも例外ではない。このため，本論では，他の北方諸地域との比較作業を開始するために，アラスカ・チムシアンを事例として，「私たちの文化」をめぐるこれまでの諸言説とその民族誌を整理記述することも射程としている。

(1) アラスカ・チムシアン

　チムシアン(Tsimshian)は，カナダのブリティッシュ・コロンビア州のスキーナ川とナス川の流域に居住する先住民集団の1つである。言語学的には，チムシアン語を話す集団として総称されることもあるが，実際はその内部で複数の言語集団に分類されており，特に海岸部と内陸部で若干の言語的な違いが存在することが報告されている(Seguin 1984)。また，彼らは2つの河川の河口域におけるサケ漁を中心とした漁撈活動と内陸部における狩猟採集を主要な生業活動として，特定の範囲内で，夏と冬に季節的な移動を繰り返す狩猟採集民であると報告されてきた(Halpin *et al.* 1990)。

　アラスカ・チムシアン(Alaska-Tsimshian)とは，19世紀末，英国国教会の宣教師ウィリアム・ダンカン(William Duncan)によってキリスト教に改宗し，カナダからアラスカに移住したチムシアンたちのことである。彼らはアラスカへの移住と同時に，アラスカ州南部に位置するアネット島(Annette Island)をリザベーションとして獲得し，現在でもこの島を所有管理し，居住している。アネット島は，かつてサケ漁で賑わいを見せたアラスカ州東南部の港町ケチカン(Ketchikan)から約15マイル南に位置し，島全体が森林で覆われ，港湾周辺部に居住地域が広がっている。島の中央には飛行場が建設されたが，現在では製材工場として代替利用されている。島の周囲の地形は北西海岸特有のフィヨルドで，サケ以外にもオヒョウや貝類などの水産資源が豊富な地域でもある。アラスカへの移住以来，彼らは，アラスカ州の他の先住民社会と異なり，同島を州内唯一のリザベーションとして所有し，連邦政府や州政府から一線を画して，これらの資源管理を共同体独自に行ってきた。

　アラスカ・チムシアンには，現在でもワタリガラス(*Ganhada*)，オオカミ(*Laxgyibuu*)，ワシ(*Laxsgyiik*)，シャチ(*Gisbutwada*)のトーテムにもとづく4

つのクランが存在しているが，当初，布教のためにチムシアン居住地を訪れたダンカンは，彼らに対して，狩猟採集とクラン組織を基盤とした従来の社会生活を廃止させ，彼の理想とする社会生活モデルへと転向させることに熱心に取り組んだことが数多くの文献資料に記録されている(Barnette 1941; Beynon 1941; Usher 1974; Welcome 1887, etc.)。アラスカ移住後，彼は直ちに製材工場と水産物加工工場を建設し，彼らを貨幣経済に参入させると同時に，個人的な利益追求を否定し，工場生産から得られた利潤を共同体で管理するよう指導した。さらに，選挙による行政システムを構築するなど，(その円滑な運用の成否はともかく)彼の試みによってチムシアン社会は大きな変容を遂げることとなったのである。このような社会生活のモデルは「ダンカン・ソサエティ・モデル(Duncan Society Model)」と総称され，現在でもその理念は維持され，一部が存続している。

　ダンカンの指導によりチムシアンがカナダからアラスカに移住した背景には，ダンカンによるチムシアンの生活習慣・しきたりとの格闘だけでなく，キリスト教会内部の対立という状況もあった。しかしながら，この対立を回避するために移住したアラスカでも，対立は絶えることなく，やがてはその軋轢に絡みとられ，ダンカンは社会的指導者としての立場を喪失していくのであった。この結果，現在では，アネット島内には数多くの教会組織が存立している。

　チムシアンに関する人類学研究は，北米の研究者を中心として，先駆的な研究成果を数多く産出しており，その実績は重厚である。特にBoasとLévi-Straussによる研究は著名であり，Boasの調査(Boas 1902)は，その後Lévi-Straussによって再検討を加えられ，構造主義の主要な業績となっていった(Lévi-Strauss 1964-1971)。しかしながら，これら一連の調査研究の多くは，カナダに居住するチムシアンが中心だった。この背景には，アラスカ・チムシアンという集団が元来の居住地を去り，キリスト教の影響を明白に，かつ強く受けた宗教集団として解釈されてしまうことも多かったため，黎明期の人類学者たちが期待する伝統文化が記録不可能であると判断されたことがあったのかもしれない。この結果，アラスカ・チムシアンの調査研究は，少数の萌芽的研究を除けば，ほとんど実施されておらず，未解決の問題は浩瀚であることが予測されるのである。

図III-1.3.1　アラスカ・チムシアンと北西海岸先住民とは親密な交流を保っている。互いの儀礼に参加するアラスカ・チムシアンと近隣先住民（メトラカトラ）

　アラスカ・チムシアンは，北米北西海岸の先住民でありながら，厳密にはアラスカへの移住民であり，ANCSA（Alaska Native Claims Settlement Act：アラスカ先住民土地請求解決法）等に代表されるようなアラスカ先住民運動からも距離を置いている。しかしながら，近年，アンカレッジに設置されたアラスカ先住民文化遺産センター（Alaska Native Heritage Center）では，その活動にアラスカ・チムシアンを有力メンバーとして迎えており，彼らも同センターの事業には協力的であるなど，たしかに文化的活動において連携をとることは多い（図III-1.3.1）。とはいえ，早期に資源利用などの既得権を保有してきた彼らは，アラスカには返還されるべき土地はなく，文化啓蒙活動以外の分野では，独自の立場と活動を保持し続けている。このため，次節では，外部社会との接触によって，北米先住民社会において「先住民であり先住民ではない」という錯綜した立場に置かれることになった彼らの社会的歴史的状況を，先行研究の民族誌を整理しつつ，これまでの現地調査から得られた資料を基礎として改めて記述することとする。

(2) キリスト教への改宗

　カナダ・ブリティッシュ・コロンビア州のポート・シンプソンと呼ばれるチムシアン居住地に宣教師ダンカンが初めて布教に訪れたのは1857年と記録されている(Welcome 1887)。彼は，スコットランド生まれの英国人であり，英国国教会に所属する宣教師だった。この地を訪れたダンカンは，短期集中的にチムシアン言語の習得に努め，その後，チムシアンの言葉によって布教を開始し，その結果，多くのチムシアンがキリスト教へと改宗していったと伝えられている(Beynon 1941)。

　現地に残された複数の資料には，ダンカンが，改宗したチムシアンに対して従来の生活を放棄させるため，特に彼らの社会の強力な構造原理となっていたトーテム，クラン，首長制などの伝統的価値体系の解体に着手したことが記録されている。当時，彼らの社会にはトーテムにもとづく親族組織(クラン)と首長を頂点とした階層システムが存在していたが，ダンカンはキリスト教精神に基づく平等社会を志向していたために，彼らの伝統的社会生活を廃止させることに情熱を注いでいた。もちろん，すべての首長がこれに従ったわけではなく，彼と対立した首長のなかには，彼の暗殺を企てた者までいたと報告されている(Barnette 1941)。

　ダンカンの試みに反して，彼らの伝統的価値体系の解体は完全に達成されることはなく，多くのチムシアンがキリスト教に改宗しながらも，従来の伝統的な生活習慣を捨てることはなかった。彼らは，ダンカンの主催する様々な宗教的儀式や行事に参加し，キリスト教徒であることを名乗りながらも，相変わらず狩猟採集に従事し，首長制にもとづく階層システムを存続させていた。このため，ダンカンは，より純度の高い自らの理想郷を築くために，1862年，ダンカンの方針に賛同する人びととともにポート・シンプソンを離れ，そこから約15マイル南に位置する場所に宗教的コロニーを築き上げ，その地をメトラカトラ(Metlakatla)と名付けた(この地はアラスカ移住後「オールド・メトラカトラ」と呼ばれるようになる。以下，オールド・メトラカトラ)。

　オールド・メトラカトラにおいて，ダンカンはチムシアンの社会生活全般にわたって変革を試みた。例えば，共同体の経済的自立を目的として，製材工場

や缶詰工場を建設し，その後もいくつかの小規模産業を興した。彼の狙いは，これらの工場で人びとの賃金雇用を確保することであった。彼らは工場で生産した加工物を海運輸送し，北西海岸の拠点都市ヴィクトリアなどの市場でこれを売却することで，貨幣経済に組み込まれていくこととなった。

　社会生活変革のためのダンカンによるもう1つの施策は，平等な地位関係を構築することであった。彼は「部族的活動(tribal activities)」の解体によって生まれる余剰労働力を工場労働に転換させようとしただけでなく，より民主的な行政システムを構築するため，議会を設置し，そのメンバーを選挙によって選出することを試みた。同時に，彼に従わない首長を次々と教会から追放していった。しかしながら，首長の特権をめぐる軋轢は，ダンカンが布教を開始して以来，持続して発生していた。例えば，議会の選挙を実施しても，結局，大規模集団の首長が選出されることが多かったからである。

　ダンカンの受難は，ここでも，チムシアンの伝統的価値体系との格闘だけにあったわけではなく，キリスト教の教会内部での対立も大きな問題であった。当時の状況を記録した報告には，教会が認める正統な布教活動よりも，ダンカンがチムシアンの社会生活と文化に傾斜していることを他の教会関係者が危惧していたことを示す記述が残されている(Usher 1974)。ダンカンは，英国国教会の「伝統的」儀式に固執せず，チムシアンの社会的文脈のなかに，自らの教義をいかに組み込んでいくかということを重視していたために，他の教会メンバーからは異端視され，結果として英国国教会を破門されるまでに至ったのである。そして，この事実は，その後メトラカトラの社会的分裂状態を誘引する大きな原因ともなった。

　オールド・メトラカトラでダンカンの教義と活動をめぐって問題が発生しつつあった時期も，メトラカトラ移住に賛同しなかった(あるいはダンカンが参加を禁じた)ポート・シンプソンの人びとに対して，彼は引き続き教会活動を継続していた。しかしながら，キリスト教に改宗ながらも伝統的な生活習慣を維持していたポート・シンプソンのチムシアンたちとオールド・メトラカトラの住人たちとの衝突は絶えることはなく，最終的にポート・シンプソンはダンカンの活動を拒み，首長制を容認する教会に傾斜し，カナダ政府から認められた新たな教会組織(Church Council)が集落を管理することとなっていったの

であった(Beynon 1941)。

(3) アラスカへの移住

　ダンカンは，ポート・シンプソンにおける布教活動の弱体化，オールド・メトラカトラにおけるチムシアンの生活改変が鈍化したこと，そして自らの教会内部での教義や布教戦略をめぐる対立を経て，2度目の移住を決心し，当時の米国大統領グローバー・クリーブランドからアラスカ州アネット島にコロニーを移す許可を得た。この時のワシントンD.C.における彼の精力的なロビイング活動と彼に協力した人びとに関して記された記録が現在でも残されている(Dunn *et al.* 1990)。

　1887年8月7日，823人[3]のチムシアンとともに，ダンカンはアネット島に移住した。彼らが移住した場所は，もともとトリンギット(Tlingit)が棄却した夏の村であり，入植直後はポート・チェスターと呼ばれていたが，すぐにメトラカトラ(New Metlakatla)と呼ばれるようになった。

　アラスカのメトラカトラにおいてもダンカンの理想は高く，あらゆる社会生活の細部にわたって管理を試みたが，公式的には米国連邦政府から認められた「宣言政府("Declaration of Residents" Government)」のもとに行政権限が行使されていた。とはいえ，彼は（オールド・メトラカトラでもそうしたように）徹底的に先住民の生活習慣の廃止・変革に努めたのであった。再び選挙にもとづく議会を組織して，個人資産を各世帯の屋敷とその土地だけに限定し，コミュニティ内のあらゆるものの所有権を共有財産として一括管理させた。

　アネット島は，全体が森林で覆われており，この豊富な森林資源を背景に，彼は製材工場を建設し，切り出した木材を用いて次々と公的建造物を建設していった。また，水産物加工工場を建設し，生産物を流通経路にのせて貨幣獲得を志向し，その利益は社会全体の財産として扱われた。当時のダンカンが決して個人的利益追求を認めようとしなかったことは，数多くの記述からうかがい知ることができる(Matsubayashi 1998b)。

(4) メトラカトラの分裂

　ダンカンが，メトラカトラの社会構築に奔走している頃，長老派教会はメトラカトラへの進出を計画し，メトラカトラの若者たちを自らの教会に迎え入れていた。その1人であったエドワード・マースデン(Edward Marsden)は，1914年，長老派教会の宣教師としてアネット島に戻り，布教を開始したのであった。当時のメトラカトラは，ダンカンの施策に対する反発・軋轢やリザベーションから生まれる弊害[4]が頻発し，社会が不安定となっていたために，長老派教会はマースデンの派遣を決断し，結果として彼の布教活動は比較的容易に成功し，短期間でアネット島全体を掌握することが可能となったのであった。

　マースデンは，連邦政府に脱ダンカン主義の誓願を行い，1915年，当時の連邦政府内務省長官フランクリン・レインが，これを受理・許可すると，直ちにダンカンが設けたあらゆる行政組織を解散させ，新たに議会を組織した。1916年にマースデンは行政執行官(secretary)に任命され，彼が没するまでこの職制は維持された。当時，ダンカンは英国に一時帰国しており，メトラカトラを不在にしていたこともマースデンの成功を助長したと考えられるが，これ以降，ダンカンの政治的指導力は急速に失速していった。

　マースデンのメトラカトラ掌握の成功には，前述の背景以外にも様々な理由が指摘されているが，そのなかでも最も注目されるのが，彼が首長制やクランなどを許容していたことである。マースデンは，ダンカンがメトラカトラを治めるために設置した宣言政府が首長制ととってかわることに失敗していたと考え，無理にこれを解体しようとはせず，消極的に受容する方針を選択したのであった。実際，当時の北西海岸では，同様の布教戦略を採択する教会組織は散見することが可能で，むしろ，ダンカンのように自らの理想や主張に厳格であったことの方が，特筆すべきことであったのかもしれない。

　ダンカンがアネット島に戻ってからも，マースデンは彼に対して，新たな洗礼などの職務遂行を厳しく禁じたため，ダンカンを支持する人びとからの反発は激しく，メトラカトラ社会は二分されることとなった。両者の衝突は激しく，例えば，警察官や消防士ですら同じ制服を着ることを拒否し，それぞれ別の制

図III-1.3.2　ダンカンとともにアラスカに移住してきた第一世代(Original People)の偉業を称えた石碑(アラスカ・アネット島)

服を着用したとする報告すら存在する(Beynon 1941)。両者は反対のための反対を繰り返し，議会や教育委員会の審議・決定に大きな悪影響を与え，徐々に社会は衰退し，最終的に島の人口が激減していくこととなった[5]。

　ダンカンは，マースデンによって政治的指導者の地位を奪われたとはいえ，1918年8月30日に彼が没するその日まで，メトラカトラの大多数の人びとから忠誠と尊敬を集めていたという記録も残っており(Usher 1974; Dunn *et al.* 1990, etc.)，現在でも同様の説明を聞く場面は多い(Matsubayashi 1998b)。このことはダンカンが政治的に失脚した後も，彼が人びとの間でスピリチュアルな存在としての地位を保ち続けていたことを意味しており，また，現在のメトラカトラでも彼の功績を称える言説が人びとの間に引き続き維持されていることを物語っている(図III-1.3.2)。

(5) ダンカン・ソサエティ・モデル

　ダンカン・ソサエティ・モデルとは，ダンカンが自らの理想を具現化するた

めにアラスカ・チムシアンに対して指導した社会生活モデルの総称である。個人的利益追求を厳しく禁じ，あらゆる資産を公共の所有物として，工場における賃金労働への従事を奨励し，クランやトーテムを廃止することによって平等的地位関係の構築を目的としたもので，主にメトラカトラで実践された。ダンカン・ソサエティ・モデルの代表的なものは工場労働と議会選挙であると考えられている。前述したように，工場労働は狩猟採集とトーテムを基調としたクラン活動を廃止させ，その余剰労働力を利用するものであり，議会選挙は首長制という階層社会の解体を意図したものであった。

　アラスカ・チムシアンは，自らを「ダンカニアン（Duncanian）」と自称することがある。このことには3つの背景が考えられている。第1に，ダンカンが，新しい集団の帰属意識を醸成させるために，チムシアンたちに対して新しい集団呼称を求めたことである。すなわち，階層化された先住民社会から新しい共同体へと移行させるために，ダンカン・ソサエティ・モデルに参加・実践する人びとをダンカニアンと呼ぶことによって，これまでの生活習慣・価値体系から決別させる狙いがダンカンにはあったのである。第2に，メトラカトラは単一のチムシアン[6]のみで構成されていたわけではなかったために，新たな呼称を用いることによって，その差違性を解消し，同一の成員性を強化する目的があったことである。第3に，アラスカ・チムシアン自身が外部の先住民社会に向かって積極的にダンカニアンと名乗ろうとする場面が存在することである。ダンカンの指導のもとでキリスト教に改宗し，連邦政府からアラスカ州で唯一のリザベーションを獲得し，また水利権や森林資源の管理伐採権等の既得権を保有するなど，他の北西海岸先住民と明らかに異なる社会状況にある彼らは，近代化された先住民としての誇りを込めて，自らをダンカニアンと自称することがあるのである。

　このように，彼らはチムシアンとダンカニアンという2つのアイデンティティの間に自らの民族イメージを浮かび上がらせようとしている。このダブルバインドは，彼らにとって決して混乱を招くものではなく，むしろ社会的アドバンテージの象徴として積極的に受容しているようにすら見える。

　すでに述べたように，ダンカン・ソサエティ・モデルの目的の1つに母系制クランの解体があったわけだが，実際にはトーテムを基調としたクランは現在

図Ⅲ-1.3.3　ダンカンとともに海を渡ってアラスカの地へと移住してきた「私たちの歴史」を表現したパフォーマンス。先頭の人物が櫓をこぐ動作をしている(メトラカトラ)

でも存在している。この理由や説明は様々であるが，マースデンがクランを許容したことも許容したことが，最も大きな要因ではなかったかと予測されている。現在のクランやトーテムには，厳密な原理や禁忌は存在することはなく，(ダンカンの意図に反して)その後もダンカン・ソサエティ・モデルと併存する結果となった。

　現在，メトラカトラでは1987年に結成された「第四世代(The Fourth Generation Dancers)」と呼ばれる集団が実践する「私たちの歌(Our Song)」と呼ばれるパフォーマンスが存在する(図Ⅲ-1.3.3)。たしかにこの歌と踊りは近年創作されたものであり，観光プログラムとして実践される時は，特段にクランが意識されることはないが，共同体内部の儀礼(例えばポトラッチなど)で実践される時は，現在でもクラン単位で主催されている[7]。このパフォーマンスのなかで，十字架を抱いたダンカンが登場し，人びとがダンカンの偉業を歌と踊りで称える場面がある。このパフォーマンスは，メトラカトラの創成神話を伝える歴史媒体の機能を有しており，ダンカンの指導により「第一世代(Golden People，あるいはOriginal People)」が，数々の辛苦を乗り越え，海を渡ってカナダからアラスカに移住してくるまでの歴史を表現している。た

しかに，これらは(ダンカンが生み出したものではないという点で)厳密な意味ではダンカン・ソサエティ・モデルではないが，(ダンカンの偉業を称え，教えを伝承しているという点で)ダンカニアンの成員性を醸成する大きな役割を担っているのである。このように，ダンカン・ソサエティ・モデルは，その一部が現在でも彼らの社会に存続し，複数の儀礼や言説が，この社会モデルの持続を多面的に支え続けている。

おわりに

　アラスカ・チムシアンの社会はキリスト教への改宗とアラスカへの移住を経験することによって大きな転回をすることになったのだが，この諸要素の大部分を占めているのがウィリアム・ダンカンという1人の宣教師との接触といっても過言ではない。かつて，Murrayは，ダンカンを「悪魔(Devil)」(1984)という言葉を使って評したこともあったが，彼がもたらしたチムシアン社会の変化に関する功罪については，なお議論が必要であろう。また，アラスカ・チムシアンの社会変化の要因は改宗と移住であると一言でまとめることも困難である。なぜなら，すでに述べてきたように，その細部では様々な歴史的事実が発生しており，それらが相関して新たな結果を生み出してきたからである。

　メトラカトラ社会は，カナダのチムシアン文化への回帰，ダンカン・ソサエティ・モデルの維持，そしてアラスカ・チムシアンとしての新たなアイデンティティ形成というそれぞれの場面で，その持続・再生・開発を繰り返してきた。例えば，彼らはカナダのチムシアンとの連携を強化しながら，彼らから言語や文化を積極的に学習してきた[8]。それは，1986年の時点で，メトラカトラにおいてチムシアン語を話すことができるアラスカ・チムシアンは，全体で約100人であったという報告(Dunn *et al*. 1990)からも分かるように，アラスカ・チムシアンは移住と改宗の経験のなかで，カナダのチムシアンたちとは異なった歴史を歩んできたためである。

　しかしながら，一方で観光化による外部社会からの訪問者の視線のなかで，アラスカ・チムシアン独自の文化や歴史を語ることが多くなっていることも事実である。すなわち，アラスカ・チムシアンは，カナダのチムシアンと同じ生

活や価値体系を志向しているわけではなく，彼らは，あくまで「アラスカに移住したチムシアン」としてのアイデンティティを求めている。北米における先住民運動の影響や，アラスカ州政府の先住民文化に関する教育政策・文化政策の影響から，チムシアンとしての同胞意識が鼓舞されたことも確かである。実際，メトラカトラの学校教育でも「チムシアン文化(Tsimshian Culture)」と呼ばれる科目のカリキュラム化がなされており，教員養成にもその施策上の力点が置かれてきた。だが，アラスカ・チムシアンが，"Original"とか，"Traditional"と呼ぶものの多くは，明らかにアラスカに移住してから創り出されたものであり，現在でも彼らの諸言説のなかに，それらはダンカンと第一世代が創りあげたものであるという認識や説明を看取できるのである。

　このように彼らはチムシアン文化の維持・再生を試みようとする反面，彼ら独自の文化を構築し，両者を融合しているため，彼らの語る「私たちの文化」は，厳密にはカナダのチムシアン文化とは異なっている。ただし，このようなことは，人類学的フィールドにおいて特殊な事例というわけではない。なぜなら，川田が述べるように「動態的過程として把握された文化の中で，伝承されるもの，基層的なものは，絶えず変化し続けてきたし，これからも変化しつづける」(1993：19)からである。そもそも「新たな伝統が挿入された歴史的過去というものは，はるかなる過去に遡るほど延々と続いている必要はない」(Hobsbawm 1983，邦訳 p.10)。

　彼らが実践する「私たちの歌」の素材になるなど，アラスカ・チムシアンにおいて，ダンカンの登場から現在までの「歴史」は極めて重要な意味をもっている。結果として誕生したダンカン・ソサエティ・モデルやダンカニアンという呼称だけでなく，その生成過程すべてが「私たちの歴史」の一部であって，それはトーテムにもとづく神話的世界と接続しながら，様々な歴史媒体によって伝承されている。もちろん，これらの歴史媒体は，決して文字媒体だけでなく，儀礼やパフォーマンスなどの非文字の歴史媒体も大きな役割を担っている。例えば，パフォーマンス集団「第四世代」が実践する各種のパフォーマンスは，実践者の技能習得の過程全体が歴史媒体として機能している。また，パフォーマンスを見る者たちを「巻き込む」ことによって，パフォーマンスや儀礼空間そのものが，その歌詞以上に「私たちの歴史」を伝え，共同体の帰属意識を形

成する場所となっているのである。

　このような文化的状況は，儀礼やパフォーマンスを取り巻く社会状況が変化すると一転する可能性も否めない。実際，これまでのアラスカ・チムシアンの歴史を振り返っても，文化の流動性は高く，その振幅は大きい。しかしながら，彼らの共同体は，歴史的事実を無視した「私たちの文化」を創造してきたわけではなく，彼らは，あたかも「事実に根付いているかのように見える安定したバージョン」(関本1994)を常に求めてきた。例えば，観光客に見せるためのパフォーマンスであっても，それは歴史的事実に関係していること(関係していると考えられること)が肝要であり，全く何もないところから発明されたものではなく，「私たちの文化」をめぐる言説の固定化・規範化を常時求めて開発されたものであるということである。

　人類学者によって「語られた文化」に反省的視線を向けつつ，調査地の人びととの間で「生きられた文化(lived culture)」と比較する作業については，文化概念を対象化した研究作業のなかですでに多くの試みがなされてきた。しかし，「彼ら」が「私たちの文化」を語るのであれば，今後は，彼らによって「語られた文化」と彼らによって「実践された文化」の微視的な比較観察のプログラムを整備構築する必要はないだろうか。特に，アラスカ・チムシアンのように言説と実践の構築過程が頻繁に表出してくる事例では有効な接近法であると考えられるからである。いずれにしても，アラスカ・チムシアンに限らず，近年，多くの北西海岸先住民が「私たちの文化」を語り，実践していることを考えるとき，彼らの錯綜した「歴史的社会的文脈」を解明することは，これら「私たちの文化」が生まれる淵源と過程に関する理解モデル構築に役立つものであると考えられるであろう。

謝　辞

　本稿は文部科学省科学研究費補助金特別研究員奨励費による学術調査(代表・松林義行)と同期間に実施された文部科学省科学研究費補助金国際学術研究「北西海岸インディアンの開発人類学的研究」(代表・岡田淳子)に同行させていただいた時に収集した資料を基礎としている。本稿作成にあたり岡田淳子先生(北海道東海大学)，岡田宏明先生(北海道立北方民族博物館・当時)には，様々なご指導，ご助言をいただきました。記して謝意を表します。

注

1) Anderson は，出版資本主義の「生産システムと生産関係(資本主義)，コミュニケーション技術(印刷・出版)，人間の言語的多様性という宿命のあいだの，なかば偶然の，しかし，爆発的な相互作用」(Anderson, 1983：邦訳 p.79)が共同体の想像を可能にしたと述べている。

2) 「私たちの文化(Our Culture)」とは，一般的に人類学で用いられている「我々の文化」と同義語である。アラスカ・チムシアンには「私たちの(our)」という用語を冠して文化を語ることが多く，当該地域に関する他の訳語にならって，本論でも「私たちの」と訳出・統一した。

3) この人数は Metlakatla Indian Community の報告にもとづいているが，数字の詳細については不明な点も多く，「約830人」「約800人」と表記されることもある。

4) 当時のメトラカトラはリザベーションゆえに州政府や連邦政府の司法権や警察権が及ばず，犯罪が激発し，島は徐々に閉鎖的になっていった。また，このような社会秩序の悪化に伴ってダンカンの専制体制に反発するグループも発生するなど，当時，メトラカトラには，マースデンを受け入れる社会状況が整っていたとも考えられる。

5) 両者の対立が鋭く激化したという記録は数多い。例えば体育祭のような行事においても，両者の競争は社会的対立関係を反映していたという。この深刻な対立関係の結果，1936年には人口が532人まで減少したことが報告されている(Dunn *et al*. 1990)。

6) 前述したようにチムシアンは言語学的には複数の集団に分類されており，ダンカンとともにアラスカに移住したチムシアンたちも決して同一集団から構成されていたわけではなかった。

7) 冠婚葬祭，加入儀礼，新築儀礼，その他ポトラッチ(potlatch)などの実践集団として，現在でもクランは機能している。もともと外婚集団としての機能を有していたと考えられてきたが，現在ではそのような機能は看取できない。ただし，トーテムを持たない外部社会の人びと(例えば観光客等)を「蝶」のクランに分類するなど，社会的な分類装置としての機能は現在でも働いていることが推認される。

8) アラスカ・チムシアンの若者がカナダのチムシアンのもとを訪れた時に，チムシアンの習慣やしきたりを知らず，「恥ずかしい思いをした」という説明を聞くこともあった。彼らはアラスカ・チムシアンとしての独立したアイデンティティだけを追求しているわけではなく，従来の(カナダの)チムシアン文化を「私たちの文化」の一部として明らかに受け入れていることが推測される。

引用・参考文献

Anderson, Benedict
 1983 *Imagined Communities: Reflection on the Origin and Spread of Nationalism*. London: Verso. (白石隆・白石さや共訳『想像の共同体——ナショナリズムの起源と流行』東京：リブロポート，1987)

Barbeau, Marius and William Beynon
　1987 *Tsimshian Narratives* 2. Ottawa: Canadian Musuem of Civilizaion (Mercury Series Directorate Paper No.3).
Barnett, Homer G.
　1941 Personal Conflict and Cultural Change. *Social Forces* 20: 160-171.
　1942 Applied Anthropology in 1860. *Applied Anthropologist* 1 (3): 19-32.
Beynon, William
　1941 Tsimshian of Metlakatla, Alaska. *American Anthropologist* 43 (1): 19-32.
Boas, Franz
　1902 *Tsimshian Texts*. Washington: Smithsonian Institution.
Drucker, Philip
　1939 Rank, Wealth and Kinship in Northwest Coast Society. *American Anthropologist* 41 (4): 55-65.
Duff, Wilson
　1964 *The Impact of the White Man*. Indian History and British Columbia Vol.1 (Anthropology in British Columbia Memories 5). Victoria: British Columbia Provincial Museum.
Dunn, John A. and Arnold Booth
　1990 Tsimshian of Metlakatla, Alaska. In W. Suttles (ed.), *Handbook of North American Indians*, *vol.7 Northwest Coast* pp.294-297. Washington: Smithsonian Institution.
Garfield, Voila E.
　1939 *Tsimshian Clan and Society*. Seattle: University of Washington.
Halpin, Marjorie M. and Margaret Seguin
　1990 Tsimshian People: Southern Tsimshian, Coast Tsimshian, Nishga, and Gitksan. In W. Suttles (ed.), *Handbook of North American Indians*, *vol.7 Northwest Coast* pp.267-284, Washington: Smithsonian Institution.
Hobsbawm Eric and Terence Ranger
　1983 *The Invention of Traditon*. Cambridge: Cambridge University Press. (前川啓治・梶原景昭共訳『創られた伝統』東京：紀伊国屋書店，1992)
川田順造
　1993「なぜわれわれは「伝承」を問題にするのか」『日本民俗学』第193号（シンポジウム「伝承の認識」）：15-21.
Lévi-Strauss, Claude
　1964 *Mythologiques tomeI-Le cru et le cuit-*. Paris: Plon.
　1967 *Mythologiques tomeII-Du miel aux cendres-*. Paris: Plon.
　1968 *Mythologiques tomeIII-L'Origine des manières de table-*. Paris: Plon.
　1971 *Mythologiques tomeIV-L'Homme nu-*. Paris: Plon.
松林義行(Yoshiyuki MATSUBAYASHI)

1998a 「〈Duncanian〉という名の先住民――Alaska-TsimshianにおけるDuncan Society Model――」『政治学研究論集』7：93-111，明治大学政治経済学部

 1998b Immigration and Christianity in Alaska-Tsimshian. *The Bulletin of the Hokkaido Museum of Northern Peoples* 7: 31-50. Abashiri: Hokkaido Museum of Northern Peoples.

Miller, Jay and Carol Eastman (eds.)
 1985 *The Tsimshian and their Neibors of the North Pacific Coast*. Seattle: University of Washington Press.

Murray, Petter
 1984 *The Devil and Mr. Duncan: A History of the Two Metlakatlas*. Victoria: Sono Nis Press.

岡田淳子編著
 2000 『変容するMetlakatla Indian Community』(文部科学省科学研究費補助金国際学術研究・基盤研究(B)(2)「北西海岸インディアンの開発人類学的研究」課題番号10041029，研究代表・岡田淳子)，札幌：北海道東海大学

関本照夫・船曳建夫共編著
 1994 『国民文化が生まれる時――アジア・太平洋の現代とその伝統』東京：リブロポート

Seguin, Margaret (ed.)
 1984 *Tsimshian: Images of the Past, Views for the Present*. Vancouver: University of British-Columbia Press.

Usher, Jean
 1974 *William Duncan of Metlakatla: A Victorian Missionary in British-Columbia*. Ottawa: National Museum of Canada (Publication in History No.5).

Welcome, Henry S.
 1887 *The Story of Metlakatla*. New York: Saxman.

Zaslow, Morris
 1966 The Missionary as Social Reformer: the Case of William Duncan. *Journal of the Canadian Church Historical Society* 8 (3): 52-68.

第2章　カナダ北東部

1 物語のタペストリー
――地図とナヴィゲーションにみるイヌイトの環境観――

大村敬一

はじめに

　一面に拡がる雪原。無数に散らばる川と湖。ゆるやかに連なる山並み。入り組んだ入り江と無数の島々。微細な表情に溢れていながらも、見慣れない者には、どこへ行っても同じように見える光景。
　高木が一切生育しない森林限界以北の極北圏は、私たちのように温帯に住む者には、豊かな彩りに満ちた世界には見えない。雪と氷が消え、一斉に花々が咲き誇る夏季でも、ツンドラと露出した岩盤からなる光景はとりとめがないように見える。まして冬季には、陸地も海も一面に氷と雪に覆われるモノクロームの世界となり、見慣れない者には、環境の様子を知る手がかりを見つけることすら難しい。ブリザードの時にはもちろん、曇天の下で雪混じりの風が吹けば、視界は白一色で埋め尽くされ、地面と水面と空の区別もつかなくなる。
　カナダ極北圏の先住民、カナダ・イヌイトの人びとは、こうした極北の環境の中を年間平均で半径100〜200 kmにわたって自在に移動するためのナヴィゲーションの技術を培ってきた。1960年代にカナダ政府の国民化政策の影響下、極北圏に点在する村落に定住化するまで、イヌイトの人びとは獲物や環境の変動にあわせて季節周期的に移動する生活を営んでおり、環境を読み取って目的地までの的確なルートを見出すナヴィゲーションは、生活を支える基本的な日常技術であったからである。このナヴィゲーションの重要性は、1年のほとんどを定住村落で過ごすようになった今日においても変わっていない。1960年代の定住化以来、近代国民国家に統合され、産業資本主義経済の世界システ

ムへの依存度を高めた結果，賃金労働との兼業が一般的になった現在においても，半径100～200 kmにわたる広大な地域を舞台に，狩猟・漁撈・採集・罠猟からなる生業活動は依然として活発に続けられているからである。

こうしたイヌイトのナヴィゲーションが，気象現象や天体現象をはじめ，動植物の習性，サスツルギ（堅い雪の尾根）などの雪や氷の状態など，環境に関する詳細な知識と，旅の物語や歌の形で蓄積されたルートに関する知識によって支えられていることが，これまでの研究によって明らかにされてきた（MacDonald 1998; Nelson 1969; 大村 2003, 2004; Omura 2005a; Simeon 1982）。そして，旅の経験を重ねるなかで，イヌイトがこうした知識をいかに身につけ，見慣れぬ者にはとりとめがないように見える極北の環境から，微妙な表情をいかに読み取っているのかが示されてきた[1]。

それでは，こうしたナヴィゲーションの技術を身につけたイヌイトの目には，極北の環境は，どのような姿に映っているのだろうか。ナヴィゲーションを支える知識によって意味の彩りを与えられた極北の世界とは，どのような世界なのだろうか。本章では，イヌイトの地図とナヴィゲーションの技術について，イヌイト／ユッピクの様々な地域集団の研究の成果と，私がヌナブト準州クガールク（旧名ペリー・ベイ）村で行った調査の成果にもとづいて検討しながら，イヌイトの環境観の一端に迫ってみたい。

(1) イヌイトの地図——再演された旅の物語

イヌイト／ユッピクの様々な地域集団の人びとが，測量器具などの道具を使わずに精確な地図を雪や砂の上に即興で描き，ナヴィゲーションに必要な情報を伝達するための補助手段として，ごく日常的に利用していたことは，19世紀から知られていた（例えば Boas 1888; Huish 1836; Spencer 1955）。また，グリーンランド東部からは木材に彫った地図もいくつか収集されており，一部の地域ではごく稀に，恒久的な素材に地図が描かれていた可能性も指摘されている（Bagrow 1948）。

こうした地図は，その一時的な素材のために残っておらず，また収集された木彫の地図も数が少ないため，イヌイトが日常用いていた地図の実際の様子を

直接知ることはできない。しかし，探検家や人類学者が地理学的あるいは民族学的調査のためにイヌイトに描いてもらった地図は残されており(例えばBoas 1888; Hall 1865, 1879; Mathiassen 1928, 1931, 1933; Parry 1824; Rasmussen 1930, 1931, 1932; Ross 1835)，そうした資料からイヌイトの地図について研究が行われてきた(例えば Fossett 1996; Rundstorm 1990; Spink and Moodie 1972, 1976)。こうした地図のなかでも，特にカナダ中部極北圏のイヌイトが描いた50点以上の地図を分析したスピンクとムーディー(Spink and Moodie 1972, 1976)によれば，その地図には，以下のような特徴が見られるという。

1) 精　確　さ

イヌイトの地図の驚くほどの精確さについては，すでにパリー(Parry 1824)，ロス(Ross 1835)，ホール(Hall 1865, 1879)，レー(Rae 1850)などの探検家，ボアズ(Boas 1888)，マチアッセン(Mathiassen 1928)，ラスムッセン(Rasmussen 1931)などの人類学者によって，早くは19世紀から報告されている。スピンクとムーディーは，イヌイトが描いたそれぞれの地図を，精密な測量によって得られた地形図(主にNorthwest Territories and Yukon Territory seriesとWorld Aeronautical Chartsをもとにした地形図)と対照し，河川，山，湖，海岸線などの地形的特徴が，いかに精確に再現されているかを確認している。この精確さは，図Ⅲ-2.1.1～3に挙げたように，イヌイトの描いた地図と測量による地形図を並べてみれば一目瞭然である。たしかに全体的なプロポーションには歪みがあるものの，特に海岸線や河川の精確さには目を見張るものがある。

2) ルート図としての地図

沿岸部の地域集団と内陸部の地域集団との間では，地図の形式と内容が大きく異なっている。沿岸部の地域集団の地図では，海岸線が克明に描かれる一方で，陸上の地形的特徴は省略されることが多く，河川も一本の実線で描かれるか，河口だけしか描かれていない(図Ⅲ-2.1.1および図Ⅲ-2.1.2)。一方，内陸部の地域集団の地図では，陸上の地形的特徴が比較的克明に描かれると同時に，河川が2本の実線で描かれ，その幅の増減や湾曲の様子などが精確に再現

第 2 章 カナダ北東部　249

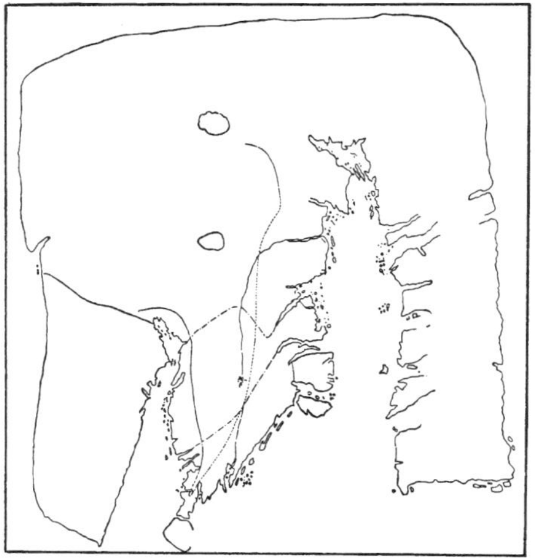

図III-2.1.1　測量図とイヌイトのルート図(1)

フロビッシャー (Frobisher) 湾とカンバーランド (Cumberland) 入り江周辺の測量図

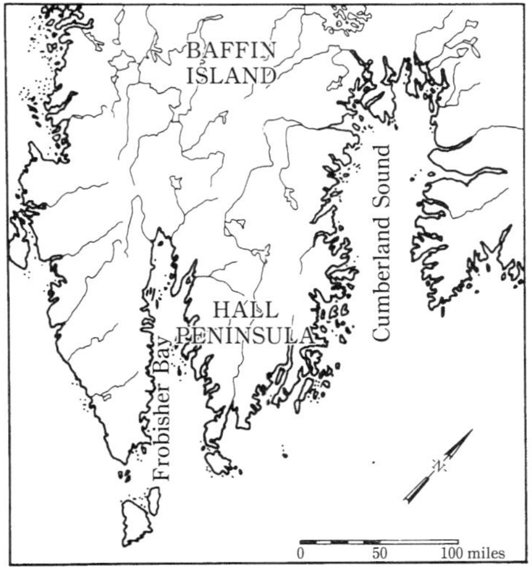

同地域に関してイヌイトが描いた地図 (Boas 1888: fig.544, p.645)

同地域に関してイヌイトが描いた地図 (Boas 1888: fig.543, p.644)

注) 海岸線や島が精確に再現されているが、川は一本線で簡略に描かれている。右図のイヌイトの地図には、点線でルートが描かれている。
出所) Spink and Moodie 1972: fig. 9, pp.70-72

250　Ⅲ　北アメリカ

メルヴィル (Melville) 半島とバフィン (Baffin) 島周辺の測量図

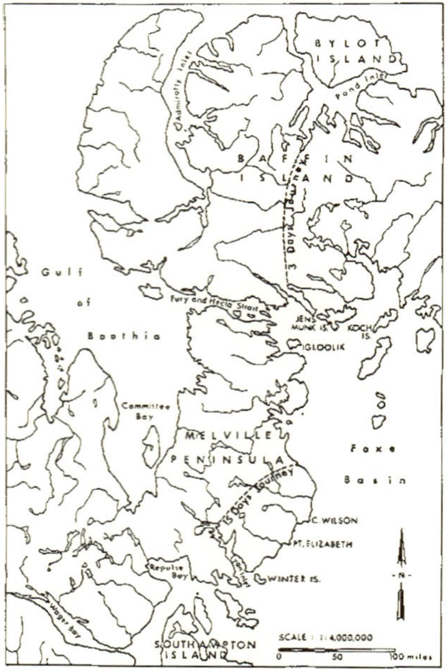

同地域に関してイヌイトが描いた地図 (Parry 1824: 198)

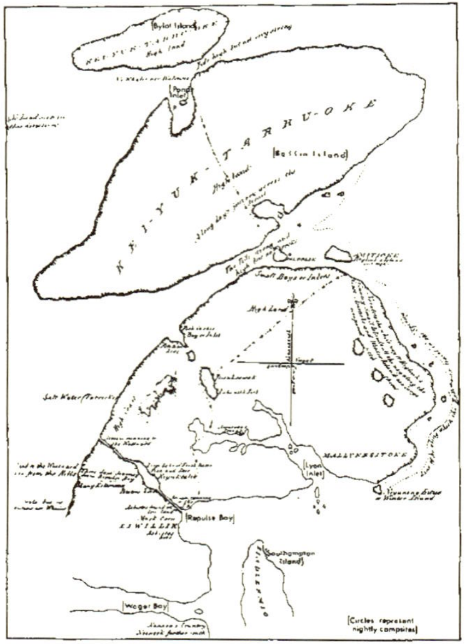

同地域に関してイヌイトが描いた地図 (Rasmussen 1930: map Ⅲ, p.98)

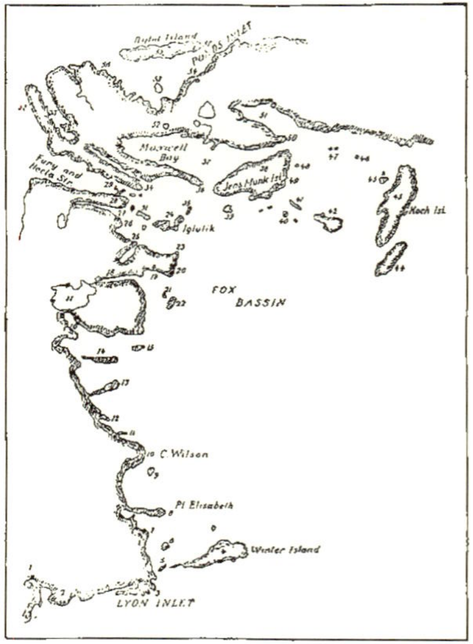

図Ⅲ-2.1.2　測量図とイヌイトのルート図(2)

注）どのイヌイトの地図でも地形全体のプロポーションが歪んでいるが、海岸線などの細部は精確に再現されている。中央のイヌイトの地図には点線でルートが描かれている。点線の中途に連なる丸印は宿営地。
出所）Spink and Moodie 1972: fig. 1, 2, pp.54-57

されている(図Ⅲ-2.1.3)。これは，沿岸部の地域集団が生業活動や移動活動を主に海岸線に沿って展開していた一方で，内陸部の地域集団がそれらの活動を主に河川に沿って展開しており，イヌイトの地図がこうした活動の足取りを再現するルート図としての性格を色濃くもつためである。イヌイトの地図は，ある場所から別の場所へ向かうためのルート図として描かれるため，全体のプロポーションにはあまり注意が払われず，実際に旅をしているように場所から場所へと描かれてゆく。また，地図の内部に様々なルートが描き込まれることも多い(図Ⅲ-2.1.1および図Ⅲ-2.1.2)。

3) 強調と省略

イヌイトの地図が精確であるといっても，描かれる地域が全域にわたって一様な精確さで描かれているわけではない。その精確さにはむらがあり，生業活動や交易に用いられるルートの周辺は緻密に描かれるが，それ以外の地域は省略されることが多い。例えば，内陸部の地域集団の地図では，カリブーの群が季節移動に際して通過する河川や湖は精確に描かれているが，生業活動や交易のルートから外れている地域は省略される(図Ⅲ-2.1.3)。また，沿岸部や島に分布する地域集団の地図には，生業活動や交易のルートに関わる海岸線以外は省略されたり，不正確に描かれたりしている(図Ⅲ-2.1.1および図Ⅲ-2.1.2)。一般に，イヌイトは自分が行ったことがない場所を想像に頼って描くようなことはせず，自分が実際に行ったことがある場所について，その地形，特に海岸線と河川の流れを細部に至るまで精密に再現する傾向にある。

4) 時間による距離測定

イヌイトの地図が精確であるといっても，測量による地図と完全に一致するわけではない。特に全体のプロポーションについては，かなりの歪みが見られる(図Ⅲ-2.1.1〜3)。これは測量の場合とは距離測定の基準が違うためである。1日の行程で移動できる距離を基準に距離が測られるため，移動が困難な地域は測量地図よりも拡大され，容易な地域は縮小される。こうした時間による距離の測定のあり方は，図Ⅲ-2.1.2に見られるように，地図内に描き込まれたルート上に，宿営地の位置が示されていることからもうかがうことができる。

このような特徴をもつイヌイトの地図は，環境の鳥瞰的な全体像よりも，実

252 Ⅲ 北アメリカ

テロン(Thelon)川周辺の測量地図

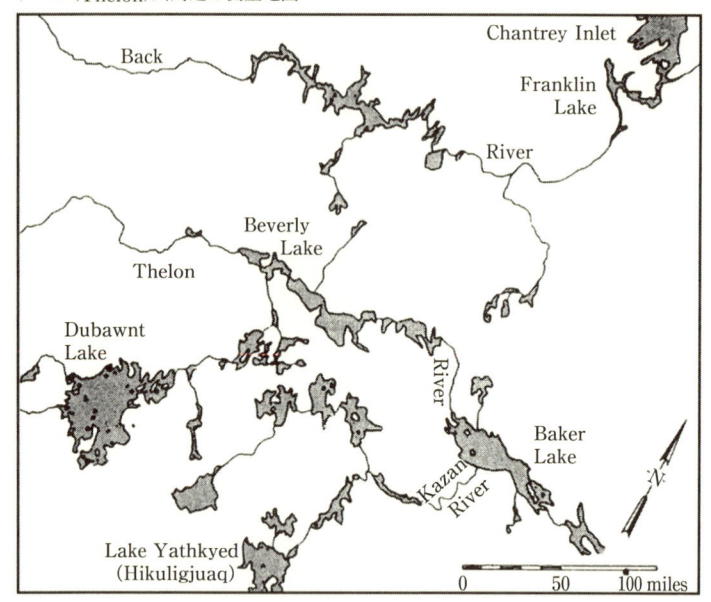

同地域に関してイヌイトが描いた地図(Rasmussen 1930: map Ⅹ, p.158)

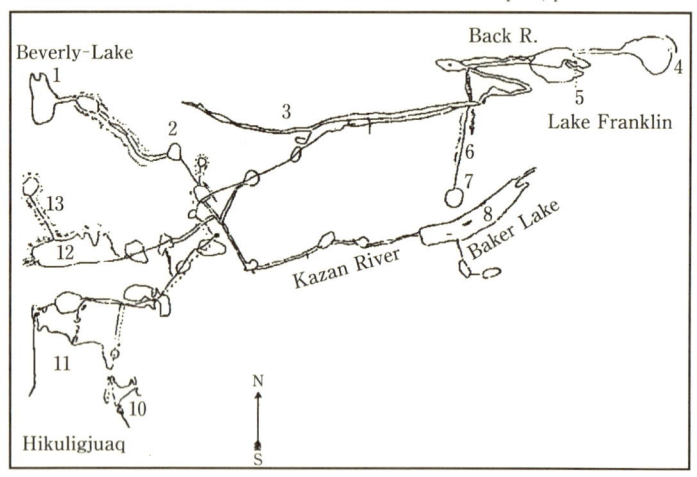

図Ⅲ-2.1.3 測量図とイヌイトのルート図(3)
　　注) この内陸部の地図では，河川は二本線で描かれている。
　　出所) Spink and Moodie 1972: fig. 14, pp.80-81

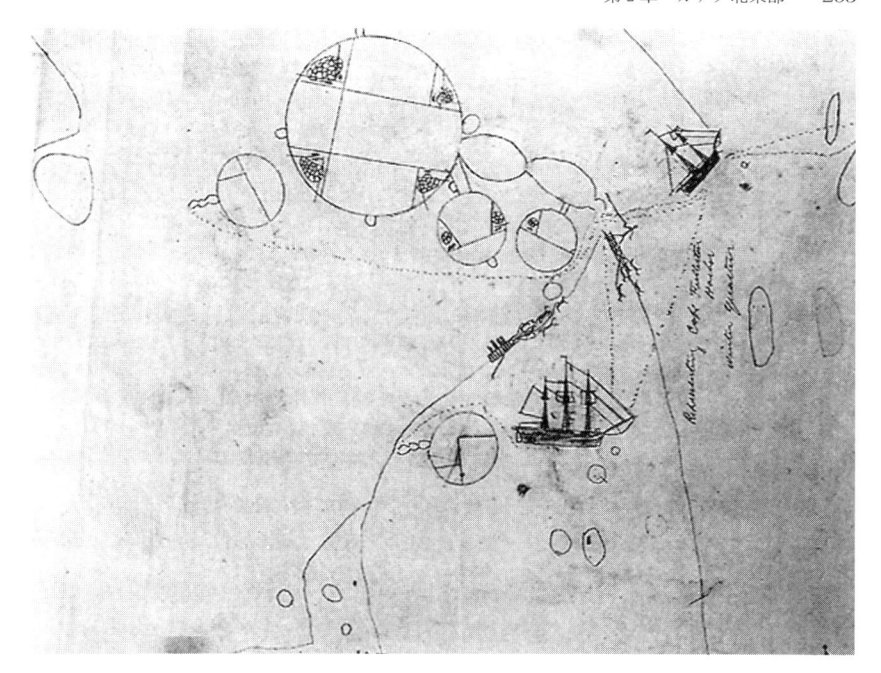

図Ⅲ-2.1.4 イヌイトがアメリカの捕鯨業者のジョージ・コマー船長(Captain George Comer)のために描いたケープ・フラートン(Cape Fullerton)付近の地図
出所) McGrath 1988: 6

際にルートに沿って進んだときに出現する地形の連鎖を再現することに重点を置く，ルート図としての性格を色濃くもっていると言えるだろう。イヌイトの地図は，環境の全体を見通す俯瞰的な視点に立って描かれているのではなく，生業活動や移動活動で実際にたどられた足取りを，それら活動が展開された実際の視点から再現しているのである。

　こうした旅の再演としてのイヌイトの地図の特徴は，図Ⅲ-2.1.4のように，地形的特徴だけではなく，生業活動の様子や宿営地の様子が描き込まれた地図があるという報告(McGrath 1988; Miertsching 1946)からもうかがうことができる。また，イヌイトは，生業活動や宿営地の様子が描かれていない地図を不完全な地図とみなしていたという報告もあり(Miertsching 1946)，図Ⅲ-2.1.4のような絵文字的な要素を含む地図こそが，完全な地図であるとみなされてい

たのかもしれない。いずれにせよ，イヌイトにとって地図とは，旅の実践をコンテキストごと再現する旅の再演であり，そうであるからこそ，その実践のなかで展開された生業活動や宿営地の様子が地図に描き込まれることがあるのだといえるだろう。

　こうした足取りの軌跡としての性格は，私がクガールク村のハンターの1人に描いてもらった地図にもはっきりと現れている。今日では，イヌイトの人びとは，カナダ資源省が作成した1/250,000の地形図を利用することができるため，自ら地図を描くことはほとんどない。しかし，必要に迫られれば，図Ⅲ-2.1.5にあるような地図を描くことができる。図Ⅲ-2.1.5は，ある熟練ハンターが私のために，B4判のスケッチ・ブックに描いてくれたペリー湾周辺の地図である。

　この地図でも，これまでに検討してきた様々なイヌイトの地図と同様に，全体のプロポーションよりも，ペリー湾の海岸線に沿った移動に伴う地形的特徴の連鎖を再現することに重点が置かれている。しかも，この地図が描かれた際には，ペリー湾の対岸同士の位置関係が1回だけ確認されたが，全体のプロポーションが鳥瞰的な視点から確認されたのはその1回だけだった。地図を描いている最中，そのハンターは，あたかも実際に移動しているかのように，島から島へ，半島から半島へと地図を描き足していった。その結果，このハンターはB4判のスケッチ・ブックの1枚に地図を収めることができず，次から次へとスケッチ・ブックをめくりながら描き足してゆくことになってしまった[2]。また，そのスケッチ・ブックをめくる際に，現在自分が向いていると想定している方向から描き出したため，画用紙の上下と描かれた地形の方位が一致せず，極端な場合には図Ⅲ-2.1.5にあるように，画用紙の上下と地形の上下が逆転してしまった。

　このように，イヌイトが描く地図は，実際に自分が移動する視点から，その移動に伴って現れる地形を再現したものであり，実際の足取りをたどった軌跡としての性格を強くもっているのである。イヌイトは環境を対象化してその全貌を地図として描いているというよりも，紙の上にペンで「描く」という実践を通して，実際にたどったルート，つまり自分が過去に行った移動という実践を再演して見せているのである。

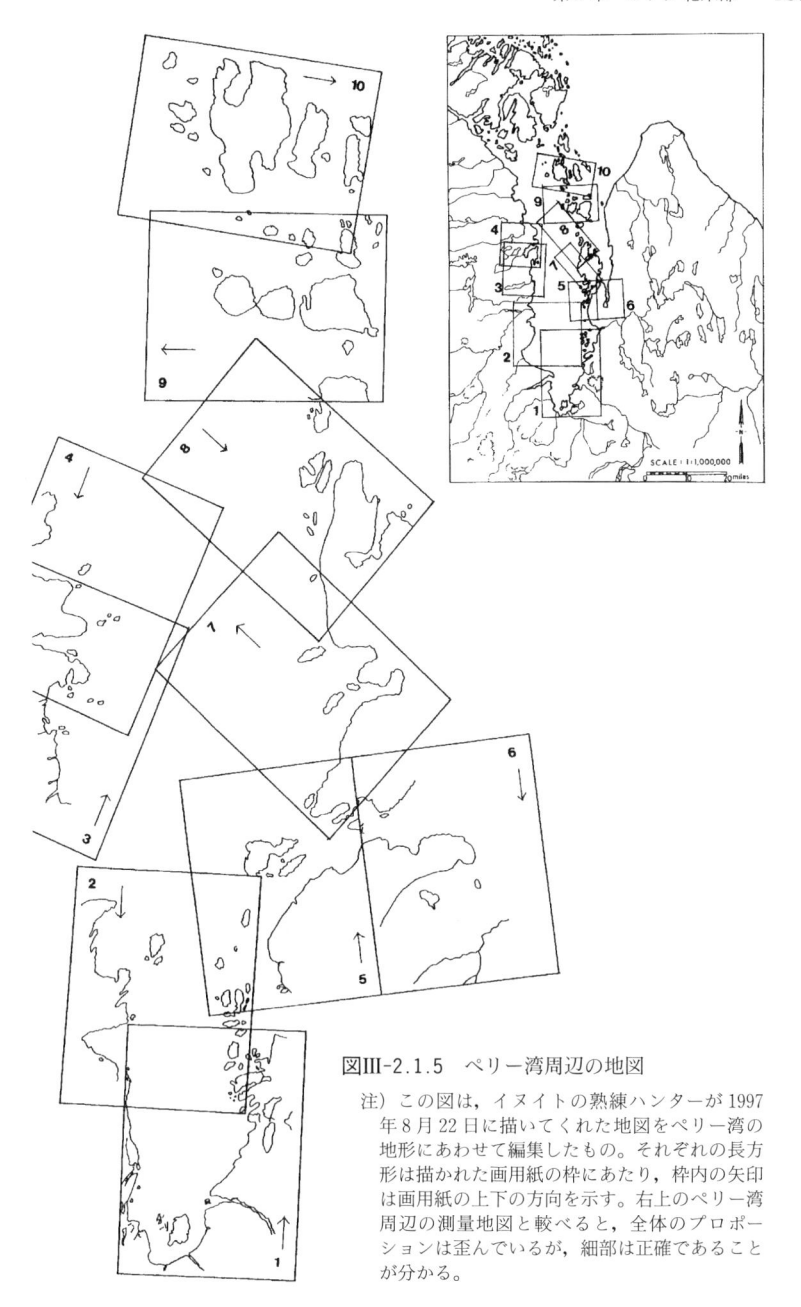

第 2 章 カナダ北東部 255

図III-2.1.5 ペリー湾周辺の地図

注）この図は，イヌイトの熟練ハンターが 1997 年 8 月 22 日に描いてくれた地図をペリー湾の地形にあわせて編集したもの。それぞれの長方形は描かれた画用紙の枠にあたり，枠内の矢印は画用紙の上下の方向を示す。右上のペリー湾周辺の測量地図と較べると，全体のプロポーションは歪んでいるが，細部は正確であることが分かる。

(2) 地名のネットワークと絶対方位——ナヴィゲーションの基礎知識

　それでは，どうしてイヌイトの地図は，実際の足取りの軌跡を再現するような性格をもつことになるのだろうか。それは，イヌイトが地理的な情報を記憶したり，伝達したり，実際にナヴィゲーションを行う際の方法と関係がある。

　これまでの研究で，イヌイトのナヴィゲーションが，季節風によって決定される2軸4方位の絶対方位とルートのネットワークによって基礎づけられていることが明らかにされてきた(Brody 1976; Correll 1976; Fortescue 1988; MacDonald 1998; Muller-Wille 1983, 1984, 1987, 1996; Nelson 1969; Nuttall 1992; 大村 2004)。例えば，私が調査を行っているクガールク村では，ハンティングや隣村への訪問などの移動活動のために利用される一定の決まったルートがあり，ニゲック(東南風)，オアッネック(西風)，カナンンゲック(北西風)，ピンガッネック(北東風)と呼ばれる季節風にもとづいた2軸4方位の絶対方位によって定位されたペリー湾を中心とする活動域の全体が，このルートのネットワークによって覆われている(図III-2.1.6)。そして，そのルートのネットワークを旅の物語として記憶することが，ナヴィゲーションの基礎となっているのである(大村 2004; Omura 2005a)。

　実際，多くの古老と熟練ハンターは，地名を付けられた300ヶ所近くの場所の空間的な相互関係をルートのネットワークとして把握しており，主要な猟場や隣村へのルートを地名の連鎖として暗唱することができる。また，イヌイト社会では，ルートに沿って地名を暗唱する早口ことばをはじめ，無数の旅の物語や歌があり，そうした早口ことばや歌，物語を通して，子どもがナヴィゲーションの基礎となるルートを習得していたことも報告されている(Arima 1976; Brody 1976; Correll 1976; Rasmussen 1931)。そして，私が参与観察を行ったナヴィゲーションの現場では，イヌイトのハンターたちは，風向きやサスツルギの方向，地形の観察などによって，この絶対方位とルートのネットワークによって組織化された空間に，自己を的確に位置づけるための努力を常に行っていた[3]。こうしたルートは長年にわたって使われ，移動に効率がよい安全なルートであるため，移動手段がスノーモービルに移った今日においても，頻繁に使われている。

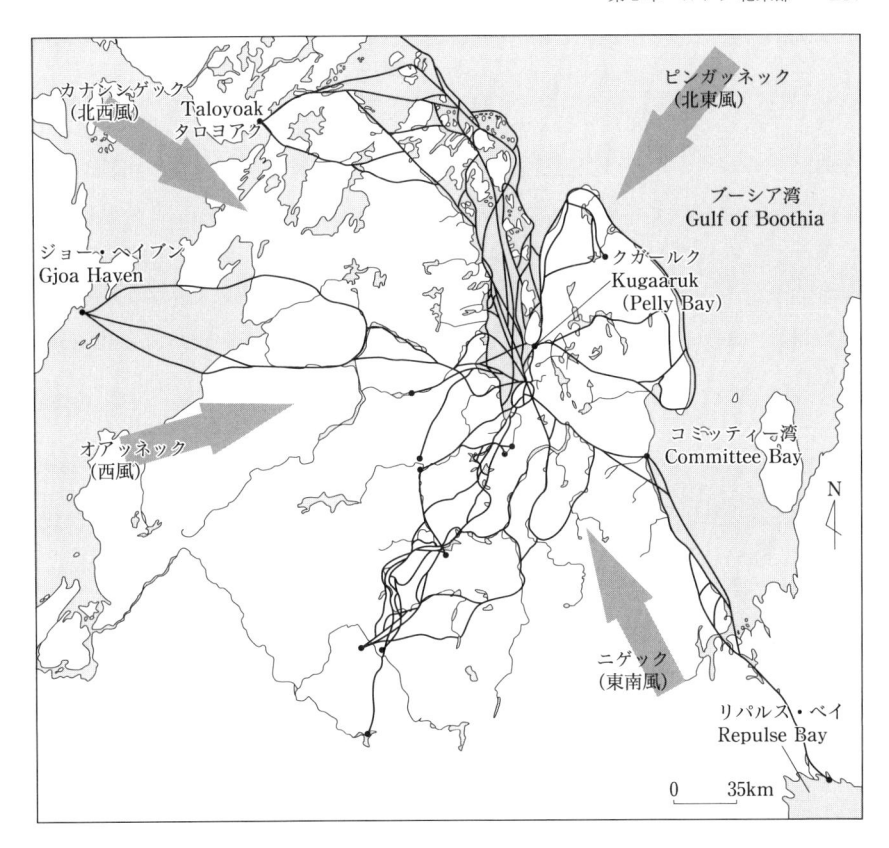

図III-2.1.6　ペリー湾周辺にはりめぐらされたルートのネットワークと季節風の絶対方位

　しかも，このルートの記憶のために用いられるイヌイト語の地名の多くは，名付けられた場所の地形的，生態的特徴を表示する意味をもっているため，ルートに沿った地名の連鎖を記憶することがそのまま，ルートに沿ったランドマークを記憶することにつながる（大村 2004）。イヌイト語の地名には人名や事件などを記念する名称が少なく，そのほとんどが「大きな島」や「平坦」「峡谷」，「塩水湖」，「真水のあるところ」，「白身魚がいるところ」，「2つの川が海に流れ込む湖」など，地形的あるいは生態的特徴を意味する名称であり，地名自体がナヴィゲーションや生業に関わる情報を含んでいる（Muller-Wille 1983, 1984, 1987, 1996; 大村 2004）。ルートを表す地名の連鎖は，ルートに沿っ

て移動するに伴って生じる地形的景観の連鎖を表象しており，ナヴィゲーションに必要な基本的な地理的情報を映像化しているのである。

さらに，こうしたルートは，単なる地名の連鎖として記憶されているだけでなく，そのルートを使った旅での具体的な経験が組み込まれた旅の物語として記憶されている。そのため，旅の物語としてルートを記憶することがそのまま，そのルートの効率的な利用法を覚えることにつながる。こうした旅の物語には，宿営地の場所，宿営期間，嵐や降雨，降雪などの天候の推移，観察された動植物の様子，魚やカリブーの収獲量，獲物やイヌゾリなどのキャッシュ（貯蔵所）の位置，様々な社会関係の変化，そして，そうした変幻する状況に対していかに臨機応変に対処したかなど，その旅を行ったハンターの経験が組み込まれている[4]。イヌイトの古老や熟練ハンターは，このような旅の物語の形で，かつて自分が実際に行った旅の1つずつを克明に記憶しており，そうした具体的な経験の記憶をナヴィゲーションに役立てているのである。

こうした旅の物語は，毎日相互に訪問しあって談話を交わすハンター同士の間で盛んに語られるため，旅の歌や物語を日常生活のなかで聞くことを通して，イヌイトの子どもたちはナヴィゲーションの基礎となるルートとその使い方を習得してゆく。こうした旅の物語に日常的に晒されることで，子どもたちはナヴィゲーションに必要な知識を身につけ，熟練ハンターに連れられて実地でナヴィゲーションの技術を習得するための準備を整えてゆくのである。さらに，こうして身につけたルートに関する知識を基礎に，実際に旅の実践を積み重ねてゆくことによって，イヌイトの子どもたちは地名と景観の対応を習得してゆく。何年もルートを実際にたどる経験を通して，冬季と夏季の景観の違いを含め，地名が指す場所の景観を覚えてゆくのである。

実際，熟練ハンターのハンティングや旅に同行する子どもたちは，熟練ハンターから現在地の地名を教わるとともに，しばしば現在地の地名をあてるクイズをしかけられる。熟練ハンターに同行してナヴィゲーションの技術を学んでいた私も，ことあるたびに現在地の地名をあてるクイズをしかけられた。例えば，ボートでの移動中やスノーモービルでの移動の小休止の間に，しばしば熟練ハンターは私に「あの島の名前は何だ？」，「クガールク村があるのはどっちだ？」とたずね，私が答えられないと「おまえは子どもだ」と一笑いして正解

を教えてくれた。子どもたちは，様々な季節にわたって繰り返しルートを実際にたどり，その途上で地名をあてるクイズを何度も受けながら，次第に地名と景観を正確に一致させることを学んでゆくのである。

このようにイヌイトのナヴィゲーションがルートのネットワークの体得に基礎づけられていることが分かれば，イヌイトが描く地図が実際の足取りをたどった軌跡としての性格をもつ理由は，もはや明らかであろう。極北の環境を自在に移動するためのナヴィゲーションの技術は，環境を稠密に覆うルートのネットワークを旅の物語として記憶することに基礎づけられており，イヌイトにとって環境を描くということは，その環境を稠密に覆うルートのネットワークを描き，そこで実際に経験した旅の実践を物語として再現することにほかならないのである。

(3) 物語のタペストリー──イヌイトの環境観

これまでに見てきたことから，長年にわたる旅の実践を通して極北の環境を自在に移動するためのナヴィゲーションの技術を身につけたイヌイトにとって，極北の環境は稠密なルートのネットワークで秩序づけられ，無数の旅の物語によって豊かに彩られた世界であることが分かるだろう。たしかに，極北の環境は，私たちには茫漠としたとりとめのない景観にしか映らない。しかし，ちょうど私たちが東京圏を網の目のように覆い尽くしている地下鉄・私鉄・JRの路線を利用しているときのように，極北の環境を移動してゆくイヌイトにとって，その環境はルートのネットワークで緻密に覆い尽くされている。もちろん，そこには，地下鉄や鉄道，道路のように，ルートが目に見える形で造られているわけではない[5]。しかし，ナヴィゲーションの技術に精通したイヌイトにとって，その野生の環境は，長年にわたって自分が実践してきた旅の物語と，耳にしてきた旅の物語によって幾重にも覆われているのである。

こうしたイヌイトの環境観は，道路を造ることによって環境を改変しながら開発してゆく代わりに，旅の実践を重ねることによって，自分自身の記憶を開発してゆこうとする思想にもとづいていると言えるだろう[6]。イヌイトは，極北の環境を野生のままに保ちつつも，自分自身はもとより，過去の先人たちが

旅の実践を通して紡ぎ上げてきた旅の物語のタペストリーで，その環境を優しく覆うことによって環境とうまくつきあっているのである。旅の実践を通して物語のタペストリーを織り上げ，その記憶のタペストリーで野生の環境を覆いながら，その厚みと深みを増すことによって環境と親密な関係を紡いでゆくイヌイトの姿は，環境の改変を目指す近代の環境開発のあり方とは異なる環境とのつきあい方を教えてくれるのではないだろうか。

謝　辞

　本稿の基本的なアイデアは大村(1995)にもとづいているが，その後10年近くの調査の成果を活かすために，本稿は新規に書き下ろされた。この調査は，平成7～9年度文部省科学研究費補助金・国際学術研究「イヌイットの社会・文化の変化に関する民族学的研究」(大村敬一代表，課題番号07041026)，平成14～16年度文部科学省科学研究費補助金・若手研究(A)「カナダ・イヌイトの民族科学的知識と環境管理」(大村敬一代表，課題番号14701006)，平成14～18年度文部科学省科学研究費補助金・特定領域研究「資源の分配と共有に関する人類学的統合領域の構築：象徴系と生態系をとおして」(内堀基光代表)，「身体資源の構築と配分における生態，象徴，医療の相互連関」(菅原和孝代表)の助成を受けて行われた。日本国文部科学省と特定領域研究の研究代表者の内堀基光先生と菅原和孝先生に改めて御礼申し上げたい。また，調査の際にはクガールク村の人びとから言葉に尽くせないほどのお世話をいただいた。親切なご指導と暖かいご叱責をいただいたクガールク村の人びとに心からの感謝を申し上げる。

注

1) イヌイトのナヴィゲーションに関しては，別稿(大村2004)で詳しく紹介したので参照願いたい。また，こうした先住民の知識と技術を検討するうえでの問題点と今後の展望についても，別稿(大村2002)で検討したので参照願いたい。
2) 同様の描き方は，パリー(Parry 1824)などによっても報告されている。
3) この詳細に関しては，別稿(大村2004)で詳しく紹介したので参照願いたい。
4) この物語の実例は，別稿(大村2004; 2005b; Omura 2005a; 2005b)で紹介したので参照願いたい。
5) たしかにイヌイトも，ナヴィゲーションのためにイヌクシュク(*inukshuk*)と呼ばれる目印を造るが，環境を大幅に改変するような造営物を造ることはない。このイヌクシュクについては別稿(大村2004)で紹介したので参照願いたい。
6) こうした環境観を支えているイヌイトの思想については，別稿(大村2003；2005a；2005b; Omura 2005a; 2005b)で詳細に検討したので参照願いたい。

引用・参考文献

Arima, E. Y.
  1976 An Assessment of the Reliability of Informant Recall. In M. M. R. Freeman (ed.), *Report: Inuit Land Use and Occupancy Project Vol.2*. pp.31-38. Ottawa: Department of Indian and Northern Affairs.
Bagrow, L.
  1948 Eskimo Maps. *Imago Mundi* 5: 92-94.
Boas, F.
  1888 [1964] *The Central Eskimo*. London: University of Nebraska Press.
Brody, H.
  1976 Land Occupancy: Inuit Perceptions. In M. M. R. Freeman (ed.), *Report: Inuit Land Use and Occupancy Project Vol.1*. pp.185-242. Ottawa: Department of Indian and Northern Affairs.
Correll, T. C.
  1976 Language and Location in Traditional Inuit Societies. In M. M. R. Freeman (ed.), *Report: Inuit Land Use and Occupancy Project Vol.2*. pp.173-186. Ottawa: Department of Indian and Northern Affairs.
Fossett, R.
  1996 Mapping Inuktitut: Inuit Views of the Real World. In Elizabeth Vibert (ed.), *Reading Beyond Words: Contexts for Native History*. pp.74-94. Toronto: Broadview.
Fortescue, M.
  1988 *Eskimo Orientation Systems*. Meddelelser om Gronland (Man and Society) No.11. Copenhagen Kommissionen for Videnskabelige Undersogelser i Gronland.
Hall, C. F.
  1865 *Life with the Esquimaux: A Narrative of Arctic Experience in Search of Survivors of Sir John Franklin's Expedition*. Tuttle: Rutland.
  1879 *Narrative of the Second Arctic Expedition Made by Charles F. Hall* (J. E. Nourse ed.). Washington D.C.: Government Printing Office.
Huish, R.
  1836 *A Narrative of Voyages and Travels of Captain Bechey to the Pacific and Behring's Straits; Performed in the Years 1825, 26, 27 and 28*. London: Wright.
MacDonald, J.
  1998 *The Arctic Sky: Inuit Astronomy, Star Lore, and Legend*. Iqaluit: Nunavut Research Institute.
McGrath, R.

1988 Maps as Metaphor: One Hundred Years of Inuit Cartography. *Inuit Art* 3-1.

Mathiassen, T.
1928 *Material Culture of the Iglulik Eskimos, Report of the Fifth Thule Expedition vol. 6-1.* Copenhagen: Gyldendalske Boghandel.
1931 *Contributions to the Physiography of Southampton Island, Report of the Fifth Thule Expedition Vol. 1-2.* Copenhagen: Gyldendalske Boghandel.
1933 *Contributions to the Geography of Baffin Land and Melville Peninsula, Report of the Fifth Thule Expedition Vol. 1-3.* Copenhagen: Gyldendalske Boghandel.

Miertsching, F. A.
1946 *From Okak.* Periocal Accounts Vol. 18.

Muller-Wille, L.
1983 Inuit Toponymy and Cultural Sovereignty. *McGill Subarctic Research Paper* 37: 131-150.
1984 The Legacy of Native Toponyms: Towards Establishing the Inuit Place Name Inventory of Kativik Region (Quebec). *Onomastica Canadiana* 65: 2-19.
1987 *Gazetteer of Inuit Place Names in Nunavik (Quebec, Canada).* Inukjuak: Avataq Cultural Institute.
1996 Geographical and Territorial Concepts in Inuit Toponymy: Names of Offshore Features in Nunavik. In B. Jacobsen (ed.), *Cultural and Social Research in Greenland 95/96: Essays in Honour of Robert Petersen.* pp.209-216. Nuuk: Ilisimatusarfik / Atuakkirfik.

Nelson, R. K.
1969 *Hunters of the Northern Ice.* Chicago: The University of Chicago Press.

Nuttall, M.
1992 *Arctic Homeland: Kinship, Community and Development in Northwest Greenland.* Toronto: University of Toronto Press.

大村敬一
1995 「ネツリック・イヌイットの地理感覚と生業活動域（テリトリー）：生業活動と人間の認知機構との関係について」北海道立北方民族博物館編『第9回北方民族文化シンポジウム報告：ツンドラ地域の人と文化』pp.69-90. 網走：財団法人北方文化振興協会
2002 「『伝統的な生態学的知識』という名の神話を超えて：交差点としての民族誌の提言」『国立民族学博物館研究報告』26(4)：25-120.
2003 「近代科学に抗する科学：イヌイトの伝統的な生態学的知識にみる差異の構築と再生産」『社会人類学年報』29：27-58.
2004 「旅の経験を重ねる：極北に生きるカナダ・イヌイトの知識と実践」野中健一編『野生のナヴィゲーション』pp.55-90. 東京：古今書院
2005a 「野生の科学と近代科学：先住民の知識」本多俊和，葛野浩昭，大村敬一編『文

化人類学研究：先住民の世界』pp.115-139. 東京：放送大学教育振興会

2005b「差異の反復：カナダ・イヌイトの実践知にみる記憶と身体」『文化人類学(旧民族学研究)』70(2)：247-270.

Omura K.

2005a Science against Modern Science. In N. Kishigami and J. Savelle (eds.), *Indigenous Use and Management of Marine Resources*. Senri Ethnological Studies 67. pp.323-344. Suita: National Museum of Ethnology.

2005b Repetition of Different Things: The Mechanism of Memory in Traditional Ecological Knowledge of the Canadian Inuit. In K. Sugawara (ed.), *Correlations between Ecological, Symbolic, and Medical Systems in the Construction and the Distribution of Body Resources*. pp.79-107. Tokyo: Research Institute for Languages and Cultures of Asia and Africa, Tokyo University of Foreign Studies.

Parry, W. E.

1824 *Journal of a Second Voyage for the Discovery of a North-west Passage from the Atlantic to the Pacific Performed in the Years 1821-22-23*. London: John Murray.

Rae, J.

1850 *Narrative of an Expedition to the Shoes of the Arctic Sea in 1846 and 1847*. London: T. and W. Boone

Rasmussen, K.

1930 *Iglulik and Caribou Eskimo Texts, Report of the Fifth Thule Expedition Vol. 7-3*. Copenhagen: Gyldendalske Boghandel.

1931 *The Netsilik Eskimos: Social Life and Spiritual Culture, Report of the fifth Thule Expedition 1921-1924 Vol. 8*. Copenhagen: Gyldendalske Boghandel.

1932 *Intellectual Culture of the Copper Eskimos, Report of the Fifth Thule Expedition 1921-1924 Vol. 9*. Copenhagen: Gyldendalske Boghandel.

Ross, J.

1835 *Narrative of a Second Voyage in Search of a North-West Passage, and of a Residence in the Arctic Regions during the Years 1829, 1830, 1831, 1832, 1833*. London: A. W. Webster.

Rundstorm, R. A

1990 A Cultural Interpretation of Inuit Map Accuracy. *Geographical Review* 80 (2): 155-168.

Simeon, G.

1982 *Eskimo Wayfindings and Spatial Orientation*, unpublished manuscript. Ottawa: National Museum of Civilization, ref. Contract No.1630-8-988.

Spencer, R. F.

1955 Map making of the North Alaskan Eskimo. *Proceedings of the Minnesota*

Academy of Science Vol. 23: 46-50.

Spink, J. and D. W. Moodie

1972 *Eskimo Maps: From the Canadian Eastern Arctic*. Cartographica Monograph 5. Toronto: University of Toronto Press.

1976 Inuit Maps from the Canadian Eastern Arctic. In M. M. R. Freeman (ed.), *Report: Inuit Land Use and Occupancy Project Vol.2*. pp.39-46. Ottawa: Department of Indian and Northern Affairs.

2 イヌイトの食物分配に関する覚書
――カナダ国ケベック州アクリヴィク村の事例を中心に――

岸　上　伸　啓

はじめに

　狩猟採集社会や小規模農耕社会においては日常的な食物の分かちあいや分与が頻繁に行われている。この食物の分かちあいや分与は文化人類学では「食物分配」(food sharing)と呼ばれ，特に狩猟採集民がなぜ食物や獲物を分配するのか，という問題は現代の人類学の重要なテーマの1つである。多くの人類学者は，食物分配とは食物を余分に持っている人が持っていない人に余剰を提供することによって，多くの人びとが生き残ることができるので，所与の環境への適応手段の1つであると考えている(例えば Langdon and Worl 1981; Gould 1982; Wiessner 1982; Cashdan 1985; Winterhalder 1986; Smith 1988)。さらに狩猟採集社会においては食物分配には社会的な連帯性を生み出すこと(Kent 1993)や政治経済的な平等性を維持させる機能があることが指摘されている(Damas 1972; Woodburn 1982, 1998)。

　本稿では，カナダ国ケベック州アクリヴィク村におけるイヌイト(Inuit)による食物分配の現在の実践を紹介するとともに，その特徴を検討する。さらにイヌイトの視点から，食物分配の社会・経済・文化的な意義を解明する。

(1) アクリヴィク村における現代の食物分配

　アクリヴィク村は，ケベック州ヌナヴィク地域のハドソン湾に面した北緯60度48分，西経78度8分に位置するイヌイトの村である。2003年時点の同

村のイヌイト人口は約450人で，12の拡大家族(親族集団)から構成されている。村の世帯主の大半は，3ないし4世代上に遡れば同一人物を祖先としているうえに，村人は婚姻によっても関係しあっており，村自体が大型の親族集団を形成しているともいえる。

　アクリヴィク村における食物分配を記述するために，ここでは便宜的に1980年代以前から存在していた食物分配のタイプと，1980年代半ばに「ジェームズ湾および北ケベック協定」(1975年に締結された先住民諸権益処理協定)のもとに制度化された「ハンター支援プログラム」(岸上1998；Kishigami 2000)を利用する食物分配を区別する。前者を「慣習的な食物分配」，後者を「制度化された食物分配」と呼んでおきたい。

慣習的な食物分配

　現在のアクリヴィク村では，カリブーのような陸獣やアザラシやシロイルカのような海獣，ライチョウやハクガン，カナダガンのような鳥，ホッキョクイワナのような魚，村の生協の店舗で購入された食料品が分配の対象となっている。ハンターの捕獲した獲物が分配されている流れを時系列的に見ると，狩猟に参加したハンター間での第1次分配，それらのハンターと村人(やキャンプのメンバー)との第2次分配，さらに村人間での食事を通しての食物分配などの第3次分配に分けることができる。

　ハンターたちはアザラシやカリブーなどを捕獲するとその場で解体しながら肉や肝臓を食べることが多い。解体が終了すると，肉や脂肪の分配が行われる。一見すると，狩猟に参加したハンターがおのおの必要な量の肉を勝手にとり，持ち帰っているように見えるが，原則は獲物を捕殺したハンターが毛皮と自分の家族が必要とする量の肉や脂肪をとる。そのほかのハンターは残った肉や脂肪の量とそこにいるハンターの数を考慮にいれながら，肉や脂肪をもらうのが一般的である。狩猟場での獲物の分配は，ニンギックツック(*ningiqtuq*)と呼ばれる。また，シロイルカやセイウチなどの大型獣の場合には，かつては誰が獲物のどの部位をもらうのかに関して詳細な規則が存在していたことが知られているが(Graburn 1969: 68-70)，現在のアクリヴィク村ではそのような規則はすでに忘れ去られている。

ひとたびハンターが肉や獲物をキャンプや村に持ち帰ると，彼は頻繁にその一部もしくはすべてをほかの世帯に住む両親，祖父母，兄弟姉妹，オジやオバ，子どもたちと分配する。さらに時々，彼は肉や獲物を隣近所の人や村に住む老人，病人，寡婦，サウニック（*sauniq*）と呼ばれる同名者，サナジ（*sanaji*）と呼ばれる儀礼的な助産人に分配することがある。獲物や食物をハンターやその家族が別の世帯に持って行き，分配することはパユツック（*pajuttuq*）と呼ばれる。また，ある人が誰かに肉を与えることは，ニッヒミク　アイツイユク（*niqimik aittuijuk*）と呼ばれる。一方，肉が欲しい村人は狩猟に成功したハンターの自宅を訪れ，肉をもらうことがある。また村に住む家族や親族が肉を持っていない場合には，肉を必要としている村人がFMラジオの村内放送を利用して，肉をくれるようにと村人へ頼むことがある。アクリヴィク村においては，肉や脂肪など地元で獲れる食物は，人に貸したり，人から借りたりするものではない。それらは，無償であげたり，もらったりする対象である。私の観察によると，キャンプ地や狩猟場での肉の分配と村の中での分配においては異なる論理が働いているように見える。なぜならばキャンプ地や狩猟場ではその場にいるすべての人が肉や魚の分け前を手に入れることができるのに対し，村の中での食物分配の大半はそれぞれの拡大家族内で行われているからである。前者では場の共有や狩猟への参加が，後者では親族関係が重要な決定因として働いているようにみえる。

　シロイルカのような大型の海獣を村の近海で捕獲したハンターは，肉やマッタック（*mattaq*）と呼ばれる脂肪つきの皮部をすべての村人やキャンプのメンバー全員に少量であっても分配しようとする。私有の大型ボートを利用した遠隔地でのシロイルカ猟の場合には，ボートが村に帰ってくると海岸で船長と乗組員との間で肉やマッタックの分配が行われる。このときには，大型ボートの共同所有者数名も全員であわせてハンター1名分の肉やマッタックを受け取る。すなわち船長1名，乗組員数名，大型ボートの共同所有者（乗組員1名分）がほぼ等量の肉やマッタックを受け取る。この分配の後にさらに余剰があれば，残った分がほかの村人に分配される。通りがかりの村人や余剰に関する情報を村のFMラジオ放送を聞いて知った村人が三々五々に海岸へと肉やマッタックをもらいに集まってくる。船長はもらいにやって来た村人ひとりひとりに肉

やマッタックを手渡ししていく。この手渡しによる分配はパユツックと呼ばれている。

ひとたびハンターが村に肉や魚，鳥をもたらすと，それらは家族や親族，ほかの村人との食事や分与を通してさらに分配されていく。アクリヴィク村では多くの村人は夕食や昼食を自宅ではなく，彼らの両親や祖父母の家でとる傾向がある。このため食事の単位は，個々の独立した世帯ではなく，拡大家族関係にある複数の世帯の成員から構成されることが多い。例えば，私の下宿先では，下宿の世帯員以外に，別の世帯に住む世帯主夫婦の娘とその子どもたちが夕食や昼食を食べにほぼ毎日来ている。また，獲物を獲ったハンターが家族や親族，友人を食事に招くこともある。ほかの人を自宅の食事に招くことはハイッフイユク (*qaiqujijuk*) と呼ばれている。このように食事を通した食物分配が日々行われている。

これ以外に，新年，復活祭，カナダの日，クリスマスなど特別な日には，村全体での饗宴(共食会)が開催される。これらの共食会はニリマツット (*nirimatut*) と呼ばれる。

ハンター支援者プログラムによる制度化された食物分配

1975年にイヌイトはクリーとともにカナダ政府やケベック州政府を相手に「ジェームズ湾および北ケベック協定」を締結した。この協定のもとで，ケベック州政府は先住民の生業活動を振興させるための「ハンター支援プログラム」を1982年に制定した。1983年より毎年，このプログラムの資金は州政府よりカティヴィク地方政府を通して，各村に配分されようになった。各村は，それぞれの村の事情にあわせて，予算をたて資金を運用することができる。アクリヴィク村では，1983年からこのプログラムを利用して，狩猟・漁撈を実施したり，村人から地元産の食料を購入し，村人に無償で提供したりするようになった。

1990年代後半以降のハンター支援プログラムを利用した食料の分配は，アクリヴィク村の場合，次の通りである。毎年12月から翌年の2月頃まで村の担当者は，地元のハンターから1ポンド(=約453.6g)あたり1ドル50セントでワモンアザラシやアゴヒゲアザラシの肉，ホッキョクイワナを購入し，老人

や寡婦に無償で分配する。また，大量の肉があるときには，それ以外の世帯にも分配している。

　3月から4月には村の担当者は，上記のアザラシ肉以外に，カリブーを1頭110ドルくらいで買い取り，カリブーの肉を老人，寡婦らの世帯に無償で分配する。1度に10〜15頭のカリブーが購入できると，村の全世帯(約80)に肉を無償で分配する。このような全世帯への分配は2ヶ月間で多くて3回である。

　5月から8月にかけて，アクリヴィク村周辺にはハクガンやカナダガンが到来する。また，7月から9月にかけてはホッキョクイワナが沿岸を回遊している。このため夏には村人は豊富な食物を入手できるために，ハンター支援プログラムを利用した食物の分配は行われない。

　アクリヴィク村には私有の大型ボート2隻とハンター支援プログラムを利用して購入された村有の大型ボート1隻が存在している。9月から10月になると村人はこれらの大型ボートを利用してセイウチ猟とシロイルカ猟に遠征する。村議会は6人のハンターをプログラムの資金で雇い，村の大型ボートを利用した狩猟遠征を年にそれぞれ1度ずつ組織し，実施する。シロイルカ猟の場合，雇われたハンターたちが獲物を村に持ち帰ると，村の担当者がシロイルカのマッタックを全世帯に平等に分配する。肉は，欲しい人が各自の世帯の必要に応じてもらうことになっている。セイウチ猟の場合には，肉はそれを望む世帯のみに分配される。毎年村のほぼ半分にあたる約40世帯がセイウチの肉を手に入れている。例えば，1999年には1世帯あたり20kg程度のマッタックと約40kgのセイウチの肉が村から村人へと分配された。

　内水面が凍結し，大地が氷雪に覆われるようになると，村人は村から北に約100km離れたところにあるクーヴィク(Kuuvik)という湖沼地帯にホッキョクイワナ漁に行くようになる。11月の後半から12月の初めにかけて，村の担当者はクーヴィクへ行った村人からホッキョクイワナを1ポンドあたり1ドル50セントで買い上げ，村の全世帯に約5尾ずつ配布し，残った魚は村の冷凍庫で村人用に保管される。1997年12月には2000ポンド(約400尾)のホッキョクイワナがこのプログラムを利用して購入され，村の全世帯に分配された。また，例年12月にはクリスマスの饗宴のためにホッキョクイワナ200ポンドがこのプログラムの資金で買い上げられている。

通常，ハンター支援プログラムで村が買い取った獲物や魚は，すぐに村人へと分配されるが，余剰がある場合には村の冷凍庫で保管される。食料がない村人は，村の担当者からの許可を得れば，必要な量の肉や魚を手に入れることができる。また，食料が欲しい老人や寡婦が担当者に電話をすれば，肉や魚をその担当者が自宅まで配達してくれる。

アクリヴィク村の食物分配の特徴
　これまで紹介してきたように，現在のアクリヴィク村には慣習的な食物分配と新たに制度化された食物分配が存在している。アクリヴィク村のイヌイトの大多数の者は，食物分配はイヌイト社会で生き延びていくための唯一のやり方であると考えている。次に，アクリヴィク村における現在の食物分配の特徴について指摘しておきたい。
　アクリヴィク村においては，大半の慣習的な食物分配は家族関係，親族関係，同名者関係，儀礼的助産人関係，友人関係など親密な社会関係にある人びととの間や，狩猟や漁撈などに何らかの形で参加した人びととの間，春キャンプや夏キャンプなど特定の時点で生活の場を共有している人びととの間で行われる傾向が認められる。また，村人は親族関係がない寡婦，老人，病人にも獲物や食物を分配している。さらにハンター支援プログラムを利用した食物の分配は，第1に寡婦や老人，病人など食料を必要とする人びとに提供することを目的とし，できうる限り村人全員に平等に肉や魚を分配することを目的としている。このプログラムを利用した食物分配では，獲物や食物は1度，村人やハンターから村（役場）へと売り渡された後に，村人に再分配されるという形態をとっている。これら新旧2種類の分配の共通点は，獲物が所有者ないし捕獲者からそれ以外の人びとへと一方向的に（再）分配されていることである（岸上2003a；Kishigami 2004）。
　大半の場合，肉や魚をある人に分配したイヌイトは，その人から肉や魚を戻してくれることを期待してない。イヌイトにとって，食物を必要とする人に肉や魚を分配することは義務に近いことである（Riches 1981）。イヌイトは，ほかの人と意図的に肉や魚を交換しているのではない。おのおのの分配行為は，与えるもしくはもらうという1つの行為で完結しているのである。彼らはほか

の人に食物をあげたり，ほかの人から食物をもらったりしているにすぎないのである。したがって，これまで食物分配は互酬的交換（reciprocal exchange）の視点から分析されることが多かったが（例えば Sahlins 1965），ネツリク・イヌイトのアザラシ肉分配パートナー制度（Van de Velde 1956; Damas 1972）などを例外とすれば，そうすべきでないというのが私の主張である。イヌイトの食物分配が互酬的な交換に見えるのは，彼らの食物分配が特定の社会関係にある人びとの間で行われているからであり，プロセスや結果として双方向に食料が移動しているにすぎないのである。

(2) 食物分配の社会・経済・文化的な重要性

　私は，現在のイヌイトの食物分配には，社会的および経済的な機能があるのみならず，文化的な機能があると主張したい。すなわち食物分配とは多面的で，複数の機能を併せもつ実践である。

　第1に，食物分配には経済的な機能がある。食物を持っている人が食物を持っていない人に分配することによって，持たざる人は食物を得ることができる。イヌイトの場合，人がある人に肉を与えたからといって，将来，その人が与えた人から肉を必ずもどしてもらえるとは限らないので，食物分配は経済的なコスト・ベネフィットの点で見ると，肉を持たない人に有利に働くことになる。また，食物分配には，特定の個人や世帯が食物を蓄積していくことを防止する平準化機能が働いている（Damas 1972; Woodburn 1982）。

　第2に，食物分配には社会的な機能がある。食物分配は，社会生業システムの一部である。この社会生業システムとは，獲物の捕獲，分配，消費から構成される広義の経済活動システムであるが，その一部をなす各活動は特定の社会関係にもとづいて実践され，その実践を通してその社会関係が再生産されている（例えば Lonner 1980; Ellanna and Sherrod 1984; Langdon 1991; Wenzel 1981）。すなわち社会関係と捕獲・分配・消費活動とが1つの活動システムを構成しているのである。このシステムのなかで，イヌイトが特定の社会関係にある人の間で食物分配が行われることによって，食物をあげる人とそれをもらう人との間の社会関係が維持，再生産されるのである（Bodenhorn　2000;

Hovelsrud-Broda 2000; Kishigami 2000; Wenzel 1995, 2000)。ここで強調しておきたい点は，特定の社会関係が存在するから，イヌイトは食物分配をするのであり，社会関係を意図的につくり出すために食物を分配することは稀であるという点である。また，ほかの人に食物を頻繁に分配しているハンターは，村人から高い社会的な評価を得ている点も指摘しておきたい。この社会的な名声の獲得は，ハンターがほかの人へと獲物や食物を分配し続ける動機の1つとなっている。

第3に，イヌイトの食物分配の実践は彼らの世界観に基づいており，イヌイトの文化的なアイデンティティと深く関係している。動物はイヌイトに獲られるためにやってきてくれるのであり，イヌイトのハンターは捕獲したその動物を粗末に扱ったり，その肉を独り占めしてはならないと，イヌイトは考えている。このためイヌイトは，動物からもらった食物は，ほかの人に分配すべきであると考えている (Fienup-Riordan 1983: 346；スチュアート 1990：121-122；Nuttall 1991: 219; Bodenhorn 2000: 44-47)。イヌイトは自らが捕獲した肉や魚をほかの人に分配することに喜びを感じており，その実践はイヌイトがアイデンティティを構築するうえで重要な要素の1つとなっている。

イヌイトの食物分配は，以上のような経済的，社会的，文化的な機能を併せもつ実践である。しかしながら，慣習的な食物分配は，その頻度や量の点から見れば衰退しつつある。この衰退の主な原因は，貨幣経済の重要性が増大してきたこと，イヌイトの生活スタイルの多様化，急激な人口増加，シロイルカの管理のような狩猟規制の実施などである。これまで述べてきたことにもとづけば，食物分配の衰退がこのまま続けば，イヌイトの社会関係や世界観などの大幅な変化を引き起こす可能性があるといえよう。

結　論

現在のアクリヴィク村では，ハンター間の獲物の分配，ハンターと村人との間の獲物の分配，村人間の食事や分与による食物の分配，村全体での共食会，ハンター支援プログラムを利用した食物分配が実践されている。これらの分配に共通している点は，それらの大半が特定の個人間や家族間に限定された食物

の互酬的な交換ではなく，獲物や食物を持つ人から持っていない人への一方向的な分配もしくは再分配という形態を採っていることである（岸上2003a；Kishigami 2004）。

本稿では，食物分配は現在のイヌイトにとって経済的に，社会的に，文化的に重要な実践であることを示した。また，その実践は，イヌイトの社会関係や世界観，文化的なアイデンティティと分かちがたく結びついており，食物分配の実践の衰退は，イヌイト社会を基盤から覆すような変化を引き起こす可能性を指摘した。

「狩猟採集民はなぜ食物を分配するのか」というテーマは人類学の重要な研究課題である。最近の研究の大半は，狩猟採集民の食物分配を進化生態学的な視点に立つ「血縁淘汰仮説」や「互恵的利他主義仮説」，「容認される盗み仮説」，「社会的名声獲得仮説」などから解明しようとしている。しかしどの仮説も単独では満足のいく説明を提供していない（例えば，岸上2003b；Gurven n. d; Ziker 2003）。これは食物分配の機能や意義が社会ごとに異なり，歴史的にも変化し続けていること，さらには食物分配が多機能的な実践や制度である点を考慮に入れていないからであろう。今後の食物分配研究で必要なことは，進化生態学的な仮説を数量的に検証しようとするのではなく，特定の時点と場所の中で繰り広げられる食物分配を多機能的な実践として民族誌的に深く記述することであると思う。そしてその積み重ねの後に，諸事例を通文化的に比較検討することが必要であろう。

引用・参考文献

Bodenhorn, B.
 2000 It's Good to Know Who Your Relatives Are but We Were Taught to Share with Everybody: Shares and Sharing among Inupiaq Households. In G. H. Wenzel, G. Hovelsrud-Broda and N. Kishigami (eds.), *The Social Economy of Sharing: Resource Allocation and Modern Hunter-Gatherers* Senri Ethnological Studies No.53. pp.27-56. Suita: National Museum of Ethnology.

Burch, E. Jr.
 1988 Mode of Exchange in North-west Alaska. In T. Ingold, D. Riches, and J. Woodburn (eds.), *Hunters and Gatherers, Vol. 2: Property, Power and Ideology*. pp.95-109. Oxford: Berg.

Cashdan, E.
　1985 Coping with Risk: Reciprocity among the Basarwa of Northern Botswana. *Man* 20: 454-474.
Damas, D.
　1972 Central Eskimo Systems of Food Sharing. *Ethnology* 11: 220-240.
Ellanna, L. J. and G. K. Sherrod
　1984 *The Role of Kinship Linkages in Subsistence Production.* Alaska Department of Fish and Game, Division of Subsistence. Technical Paper Series # 100.
Fienup-Riordan, A.
　1983 *The Nelson Island Eskimo.* Anchorage: Alaska Pacific University Press.
Gould, R.
　1982 To Have and Have Not: the Ecology of Sharing among Hunter-gatheres. In N. Williams and E. Hunn (eds.), *Resource Managerers: North American and Australian Hunter-Gatherers.* pp.69-92. Boulder: Westview Press.
Graburn, N. H. H.
　1969 *Eskimos without Igloos.* Boston: The Little, Brown and Company.
Gurven, Michael
　n. d To Give and to Give Not: the Behavioral Ecology of Human Food Transfers. *Behavioral and Brain Sciences* に掲載予定
Hovelsrud-Broda, G.
　2000 "Sharing", Transfers, Transactions and the Concept of Generalized Reciprocity. In G. W. Wenzel, G. Hovelsrud-Broda and N. Kishigami (eds.), *The Social Economy of Sharing: Resource Allocation and Modern Hunter-Gatherers* Senri Ethnological Studies No.53 pp.193-214. Osaka: National Museum of Ethnology.
Kent, S.
　1993 Sharing in an Egalitarian Kalahari Community. *Man* (N. S.) 28: 479-514.
Kishigami, N.
　2000 Contemporary Inuit Food Sharing and Hunter Support Program of Nunavik, Canada. In G. W. Wenzel, G. Hovelsrud-Broda and N. Kishigami (eds.), *The Social Economy of Sharing: Resource Allocation And Modern Hunter-Gatherers* Senri Ethnological Studies No.53. pp.171-192, Suita: National Museum of Ethnology.
　2004 A New Typology of Food-sharing Practices among Hunter-gatherers, with a Special Focus on Inuit Examples. *Journal of Anthropological Research* 60: 341-358.
岸上伸啓
　1998 『極北の民 カナダ・イヌイット』東京：弘文堂
　2003a「狩猟採集民社会における食物分配の類型について」『民族学研究』68(2)：

145-164.

2003b「狩猟採集民社会における食物分配：諸研究の紹介と批判的検討」『国立民族学博物館研究報告』27(4)：725-752.

Langdon, S.
  1991 The Integration of Cash and Subsistence in Southwest Alaskan Yup'ik Eskimo Communities. In N. Peterson and T. Matsuyama (eds.), *Cash, Commoditisation and Changing Foragers* Senri Ethnological Studies No.30 pp.269-291. Suita: National Museum of Ethnology.

Langdon, S. and R. Worl
  1981 *Distribution and Exchange of Subsistence Resources in Alaska*. Division of Subsistence, Technical Paper Series ♯ 55, Alaska Department of Fish and Game.

Lonner, T.
  1980 *Subsistence as an Economic System in Alaska: Theoretical and Policy Implications*. Subsistence Division Technical Paper No.67. Anchorage: Alaska Department of Fish and Game.

Nuttall, M.
  1991 Sharing and the Ideology of Subsistence in a Greenlandic Sealing Community. *Polar Record* 27 (162): 217-222.

Riches, D.
  1981 The Obligation to Give: an Interactional Sketch. In L. Holy and M. Stuchlik (eds.), *The Structure of Folk Models* Monograph 20. pp.209-203. London: Academic Press.

Sahlins, M.
  1965 On the Sociology of Primitive Exchange. In M. Banton (ed.), *The Relevance of Models for Social Anthropology* Monographs of the Association of Social Anthropologists, No.1 pp.139-236. London: Tavistock.

Smith, E. A.
  1988 Risk and Uncertainty in the 'Original Affluent Society': Evolutionary Ecology of Resource-sharing and Land Tenure. In T. Ingold, D. Riches, and J. Woodburn (eds.), *Hunters and Gatherers, Vol.1. History, Evolution and Social Change*. pp.222-251. Oxford: Berg.

スチュアート　ヘンリ
  1990「食糧分配における男女の役割分担について」『社会人類学年報』17：115-127.

Van de Velde, F.
  1956 Rules for Sharing the Seal amongst the Arviligjuarmiut Eskimo. *Eskimo* 41: 3-6.

Wenzel, G. W.
  1981 *Inuit Ecology and Adaptation: The Organization of Subsistence*. Canadian

Ethnology Service Mercury Series Paper No.77. Ottawa: National Museum of Man.

1995 Ningiqtuq: Resource Sharing and Generalized Reciprocity in Clyde River, Nunavut. *Arctic Anthropology* 32 (2): 43-60.

2000 Sharing, Money, and Modern Inuit Subsistence: Obligation and Reciprocity at Clyde River, Nunavut. In G. W. Wenzel, G. Hovelsrud-Broda and N. Kishigami (eds.), *The Social Economy of Sharing: Resource Allocation and Modern Hunter-Gatherers* Senri Ethnological Studies No.53 pp.61-85. Suita: National Museum of Ethnology.

Wiessner, P.

1982 Risk, Reciprocity, and Social Influence on !Kung San Economies. In E. Leacock and R. Lee (eds.), *Politics and History in Band Societies*. pp.61-84. Cambridge: Cambridge University Press.

Winterhalder, B.

1986 Diet Choice, Risk, and Food Sharing in a Stochastic Environment. *Journal of Anthropological Archaeology* 5: 369-392.

Woodburn, J.

1982 Egalitarian Societies. *Man* (N. S.) 17: 431-451.

1998 Sharing is Not a Form of Exchange: an Analysis of Property-sharing in Immediate-return Hunter-gatherer Societies. In C. M. Hann (ed.), *Property Relations: Renewing the Anthropological Tradition*. pp.48-63. Cambridge: Cambridge University Press.

Ziker, John

2003 Kinship and Friendship in the Taimyr Autonomous Region. *Northern Russia Sozialersinn* 1: 59-80.

3 定住と生業
——ネツリック・イヌイトの伝統的生業活動と食生活に見る継承と変化——

スチュアート ヘンリ

はじめに

　カナダの中部極北圏で季節移動の生活をしていたネツリック・イヌイトは，それまでの季節的移動生活に代わり，1950年代から1960年代にかけて定住するようになった。この小論では，ペリーベイ村(図Ⅲ-2.3.1)のネツリック・イヌイトの定住化に伴う生業と食生活の変化を取り上げる。なお，ここでは「定住」の定義は，便宜上，村を根拠地としている生活様式を指すものとする。

　定住村の1つであるペリーベイのネツリック・イヌイトの1960年代以前の生業，そして1960年代以後の定住とそれに伴う生業と食生活を概観して，両時期における継承と変化を簡単にまとめる。そして最後に，そうした継承と変化を解釈する理論的な問題を取り上げる。

(1) ペリーベイのネツリック・イヌイトの伝統的生業

　ここでいう「伝統」には，1960年代以前の生業は太古以来不変なものであったという意味はないことに留意されたい。便宜上，1960年代の定住化以前の時期のラベルとして「伝統」を使っているのであって，技術的な段階や他民族・他文化との交渉がなかったことなどの意味合いは含まれていない。

　ネツリック・イヌイトの伝統生業を要約してみると，第1の特徴は，年間サイクルに利用された生活領域(テリトリー)では，多種多様の動植物が食卓にのぼったことである。カリブー，ジャコウウシ，ジリス，ホッキョクグマなどの

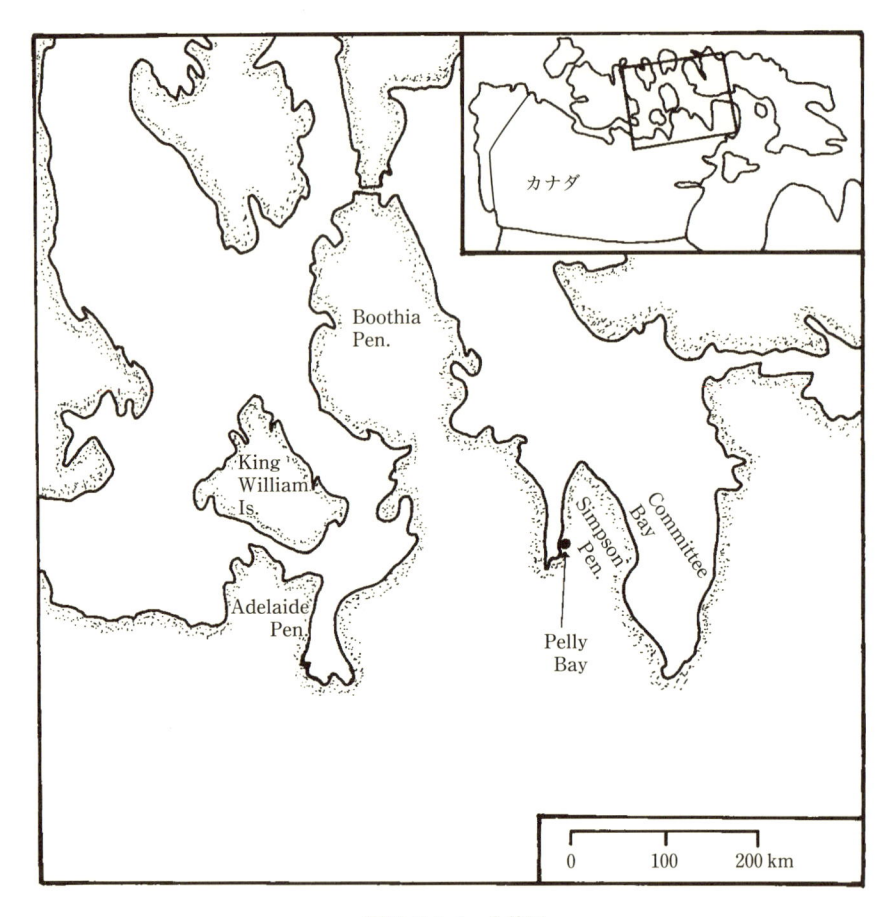

図III-2.3.1　全体図

陸上哺乳類，ワモンアザラシ，アゴヒゲアザラシ，シロイルカなどの海棲哺乳類，ホッキョクイワナ，シロマスなどの魚類，カモ，ガン，ハクチョウ，ライチョウなどの鳥類とその卵，ガンコウランやコケモモなどの植物が挙げられる。20世紀初頭までペリーベイ周辺にはジャコウウシが生息し，狩猟の対象になっていたが，現在はこの地域にはジャコウウシは分布していない。

　第2に，生業活動を2つの季節，すなわち5～6月から11月頃までの「夏」と，12月頃から6月頃までの「冬」に分けることができる(モース1981)。基

本的に「夏」は陸上，「冬」は海氷上における生業活動が行われてきた。夏＝陸上，冬＝海氷上，そしてそれに関連するタブーの二項対立の図式は伝統の世界観にも対応している(スチュアート 1991 a)。

そのほかに，カモメ，オオカミ，クズリ，タビネズミ(レミング)の肉も食べられていた。これらのものは救荒食としてではなく，日常生活のなかで食べられたとは意外であった。そのうち，量の面でネツリック・イヌイトの食生活の基盤となっていたのはワモンアザラシとカリブー，魚類である。

1）アザラシ猟

12月頃から5月頃までの間，呼吸穴にのぼってくるワモンアザラシ，あるいは6～7月には氷の上で日光浴をしているワモンアザラシ，アゴヒゲアザラシが銛で仕留められた。呼吸穴猟は主に5～10人のハンターが参加して集団で行われていた。カヤックからの海上アザラシ猟はしなかった。

2）カリブー猟

4～6月に北上してくるカリブーは痩せており，毛皮は服の材料に適さないことと，この時期は海氷上のアザラシ猟がたけなわであったことにより，春のカリブー猟は積極的に行われなかった。7～9月にツンドラに広く分散しているカリブーに忍び寄って弓矢で仕留める方法があったが，弓矢の有効距離である30m以内に忍び寄ることは困難であったので，この時期に仕留められたカリブーは比較的少なかった。この時期にイヌクシュクとハンティング・ブラインドを利用する方法もあった。11月以降，積った雪の上を歩くと，足音が遠くまで響き，射程内に入るまでにカリブーが逃げてしまうので，冬のカリブー猟による収穫はあまりなかった。そのため，カリブーが群をつくり南へ下る10～11月に，川や湖に追い込んでカヤックから，あるいはカリブーフェンス(caribou fence)において槍で仕留めたりした(スチュアート 1990)。なお，20世紀初頭から，射程距離の長い銃が普及するにつれ冬のカリブー猟がより積極的に行われるようになっている。

3）捕　　鯨

先史時代のチューレ文化(西暦1000～1500年前後)の遺跡で発見される鯨骨によって，この地方ではかつて捕鯨も行われていたことが確認されている。ネツリック・イヌイトの伝承では大型クジラの捕鯨は語られていないし，行って

いたことを示す証拠はないが，シロイルカやイッカクは猟の対象になっていた。

4）漁　撈

　漁撈の対象はホッキョクイワナ，シロマス，カレイ，タラ，カジカなどであったが，量的にホッキョクイワナが最も多かった。ホッキョクイワナ漁は主に3つの時期に分けられる。まず，7～8月に海から遡河するホッキョクイワナを，河口近くの石造りの簗で魚扠を使って刺して獲った。獲った魚は生干しにして貯蔵施設で保存し，冬の食料とした。第2の漁期は10～11月で，川と湖が結氷すると氷に開けた穴から魚扠で突いてホッキョクイワナを獲り，氷板で作った「冷凍庫」で保存した。この時期のホッキョクイワナも冬の食料に回された。第3の漁期の6～7月には，川の氷がとけ，湖で越冬したホッキョクイワナが海にもどる途中に簗で捕獲した。この時期のホッキョクイワナは乾燥され，夏の食料として貯蔵された（スチュアートほか1994）。漁の合間にカリブー猟も行われていた。また，4～7月に海氷上で，擬似餌でおびき寄せたタラを魚扠で刺して獲ったが，その量はさほど多くなかった（スチュアート1992b,1993a, b; Stewart 2005）。

　以上の狩猟と漁撈のほかに，先に述べたライチョウ，ガンなどの鳥類，ジリスなどの小動物の狩猟，コケモモなどの植物採集が適時に行われていた。

5）移動手段・住居

　移動手段に関して，夏は徒歩が原則であり，荷物は人間が背負ったり，イヌの背中に載せたりした。ネツリック・イヌイトには大型の皮舟のウミアックはなく，カヤックは主に川や湖でのカリブー猟に使われ，キャンプ移動には舟は用いられなかった。冬は犬橇が主に海氷上の移動に使われ，陸上での犬橇の使用はもっぱら10～5月の期間に限られていたようである。

　このような季節移動を基盤とした生業において，12月から5月までは雪の家（イグルー），6月から11月までの間はテントに住んでいた。この地域では先史時代の竪穴住居址があるものの，民族誌ではネツリック・イヌイトが竪穴住居を使っていた記録はなく，長老は竪穴を見てもその構造や使用に関する知識をもっていない。

　伝統的には，家族がそろって午後4時頃に食事を1日に1回摂った。食事以外のとき，空腹になると勝手にあるものを食べたようである。

(2) 1960年代以降の生業と食生活

　1960年代に入ってペリーベイ周辺のネツリック・イヌイトは現在のペリーベイ村に定住するようになり，ヨーロッパ人が持っていた鉄製品や材木などを求める過程において，テリトリーの再編成や季節移動ルートの変更などによる「伝統の生業」に変化が起こった。時代が下るにつれてその影響は加速的に増大し，1960年代の定住化につながっていく（Balikci 1978; Savelle 1985）。1935年に現在のペリーベイ村の核となったキリスト教の伝道所が開かれたのに続いて，1961年に公立小学校が開校したことをきっかけに政府が定住のための家を建て始めた。1966年に生活協同組合が経営する店が開設された。ここで食料品や雑貨，狩猟・漁撈の装備が販売されている。

　ペリーベイ村での定住とその後に導入された金属，グラスファイバーや木製の舟と船外機，スノーモービルの普及により生業パターンと食生活に顕著な変化が起きた。定住，そして狩猟・漁撈活動の機械化のために，従来の獲物の種類の選択とその比率は以前と大きく変わった。

1）アザラシ猟

　現在でもアザラシ猟はネツリック・イヌイトの生業のなかで重要な活動の1つであるが，12〜3月の厳冬期には海氷上のワモンアザラシ猟は積極的に行われなくなっている。4月からの呼吸穴猟に銛，海氷上で日光浴をするアザラシ猟に銃が使われているが，最も大きな変化は，以前には行われていなかった7〜10月の夏の海上アザラシ猟である。今は舟に乗り，回遊するアザラシを銃で仕留める猟が盛んに行われ，アザラシはほぼ1年中食べられるようになった。

2）カリブー猟

　1920年代に銃が普及したことにより，イヌクシュクによるカリブー猟と追い込み猟はすたれたが，1960年代以降にライフル銃を持ってスノーモービルや，四輪のバギー——現地では先発メーカーのホンダにちなんでハ・ン・ダ・と呼ばれている——が使われるようになり，年中，特に冬でもいつでもカリブーが手に入るようになっている。

3）漁　　撈

　従来，簗で獲ったホッキョクイワナが多かったが，この10年の間に簗はあ

まり使われなくなり，数ヶ所の簗が時々使われるだけという状況である。簗漁の代わりに盛んに行われているのは，河口付近での網漁である。網が用いられるようになったのは1920年代とされているが，1960年代に船外機つきの舟が導入されたことに伴い，網漁が主要な漁撈の手段となっている。10～11月の湖氷上のホッキョクイワナ漁は現在も行われており，冬に消費される魚は主にこの時期に捕獲される。

伝統的に肉は食用，毛皮は服などの材料になっていたホッキョクグマ，オオカミ，キツネは現在，毛皮がモントリオールなどの毛皮商社に出荷されるだけで，オオカミやキツネの肉は捨てられている。1970年代にワモンアザラシも食用とともにその毛皮が出荷されていたが，市場が暴落している現在，毛皮は捨てられる場合が多い(Wenzel 1991)。

4) 鳥　　猟

昔のように，羽の生えかわる時期(換羽期)のガンなどの鳥猟はすたれ，現在はほかの獲物を狩猟している時に見つけた鳥をついでに散弾銃で撃ちとるのが一般的である。また，カモメなどの卵を集めることも少なくなっている。

5) 世 界 観

伝統的な二項対立の「陸」対「海」，「夏」対「冬」などの世界観(スチュアート 1991 a, c)，特に食べ物に関するタブーにはどのような変化が起きているかについて検討を加える必要がある。伝統的に，食べものに対する厳格なタブー，とりわけ「陸」のものと「海」のもの，「夏」のものと「冬」のものを一緒に食べてはならないことがよく知られている(Balikci 1970: 222-223; Rasmussen 1931: 167-168, 179-182)。現在このようなタブーがあまり守られていないという印象を受けるが，1990年の冬に私が参加したカリブー猟の際，仕留めた雌カリブーの胎盤から胎児を取り出して雪の上に置いた若い(23歳)ハンターがいた。それは，胎児を胎盤に入れたままにすると村の女性たちは難産になると伝えられているからである。このように，タブーは現在でもある程度守られているが，どのような人がいかなる状況においてタブーを認識しているかに関する研究はない。

(3) 考　　察

　定住に伴う生業と食生活の変化をまとめると次のようなことが明らかになる。
1) 伝統的な生業が行われていた時代には，季節移動を繰り返しながら，通常の年間行動半径は 200〜250 km であった。1960 年代に定住化が進んだことと，生業活動の機械化に伴い行動半径は縮小され，現在の日常的な狩猟は，主にペリーベイ村を中心に半径 50〜60 km 以内で行われている。漁撈は 20〜30 km の範囲内である。

　つまり，機動性が高くなったにもかかわらず，行動半径は伝統時代の半分以下に縮まり，村から離れている期間は多くの場合，長くて 2〜3 日程度であり，機動力を駆使しての日帰りの狩猟が目立つ。伝統時代には拠点的な居住地はなかったので，「帰る」という意識はなかったことに対して，定住の村が生活の「本拠地」となったことが原因で，機械化に伴う集約的な狩猟の行動範囲が縮小している。

2) 定住と生業活動の機械化により，獲物の種類が限定されていることが認められる。一度にまとまった量の肉が得られるカリブー猟，アザラシ猟や漁撈が主な生業活動となり，鳥類や小動物の捕獲はほとんど行われていない。つまり，集約捕獲にもとづく短時間の効率的な狩猟・漁撈が主流となっている。

　また，5〜10 人のハンターが協力して行っていたアザラシの伝統的な集団猟が少なくなり，少人数のアザラシ猟が一般的になっている。春のアザラシ猟，特に呼吸穴猟は現在でも銛によって行われているので，この変化には機械化の影響というよりも，社会集団の再編成が大きく関わっていると思われる。しかし，社会集団の現状に関する研究は始まったばかり(岸上 1991；岸上・スチュアート 1995)なので，定住化や村内食料販売が社会集団にどのような影響を及ぼしているかについては現段階では評価できない。

3) 生業活動の変化のもう 1 つの原因は，ペリーベイで開設されているコープ(生活協同組合が経営する店)での食料販売である。狩猟・漁撈をしなくとも食料が手に入ることは現在の生業活動および食生活を変える要因の 1 つであることは明らかである。

①店で買う加工食品が占める食料全体の割合は，残念ながら統計によって算出

されていないが，インフォーマントの意見と私たちの観察では，店で買う食料品は狩猟・漁撈による食料を上回っているようである。これは特に40歳未満の若い世代において著しい現象である。

②加工食品が好まれる傾向の背景には，狩猟・漁撈による食料が手に入らなくなったことよりも，文化的な要因が強いと思う。つまり，カナダやアメリカの主流社会がイヌイトの生肉を食べるなどの伝統食生活を蔑んできたという偏見と，テレビ・コマーシャルの影響が強いようである。それについて詳しく述べる余裕はないが，それらの要因のためにイヌイトが食生活を自ら積極的に変えていることを看過してはならない(スチュアート 1993 c)。

③定住生活に伴って，現金収入が得られるようになったことも，食生活に変化をもたらす要因になっている。賃金労働，生活保護のほかに，毛皮と手工芸品販売による収入が主な現金収入源になっている。1990年現在の人口が約380人のペリーベイ村では，定職ポストは44ぐらいしかない。主な定職は下記の通りである。

> 村長，村役場事務員と用務員，トラック運転士(燃料配達，給水，ゴミ収集など)，車両修理工，コープ(レジ係，事務員，商品係)，コープ経営ホテル(コック，部屋係)，飛行場(滑走路管理，気象係)，学校(補助教員，用務員)，救急医療センター通訳，郵便局，ディーゼル動力発電所，準州および連邦政府施設管理，道路管理，村内規の指導員(就学日の門限など)，準州議員

これは1990年3月の調査のデータであるが，年によって多少の変動はあるものの，全人口の380人に対して40余の定職しかないことは常態である。

そのほかに，夏の道路工事や住宅建設などの季節労働を合わせると，全人口の約30％だけはまとまった現金収入がある[1]。賃金労働に就けない人は，失業保険，子供扶養手当て，住宅手当て，養老年金などによる収入に頼らざるを得ず，生活に必要な最低限の収入になるが，その現金はおおかたコープでの食料購入にあてがわれている。

ペリーベイで観察されるこの傾向はラブラドールのマッコビク(Makkovik)で実施された調査の結果(Mackay and Orr 1987)とよく符合する。マッコビクでは1年に獲れた伝統食料は約2万8000 kg である。ペリーベイでは奬果類は

マッコビクに比べて少ないが，その他の獲物の割合は両村で大同小異と思われる。マッコビクの調査では伝統食料と加工食品の比率が示されていないが，現金収入の少ない家庭において伝統食料は，収入のある家庭の約半分である。その理由として，狩猟・漁撈に必要な機械などを購入する資金が不足していることが指摘されている。

　ここで１つのパラドックスが起きている。不十分な収入である生活保護に頼っている人たちは，コープで買う食料に比べて，現金が必要でない狩猟・漁撈による食料をより多く消費するだろうと予測されるが，現実はその反対である。効率的に狩猟・漁撈を行うための装備である舟，船外機，バギー，網，銃と銃弾などを買う資金が必要である。賃金収入のある人は装備を買い，仕事の合間，あるいは土曜日・日曜日に狩猟・漁撈に出かける。言い換えれば，時間が十分にないはずの賃金労働者は装備を買う資金があるので，その家庭にはカリブー，アザラシなどの伝統的な食料がたいがいある。

　逆に，狩猟・漁撈を行うのに時間的な制約を受けていない人たちは，収入を主に生活保護に頼っているので，装備を購入する資金がなく，コープで買う加工食品への依存度は高い。また，限られた現金を食料品に使うので，いつになっても狩猟・漁撈を行うための装備がそろえられない，という悪循環が生じている。

　資金はあるが時間的な制約のある生業のあり方で浮き彫りにされているもう１つのことは，狩猟・漁撈をより効率的に行おうとする傾向があることである。すなわち，短時間で多くの収穫を得るために一層の機械化が追求されていることである。より馬力の大きな船外機，一度により多くのカリブーを運ぶ大型橇を曳く大型スノーモービルなどが求められている。

④伝統的な食品処理は定住とともに継承されなくなりつつある。定住する以前は何種類もの処理法，特に肉や魚を発酵させた食品の種類が豊富であったが，今はあまり作られなくなっている。カリブーの骨髄や脳を発酵させたもの，アザラシの脂身（ブラッバー）と肉を発酵させて作る一種のソースであるイグナク，魚の内臓で作られた食品が今はほとんど見ることのできないものになっている（スチュアート 1992 a）。

　これらの食品がなくなっていることの背景には，若い人たちがそれを作る手

の込んだ作業をいやがっていることもあるが，もっと直接的な要因は，このような種類の食品への主流社会の偏見によって伝統食が忌避される傾向と，テレビ，特にコマーシャルの影響によるイヌイト自身の嗜好の変化である。

⑤生業と食生活の変化に伴って，かつて存在していたおびただしい数のタブーの多くが消えつつある(Stewart 2004)。陸上の獲物と海で獲った獲物を一緒に食べることは伝統的に禁止されていたが，今はそうした区別は認識されなくなっている。しかし，いくつかのタブーは今でも守られている。先述したように，3月頃に仕留めた雌のカリブーの胎児を胎盤から切り出さなければ，村の女性は難産になる，というのはその一例である。

⑥定住化と食生活の変化に関連する健康問題のことであるが，健康に影響している主な要素は，運動量が大幅に減ったことと，ファストフードを含めて店で買う加工食品が増加していることである。現在，平均寿命が長くなっている反面，健康状態が概して悪くなっている傾向は，主にこの2つの要因に関係しているとされている。

ペリーベイに関しては，定住とそれに伴う食生活の変化による健康に対する総合的な研究は知らないが，他の地域での研究成果(McElroy and Townsend 1985; McNabb 1990; Young (ed.) 1988など)がペリーベイにも該当すると思われる。そのデータによれば，いわゆる「文明病」が増えていることが明らかである。特に目立って増えているのは虫歯，鉄分不足による障害，胆石，肺炎，中耳炎，そして癌などである。これらの病気は，栄養状態が良かった伝統食から，栄養が偏っている加工食品への変更と，運動不足という要因に深く関わっているといわれる。癌も急増しているがその原因に関する研究は管見の限りにおいてない。

また，赤ん坊の母乳の授乳期間を短くして，缶詰のエバミルクや粉ミルクに切り替えていることは，幼児の病気への抵抗力の低下，そして骨の発達に悪影響を及ぼしているようである。

もう1つの変化は，伝統的な食生活には砂糖はなく，炭水化物は1日に約10g程度であったのが，現在は砂糖の摂取量は1日に約150gに増え，炭水化物は1日に約250gに増えていることである。その結果として，肥満，特に運動量の少ない女性の肥満が健康上，大きな問題となっている。女性の場合，高

炭水化物食と運動不足に加えて，生業活動にあまり関わらなくなっており，退屈しのぎの間食が肥満の傾向に拍車をかけているようである。

さらに検討されなければならない課題は，グループ内のストレス（個人間の軋轢，いがみ合いなど）である。伝統的な季節移動生活では，離合集散がグループ内のストレスを解消する方法の1つとして挙げられているが，定住することがグループ内のストレスの増大をもたらしているのか，そしてストレス増大が認められるなら，それにどう対応しているかということについて検討する必要がある。

⑦定住に関連して今後研究しなければならない課題がある。1つは，獲物の分配パターンの変化である。伝統的に獲物は狩猟・漁撈集団の間，または親族集団の間に分配されていたが，狩猟・漁撈が個人的に行われるようになり，社会集団が変動していることによって分配システムが変化していることである。

⑧定住化に伴うストレスの問題がある。10代の若者の間に，盗みなどの非行が増加していることには，ストレスも関係していると思われる。

ま　と　め

以上に述べたように，1960年代からペリーベイ村に定住することにより，ネツリック・イヌイトの伝統的な生業と食生活は大きく変貌してきた。この変貌をどう解釈するか，そして現代史におけるその位置づけが問題となる（スチュアート 1991b:31-32）。

多くの研究者によって，欧米人との出会いによりネツリック・イヌイトの伝統文化は長老の記憶にしか残っていないとか，その固有の文化と社会が崩壊し，跡形もなく消えてしまったかのように報告されている（例えば Balikci　1970: xxiv；バーチ 1991:21 など）。しかし，こうした解釈は欧米を中心とした歴史観という，一種のエスノセントリックな解釈であるともいえる。たしかにペリーベイに住むネツリック・イヌイトの生活と文化は大きく変化したとはいえ，このような変化はネツリック・イヌイトに限った現象ではない。日本でもイギリスでもフランスでも，ネツリック・イヌイトの社会に起きた変化に勝るとも劣らない歴史的な変化が起きている。

1970〜1980年代まで人類学会の主流の理論的な枠組みであった歴史修正主義，すなわちRevisionist Anthropologyでは，少数民族は外界，とりわけ欧米を中心とした世界システムからの影響に受動的に反応するだけであり，自律性はなかったとする考え方が一般的であった。しかし，1980年代に入り，こうした受動的な歴史観に対して疑問が提示されるようになった。つまり，外界からの影響は認められるが，所与の条件において個人または集団の行動と実践(practice)が自主的，能動的に対応している側面に人類学者が目を向けるようになった(Ortner 1984)。イヌイトの養子縁組制度や拡大家族の変遷にこの視点を採り入れた岸上(1988, 1991)の研究では，イヌイトの文化・社会の自主性が具体的に検証されている。

　少数民族の歴史における自主性をめぐってSahlins(1981)や今村(1989)の考察，そして最近Current Anthropologyの誌上で展開されている論争——HeadlandとReid(1989)，ブッシュマンに関するSolwayとLee(1990)の論文とそれに対するWilmsenとDenbowの反論(1990)——を踏まえて次のようにこの小論をまとめることにしたい。

　すなわち，ネツリック・イヌイトの社会と文化はこの数十年の間に大きく変化したが，それはネツリック・イヌイト独自の生業伝統と食生活の崩壊，もしくは消滅を必ずしも意味するのではない。強制もあった事実は否めないが，ネツリック・イヌイトは自律的に状況の変化に対応し，現在のイヌイトの生業活動と食生活，ひいてはその文化と社会は再生産されながら継承されているという見方もできると思う(スチュアート 1991b:192-193)。

後　記

　　この論文は1991年11月に開催された第6回北方民族文化シンポジウムでの発表について1992年の同シンポジウム報告にまとめたものを短くしたものである。その後も調査研究が続けられているので，本論の内容に特に深く関係するその後の研究成果の数点を盛り込んだ。
　　この研究は文部省(当時)科学研究費補助金(国際学術研究「東部極北圏先史・原史エスキモー文化の研究」[スチュアート　ヘンリ代表，課題番号63041122，1987〜89年]，国際学術研究「伝統イヌイト〈エスキモー〉文化の生業活動に関する民族考古学的な研究」[スチュアート　ヘンリ代表，課題番号04041099，1992〜94年])の助成を受けた研究成果の一部である。

注
1) 2001年の国勢調査では，ペリーベイの総人口は605人であり，そのうちの575人はイヌイトである。職の数は増えているものの，何らかの賃金収入があるのは265人だけである。20歳以上の人口は325人であるので，完全失業率はおよそ20％である。

引用・参考文献

バーチ，アーネスト
 1991『図説エスキモーの民族誌：極北に生きる人びとの歴史・生活・文化』スチュアート　ヘンリ訳，東京：原書房

Balikci, Asen
 1970(1990) *The Netsilik Eskimo*. New York: Natural History Press.
 1978 The Netsilik Inuit Today. *Etudes/Inuit/Studies* 2 (1): 111-119.
 1984 Netsilik. In D. Damas (ed.), *Handbook of the North American Indians: Vol. 5 Arctic*. pp.415-430. Washington: Smithsonian Institution.

Dahl, Jens
 1989 The Integrative and Cultural Role of Hunting and Subsistence in Greenland. *Etudes/Inuit/Studies* 13 (1): 23-42.

Damas, David
 1969a Characteristics of Central Eskimo band structure. Contributions to Anthropology: Band Societies. *National Museums of Canada Bulletin* 228: 116-141.
 1969b Environment, History and Central Eskimo Society. Ecological Essays, D. Damas, ed., *National Museums of Canada Bulletin* 228: 269-300.

Ellanna, Linda
 1991 More than Subsistence: the Harvest of Wild Resources and Alaska Native Cultural and Social Identity. 北方民族文化シンポジウム実行委員会編『第4回北方民族文化シンポジウム：北の食と住』28-37．網走：網走市

Headland, Thomas, Lawrence Reid
 1989 Hunter-gatherers and Their Neighbours from Prehistory to Present. *Current Anthropology* 30 (1): 43-66.

今村仁司
 1989「イデオロギーとプラクティス」田辺繁治編『人類学的認識の冒険：イデオロギーとプラクティス』pp.95-119．東京：同文舘出版

岸上伸啓
 1988「イヌイト社会における養子縁組の変遷」『季刊人類学』19(4)：100-132．
 1991「カナダ国北西準州ペリーベイ村におけるネツリック・イヌイトの拡大家族について」『北海道教育大学紀要』42(I-B)：1-12

岸上伸啓・スチュアート　ヘンリ

1995「ネツリック・イヌイット社会における社会関係について：カナダ国北西準州ペリーベイ村の事例を中心に」『国立民族学博物館研究報告』19(3)：405-448．吹田：国立民族学博物館

Mackey, M. G., R. D. Orr
    1987 An Evaluation of Household Country Food Use in Makkovik, Labrador, July 1980-June 1981, *Arctic* 40 (1): 60-65.

McElroy, Ann, Patricia Townsend
    1985 *Medical Anthropology in Ecological Perspective.* Boulder: Westview Press.

McNabb, Steven
    1990 Native Health Status and Native Health Policy: Current Dilemmas at the Federal Level. *Arctic Anthropology* 27 (1): 20-35.

モース，マーセル
    1981『エスキモー社会：その季節的変異に関する社会形態的な研究』宮本卓也訳　東京：未来社

Ortner, Shirley
    1984 Theory in Anthropology since the Sixties. *Comparative Studies in Society and History* 26: 126-166.

Rasmussen, Knut
    1931 The Netsilik Eskimos: Social Life and Spiritual Culture. *Report of the Fifth Thule Expedition* Vol.8. Copenhagen: Gyldendal.

Sahlins, Marshall
    1981 *Historical Metaphors and Mythical Realities: Structure in the Early History of the Sandwich Islands Kingdom.* ASAO Special Publications No.1. Ann Arbor: University of Michigan.

Schaefer, Otto, Jean Steckle
    1980 *Dietary Habits and Nutritional Base of Native Populations of the Northwest Territories.* Yellowknife: Science Advisory Board of the Northwest Territories.

Savelle, James
    1985 Effects of 19th Century European Exploration on the Development of the Netsilik Inuit Culture, the Franklin Era in Canadian Arctic History 1845-1859. *Archaeological Survey of Canada Paper* 131: 192-214, Mercury Series Ottawa: National Museum of Man.

Solway, Jacqueline, Richard Lee
    1990 Foragers: Genuine or Spurious? Situating the Kalahari San in History. *Current Anthropology* 31 (2): 109-146.

スチュアート　ヘンリ
    1990「伝統ネツリック・イヌイトのイヌクシュクによるカリブー猟」『民族学研究』55 (1)：75-86．

1991a「食料分配における男女の役割分担について：ネツリック・イヌイト社会における獲物・分配・世界観」『社会人類学年報』17：115-127.

1991b『北アメリカ大陸先住民族の謎』光文社文庫　東京：光文社

1991c「食料・女性・世界観：中部極北カナダの伝統イヌイト社会における食料の捕獲と分配」北方民族文化シンポジウム実行委員会編『第4回北方民族文化シンポジウム：北の食と住』46-50．網走：網走市

1992a「移住から定住へ：ネツリック・イヌイトの食生活が変わる」NHK取材班ほか著『人間は何を食べてきたか：海と川の狩人たち』pp.221-236. 東京：日本放送出版協会

1992b「ネツリック・イヌイトの漁撈：夏の簗漁を中心に」『北海道立北方民族博物館研究紀要』1：31-53．網走：北海道立北方民族博物館

1993a「ネツリック・イヌイト社会における春の生業：5～6月のカリブー猟と漁撈を中心に」『北海道立北方民族博物館研究紀要』2：13-36．網走：北海道立北方民族博物館

1993b「極北地帯の石干見：特殊な簗に関する民族学・考古学的研究」『史観』128：64-87.

1993c「極北民族の食生活：エスキモーは何を食べてきたか」『VESTA』15：14-26．味の素食の文化センター：東京

Stewart, Henry
　2005 The Fish Tale That Is Never Told: a Reconsideration of the Importance of Fishing in Inuit Societies. In N. Kishigami and J. M. Savelle (eds.), *Indigenous Use and Management of Marine Resources*. Senri Ethnological Studies No.67 pp.345-363, Suita: National Museum of Ethnology.

スチュアート　ヘンリ・手塚　薫・熊崎　保
　1994「北極の民族考古学：カナダ北西準州ペリーベイ村周辺の遺構」『北海道開拓記念館研究年報』22：35-64. 札幌：北海道開拓記念館

Wenzel, George
　1991 *Animal Rights, Human Rights: Ecology, Economy and Ideology in the Canadian Arctic*. Buffalo: University of Toronto Press.

Wilmsen, Edwin, J. Denbow
　1990 Paradigmatic History of San-speaking Peoples and Current Attempts at Revision. *Current Anthropology* 31 (5): 489-524.

Young, David (ed.)
　1988 *Health Care Issues in the Canadian North*. Edmonton: Boreal Institute for Northern Studies.

資料紹介　明治大学政治経済学部寄託アラスカ収集の銛頭類

角　達之助

はじめに

1960年に明治大学は創立80周年を記念して，アラスカ学術調査団(以下，調査団)を組織し，調査にあたっている。調査団は，渡辺操氏を団長として地理学班(班長：渡辺操氏)・民族学班(班長：岡正雄氏)・考古学班(班長：杉原荘介氏)の3班で構成され，1960年4月から6月にかけて調査を行っている。民族学班は，5月5日から7月15日までの72日間にわたって，アラスカ極北地域を中心に調査を行い，その際多くの資料を収集している。ここで紹介するのは，調査団・民族学班が収集した資料636点のうちの銛頭およびそれに付属すると思われる資料である。これらは，2001年4月より，明治大学政治経済学部から北海道立北方民族博物館に寄託されている。

調査に至る経緯——民族学班

18世紀以降，アラスカには，毛皮を求めて進出してきたロシア人・アメリカ人によって貨幣経済や欧米式教育，さらにキリスト教などが持ち込まれ，先住民は文化的・社会的に大きな影響を受け続けている。調査団が現地で見た当時のアラスカは，東南部に居住する北西海岸インディアンの間では，独自の伝統文化の復興の機運が高まっていた。また極北エスキモーが居住する地域では，比較的伝統的な生活を維持できた地域と，油田開発や軍事基地建設の影響で，急速に伝統文化を失っていく地域が見られた。1960年代は，アラスカ先住民の伝統文化の復興と残存，または急速な変容という3つの側面を見ることができた時期であるといえよう。

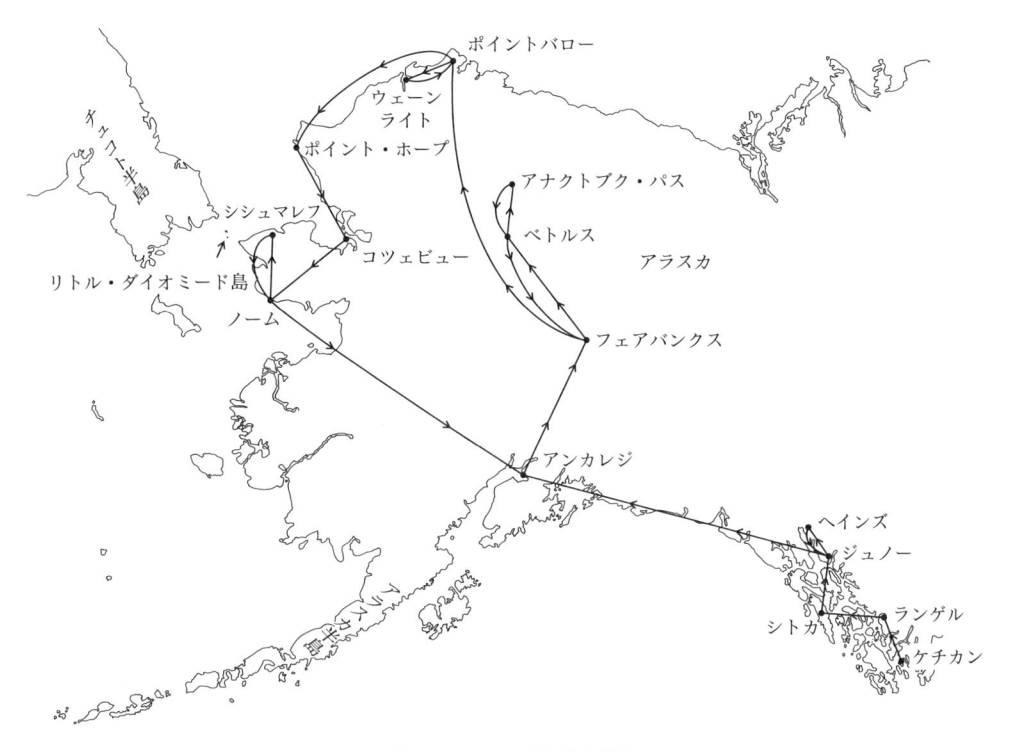

図III-2.4.1　民族班移動経路

　民族学班は，アラスカ先住民，特に極北地域のエスキモーについて，当時まだ維持されていた伝統文化の記録，およびその変容過程について記録することを目的として，極北内陸部のアナクトブク・パス，沿岸部のポイント・バロー，ポイント・ホープ，シシュマレフなどで調査を行い，その際，贈与・購入・表採等の方法によって資料を収集してきた(図III-2.4.1，表III-2.4.1)。各資料には注記がついているが，遺跡・遺構名ではなく，入手した場所を示したものであろう[1]。
　アラスカ先史文化の遺物が図化された状態で報告されている例が少ない現状では，購入資料や表採資料であっても，紹介する意義はあろう。500点を超える資料のうち，まずもって銛頭を選択したのは，特に北アラスカの銛頭について先学による集成があり，比較を通じてある程度の時期を推定することができ

表III-2.4.1 アラスカ学術調査団の旅程

1960(S 35)	行き先	内容
5.5	東京→アンカレジ着	極北健康センター訪問, インディアン保護局, ホーキンズ局長訪問。
5.7	アンカレジ→シアトル	
5.8	シアトル→バンクーバー	領事館・ブリティッシュ・コロンビアにドーア教授, サトル教授と会見。サトル氏とともにムスキアン村視察。
5.11	バンクーバー→テレース→プリンスルパート	ポート・エドワード(日本人移民の漁村)訪問, 博物館見学, ミラー・ベイ病院(インディアンの病院), インディアン保護局の所長スワンソン博士訪問, **資料をもらう**, メトラカトラ(チムシアン部落)探訪。
5.14	プリンスルパート→ケチカン	トリンギット, ハイダ, チムシアンの古老と面会, 聞き取り。サックスマン村, マッドバイドのトーテムポール集会所視察, **資料購入**。
5.16	ケチカン→アネット島→ケチカン	アネット島・ニューメトラカトラの村探訪。
5.18	ケチカン→ラングル	ラングル・インディアン・インスティテュート(インディアンとエスキモーの小学校)訪問。トーテムポール集会所視察。スキーナ・トリンギットの古老と面会。
5.19	ラングル→シトカ	マウント・エジカムにマウント・エジカム高校, シェルドン・ジャクソン・ハイスクール, ジャクソン博物館視察調査。アラスカ・パルプ工場, その他の視察, 旧ロシア領時代の史跡見学。
5.22	シトカ→ジュノー	インディアン保護局に局長ホーキンズを訪ね, **資料をもらい**, 今後の連絡, 紹介を頼む。歴史博物館に館長カイタ氏を訪問。見学調査, **資料購入**, メンデンホール氷河見学。
5.24	ジュノー→ヘインズ	ハインミラー氏の陳列館, 同氏指導のトリンギットの踊り, 土俗品製作所を見学。
5.25	ヘインズ→クラクワン→ヘインズ	最北のトリンギット部落クラクワン訪問, 古老から探訪。
5.26	ヘインズ→ジュノー	インディアン保護局, 博物館に訪問。
5.27	ジュノー→アンカレジ	極北健康センター訪問し, アーヴィング博士, ラウシュ博士を訪ね, アナクトブク・パスの事情を聴取準備について助言を受ける。アナクトブク・パス入りの準備, **エスキモー資料購入**。
6.1	アンカレジ→フェアバンクス	アラスカ大にスカーランド教授を訪ね, エスキモーの現状を聞き, 資料を調査。ウィーン航空会社にウィーン氏を訪ね, 今後の計画相談。アナクトブク・パス入りの食料, **その他購入**。
6.3	フェアバンクス→ベトルス	途中タナナ・インディアン部落のヒューズ村に着陸, インディアン部落を視察。アンダーソン操縦士にアナクトブク・パス往復の飛行機につき計画相談する。
6.4	ベトルス→アナクトブク・パス	連日アナクトブク・パスの内陸エスキモーの面接調査。
6.10	アナクトブク・パス→トルガツク湖	祖父江:トルガツク湖, エスキモーのカキアナ一家を探訪。
6.12	トルガツク湖→アナクトブク・パス	連日調査, **資料購入**。
6.21	アナクトブク・パス→ベトルス	岡, ベトルスに出る。
6.22	アナクトブク・パス→ベトルス	祖父江:ベトルスに出る。
6.22	ベトルス→フェアバンクス	同日共にフェアバンクスに到着, アラスカ大学訪問。
6.24	フェアバンクス→ポイントバロー	極北研究所訪問, 宿舎に入る。所長ブルウアート会見, バロー村調査。
6.25	ポイントバロー→バロー村	バロー村のトップ・オブ・ザ・ワールドに投宿, **資料蒐集**, バロー村調査, アザラシ狩調査。
6.27	バロー村→ポイントバロー→ウェインライト→ポイントバロー	ウェインライト村を調査, 極北研究所に投宿, 濃霧のため出発遅れる。
7.1	ポイントバロー→ポイントホープ	調査, **資料蒐集**。
7.4	ポイントホープ→コツェビュー	村視察, アメリカ独立祭りのエスキモーダンスその他を見る。
7.5	コツェビュー→ノーム	ノーム周辺視察, インディアン保護局のグラント氏を訪問, **資料をもらう**。
7.6	ノーム→シシュマレフ	エスキモー調査, コツェビューへの途中風待ちしているリトル・ダイオミード人(30人)に会い面接, **資料蒐集**。
7.7	シシュマレフ→ノーム	インディアン保護局のグラント氏を訪問, **資料蒐集**。
7.8	ノーム→アンカレジ	帰国準備, 極北健康センター訪問。
7.12	岡:アンカレジ→ニューヨーク→ヨーロッパ	岡はウィーン開催の米大陸研究者国際会議(7.18-25), パリ開催の人類学民族学国際会議に日本学術会議から派遣され, アンカレジからニューヨーク経由欧州へ向かう。
7.15	祖父江:アンカレジ→東京	祖父江帰国。
8.29		岡はウィーン, パリ, モスクワ, ニューデリーを経て帰国。

注) 報告書(アラスカ学術調査企画委員会 1960)をもとに作成。太字は著者による。

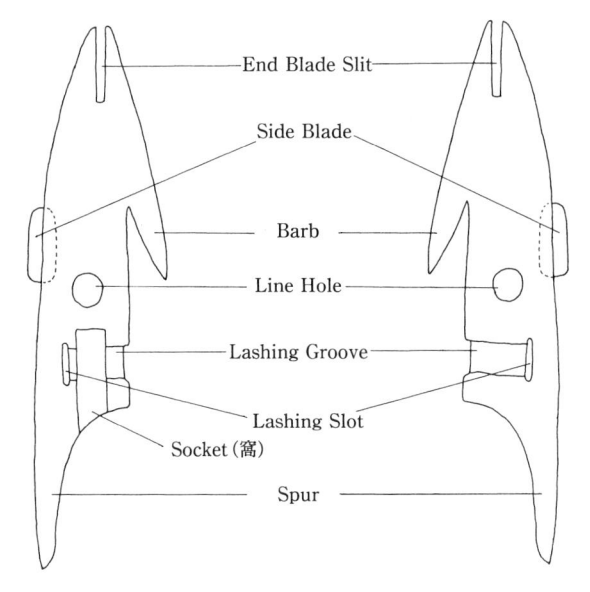

図III-2.4.2　銛頭各部名称
出所）山浦 1977 p.96 Fig 1

ると思われたからである。以下に，寄託された銛頭およびそれに付随すると思われる遺物27点について各々紹介していく。

　なお，今回紹介する銛頭，中柄などには「(1), (2), ……」と通し番号をつけ，その他の参考銛頭は「①, ②, ……」と表記する。銛頭を分類する際には，カナダやアラスカの銛頭の分類において広く一般に使われてきた分類法を用いることとする(図III-2.4.2参照)。

資料紹介

　27点の銛に関係する資料のうち，22点が銛頭で，5点が中柄等付属品であろう。22点の銛頭は大別して銛頭の基部が中柄に挿入される「雄形」と中柄の先端が銛頭の基部に挿入される「雌形」があり，うち「雌形」は以下の形態に分類可能である。

表III-2.4.2 明治大学寄託銛頭等リスト

図版No.	資料番号	註記	分類	形式	材質	長さ(cm)	参考文献
(1)	M34/1	AC-89	第1群	Punuk II(c)y	牙製	8.7	Collins 1937: 216
(2)	M03/3	SR-3	第2群	Alilu/Sicco	牙製	8	Ford 1959: 78, 85
(3)	M25/3	F7-1257	第2群		骨製	5.7	Okada 1974: PL10-2；山浦 1977: 100
(4)	M07/6	PH-75	第3群	Utkiavik	鹿角	12.1	Ford 1959: 94
(5)	M12/3	PH-72	第3群	Utkiavik	骨製	12.6	Ford 1959: 94
(6)	M07/5	PH-74	第3群	Utkiavik?	鹿角	9.7	Ford 1959: 94
(7)	M07/4	PH-71	第3群	Utkiavik/Nunagiakの中間	鹿角	8.9	Ford 1959: 94, 88
(8)	M12/4	PH-76	第3群	Utkiavik/Nunagiakの中間	鹿角	7.3	Ford 1959: 94, 88
(9)	M12/1	AC-96	第3群	Thule2/Sicco	牙製?	10.5	Ford 1959: 85
(10)	M19/1	AH-94	第4群		鹿角	10.5	山浦 1984: 262
(11)	M12/5	J-1	第4群	Protohistoric III(b)x	牙製	8	Collins 1937: 216
(12)	M03/8	SR-83	第4群	Alilu/Sicco	鹿角	7.7	Ford 1959: 78, 85
(13)	M03/1	SR-1	第4群	Kilimativik/Kukの前段階	鹿角	8	Ford 1959: 88, 91
(14)	M03/2	SR-2	第4群	Kilimativik/Kukの前段階	鹿角	7.4	Ford 1959: 88, 91
(15)	M07/1	PH-63	第4群	Barrow	鹿角	12.2	Ford 1959: 91
(16)	M07/2	PH-64	第4群	Barrow	鹿角	10.8	Ford 1959: 91
(17)	M07/3	PH-65	第4群	Barrow	骨製	9.6	Ford 1959: 91
(18)	M19/17	PH-66	第4群	Barrow	鹿角	6.3	Ford 1959: 91
(19)	M19/19	PH-69	第4群		牙製	5.8	山浦 2000; 38
(20)	M25/6	F7-1171	第4群		骨製	8.2	
(21)	M12/2	PH-67	第5群	Barrow	鹿角?	9.6	Ford 1959: 91
(22)	M03/4	SR-4	第6群		鹿角	5.7	
(23)	M21/21	SR-56	その他		牙製	10.9	
(24)	M21/22	SR-57	その他		牙製	7.8	
(25)	M21/19	SR-54	その他		鹿角	8	
(26)	M21/23	SR-58	その他		鹿角	10.8	
(27)	M15/2	AC-5	その他		鹿角	11.9	

〈第1群〉socket(窩)がopen socket(開窩式)でside blade(側刃)をもつもの。
〈第2群〉closed socket(閉窩式)のもの。
〈第3群〉closed socketでbarb(逆刺)をもつもの。
〈第4群〉closed socketでend blade(端刃)が装着できるもの。
〈第5群〉closed socketでbarb(逆刺)を持ち，end bladeが装着できるもの。
　これらに加えて第6群として「雄形」銛頭を，〈その他〉として中柄など全27点を紹介する(表III-2.4.2)。

〈第 1 群 (1)〉(図Ⅲ-2.4.3)

　セントローレンス島を中心としたプヌーク文化期(西暦 500～1000 年)のもの。コリンズ氏分類によるプヌークタイプⅡ(c)y(①：図Ⅲ-2.4.7)に相当する(Collins 1937: 216)。y 式の side blade が貫通しており，胴部断面は菱形。spur(距)が破損しているためか，lashing slot(締着孔)は 1 つ。左右対称の刻線文，および円点文が全面に見られる。本来は赤い顔料が塗られていた。牙製。

〈第 2 群 (2・3)〉(図Ⅲ-2.4.3)

　(2)は腹部が縦に破損している。spur に向かって背部沿いに左右対称のやや深めの刻線文が走っている。刻線を入れることでその間の部分が隆起線のようになっている。ポイント・バローのバーナーク遺跡より出土の所謂テューレ文化期のもので，フォード氏分類の Alilu 式(②：図Ⅲ-2.4.7)，あるいは Sicco 式銛頭(③：図Ⅲ-2.4.7)に同様の隆起線が見られる(Ford 1959: 78, 85)。牙製。

　(3)は側面部 line hole(綱孔)上部に非対称の短刻線がある。胴部断面は楕円形で，spur が S 字状に曲がっているのが特徴である(④：図Ⅲ-2.4.7)。このような spur はコディアク島のウヤック遺跡やブリストル湾周辺の遺跡など，南西アラスカから比較的多く発見されている(Okada 1974: PL10-2；山浦 1977：100)。ホットスプリング遺跡からの出土品。骨製。

〈第 3 群 (4－9)〉(図Ⅲ-2.4.3／図Ⅲ-2.4.4)

　(4)は 2 対の barb を有する。blade の長さが全長の半分以上を占め，胴部断面は長方形で，spur は短い。line hole 上部より先端部に向かって「Y」を逆さまにしたような，細長くてやや深めの刻線が走っている。この Y 字刻文の伝統はプヌーク文化期にまで遡ることができる。鹿角製。フォード氏分類の Utkiavik 式(⑤：図Ⅲ-2.4.7)に相当する(Ford 1959: 94)。

　(5)は socket が破損したもので，2 対の barb を有する。blade や spur の長さ，胴部断面の形など(4)に類似する。また，Y 字ではないが，line hole 上部より先端部に向かってやや深めの刻線が走っている点も共通するが，この資料は spur が 2 つ(双距)である。鹿角製。Utkiavik 式，あるいはそれに近い時期のものであろう。

　(6)は socket が破損したもの。破損後 open socket の銛頭として使用するために，socket に foreshaft(中柄)を固定するための lashing groove(締着溝)を

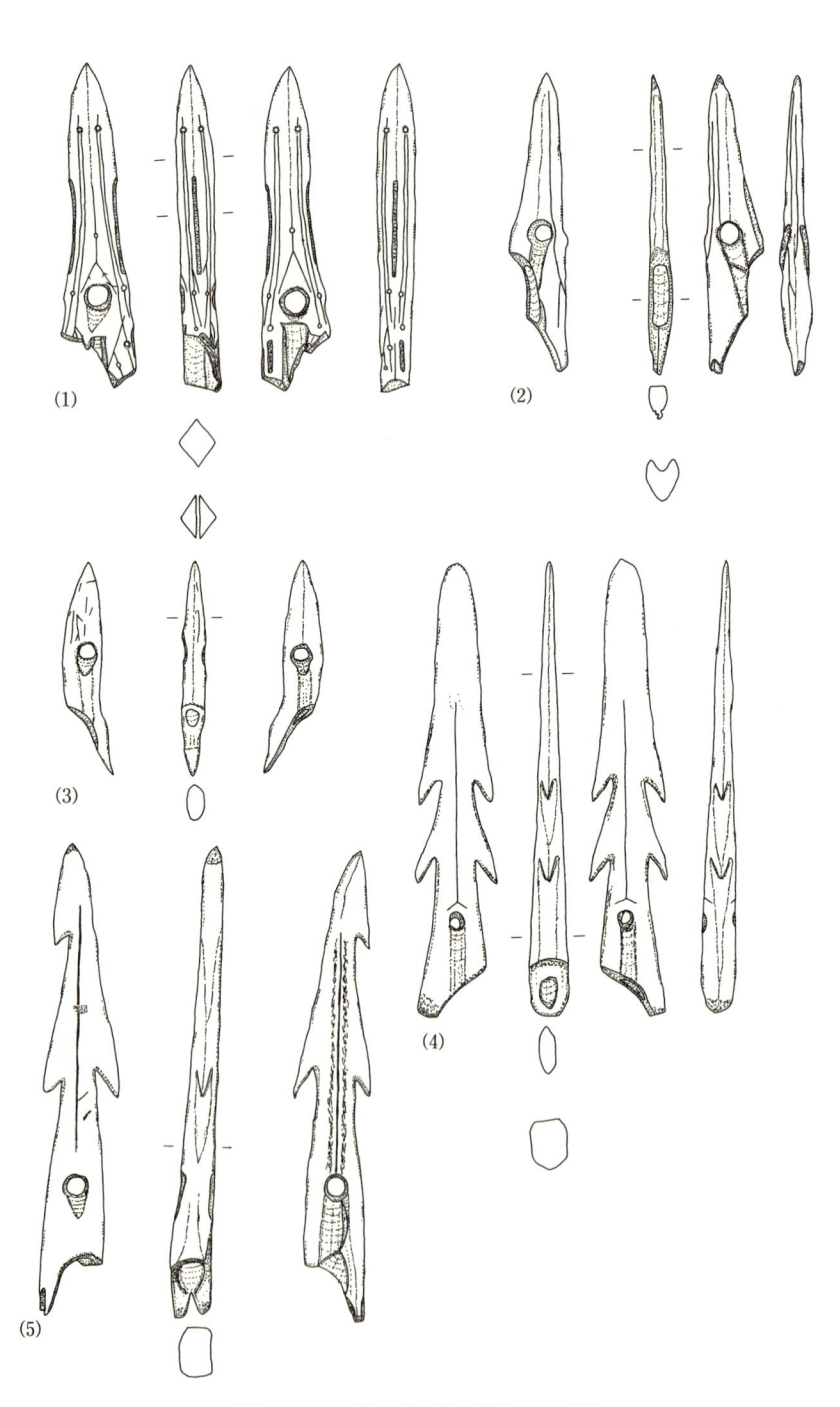

図III-2.4.3　第1群・第2群(Scale 1/2)

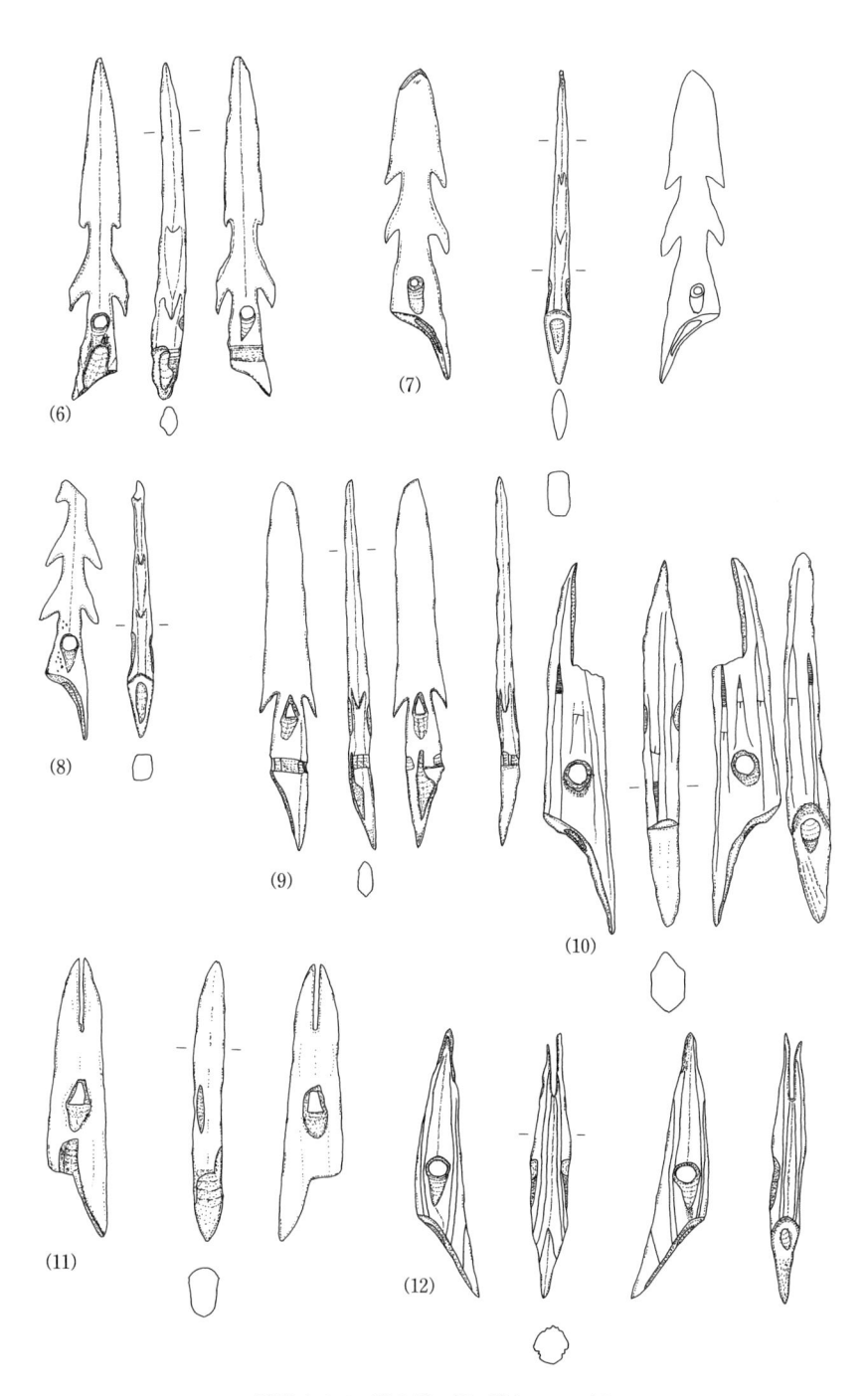

図III-2.4.4　第3群・第4群(Scale 1/2)

削りだしているが，lashing slot (締着孔) がないため，再利用を途中で放棄したものであろう。鹿角製。全体として(4), (5)に類似するが，刻線がなく，小型である。

(7)は barb は 2 対。胴部断面，blade の長さなど(4)・(5)・(6)に類似するが，spur が長い。このタイプは Nunagiak 式 ((6)：図Ⅲ-2.4.7) に類似するが (Ford 1959: 88), Nunagiak 式は barb が 1 対しかないのが特徴であり，したがって Utkiavik 式と Nunagiak 式の中間に位置するタイプであると思われる。

(8)は barb は 3 対。line hole 沿いに刻点を有する。(7)と同様，Utkiavik 式と Nunagiak 式の中間に位置するタイプであると思われる。

(9)は socket が破損したもの。(6)と同様に，lashing groove を削りだしているが，やはり途中で加工を放棄している。blade は両端が鋭く尖っている。1 対の blade と line hole の三角形，および line hole 上部が平坦なタイプは Thule 2 式 ((7)) (Ford 1959: 85), あるいは Sicco 式に見られる。

〈第 4 群 (10−20)〉(図Ⅲ-2.4.4／図Ⅲ-2.4.5／図Ⅲ-2.4.6)

(10)は blade と line hole の方向が平行になる所謂 x 式の end blade を有したと思われる。側面部の line hole 上部が平坦であること，および小三角形の刻線文は Sicco 式に対応する。この小三角形の刻線文や V 字刻線，T 字刻線はプヌーク文化に由来する。当資料に最も近いもの ((8)：図Ⅲ-2.4.7) がリトルダイオミード島で採集されている (Yamaura 1984：262)。

(11)は socket が破損したもの。x 式の end blade をもつ。line hole は三角形で胴部断面は楕円形に近い。セントローレンス島・ギャンベルより出土した，プヌーク文化の影響を受けたとされる所謂 Protohistoric タイプⅢ(b) x 式 ((9)：図Ⅲ-2.4.7) に類似する (Collins 1937: 216)。牙製。

(12)は blade と line hole の方向が垂直になる所謂 y 式の end blade をもつ。全面にわたって左右対称の刻線文が走っている。刻線を入れることでその間の部分が隆起線のようになっている。ポイント・バローのバーナーク遺跡より出土の所謂 Alilu 式，あるいは Sicco 式に同様の隆起線が見られる。

(13)は x 式の end blade をもつ。土圧によるためか，end blade slit の先端がつぶれている。胴部断面が背部側で鋭角，腹部側で丸みを帯びるのが特徴であり，このような断面は Kilimatavik 式にあり (Ford 1959: 88), さらに Kuk

第 2 章　カナダ北東部　　*301*

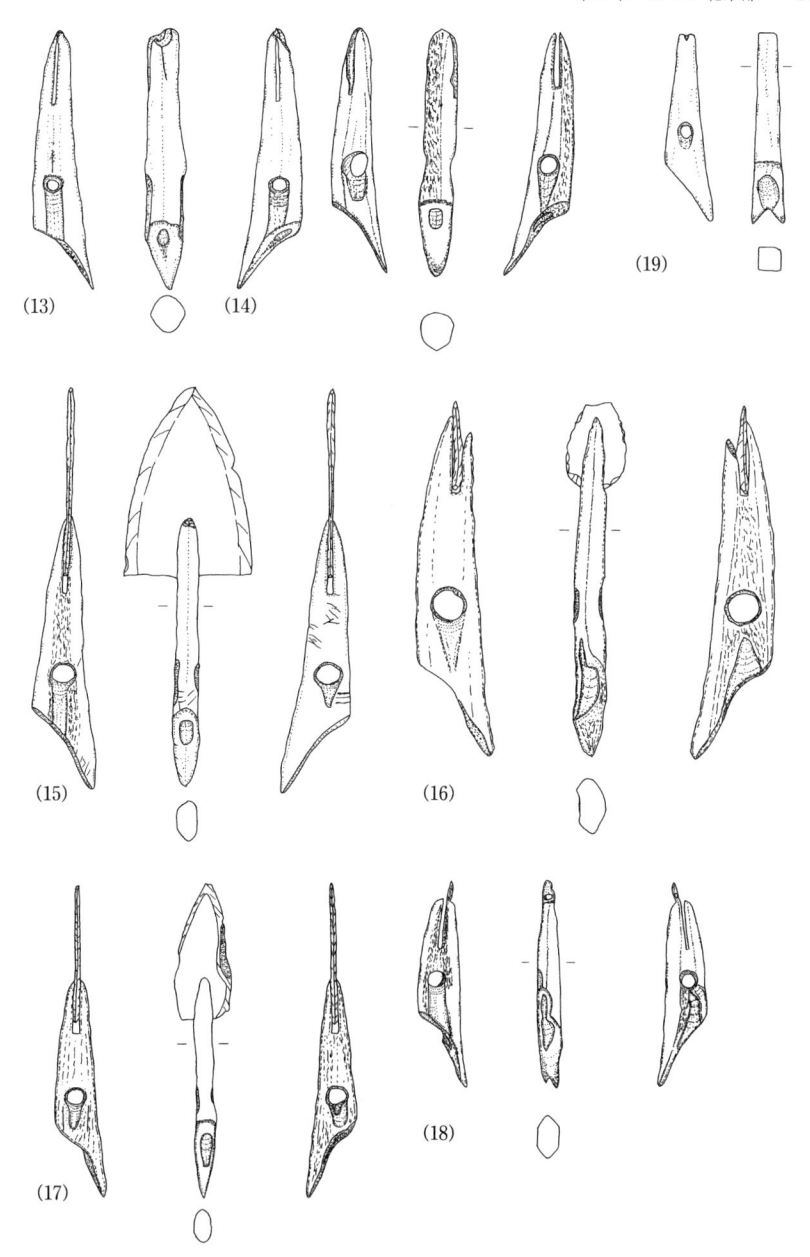

図III-2.4.5　第 4 群(Scale 1/2)

式(Ford 1959: 91)になると胴部断面が三角形になる(⑩：図Ⅲ-2.4.7)[2]。基本的な形態は異なるが，この資料はKilimatavik式，Kuk式に至る前段階であろう。鹿角製。

(14)はend blade slitが胴部に対してねじれている。(13)と同様に，Kilimatavik式，Kuk式に至る前段階であろう。

(15)・(16)・(17)はスレート製のend bladeをもつx式。胴部断面は楕円形に近い。(16)はsocketが破損している。ポイント・バローのNuwuk, Utkiavik遺跡で出土した所謂Barrow式(Ford 1959: 91)に類似する(⑪：図Ⅲ-2.4.7)。(17)はsocketがline holeとつながっている。またline hole横に刻線が走っている。すべて鹿角製。

(18)もBarrow式に類似する。socketが破損している。end blade slitにbladeを固定するための目釘孔が開けられている。spurにわずかなノッチをいれて双距にしている。

(19)は先端部に浅い溝があり，end blade slitが破損したか，あるいは作りかけのものであろう。胴部断面は真四角に近い。このような断面をもつものは南西アラスカ・コディヤック島のウヤック(Uyak)遺跡より1点出土している(⑫：図Ⅲ-2.4.7)(山浦2000：38)。双距。牙製。

(20)はx式のend bladeをもつ。背部に横走並行刻線，腹部全面に矢羽根状刻線文がある。骨製。ホットスプリング遺跡出土品。

〈第5群(21)〉(図Ⅲ-2.4.6)

socketが破損しており，x式のend blade, 2対のbarbをもつ。胴部断面は長方形に近く，spurは短い。line hole上部よりY字刻線文が走っている。2対であることを除けば，Brower(Ford 1959: 91)式と呼ばれるものに近く(⑬：図Ⅲ-2.4.7)，Brower式から派生したものであろう。

〈第6群(22)〉(図Ⅲ-2.4.6)

1対の短いbarbと楕円形のline holeをもつ。barbの付根から先端に向かって刻線が走っている。基部が破損しているためspurの構造は明らかではないが，line hole下部より中央稜線方向に収斂しているようであり，おそらくは雄形銛頭であったであろう。鹿角製。雄形銛頭は，南西アラスカやアリューシャン列島で多用される。

(20) (21) (22) (23) (24) (25) (26) (27)

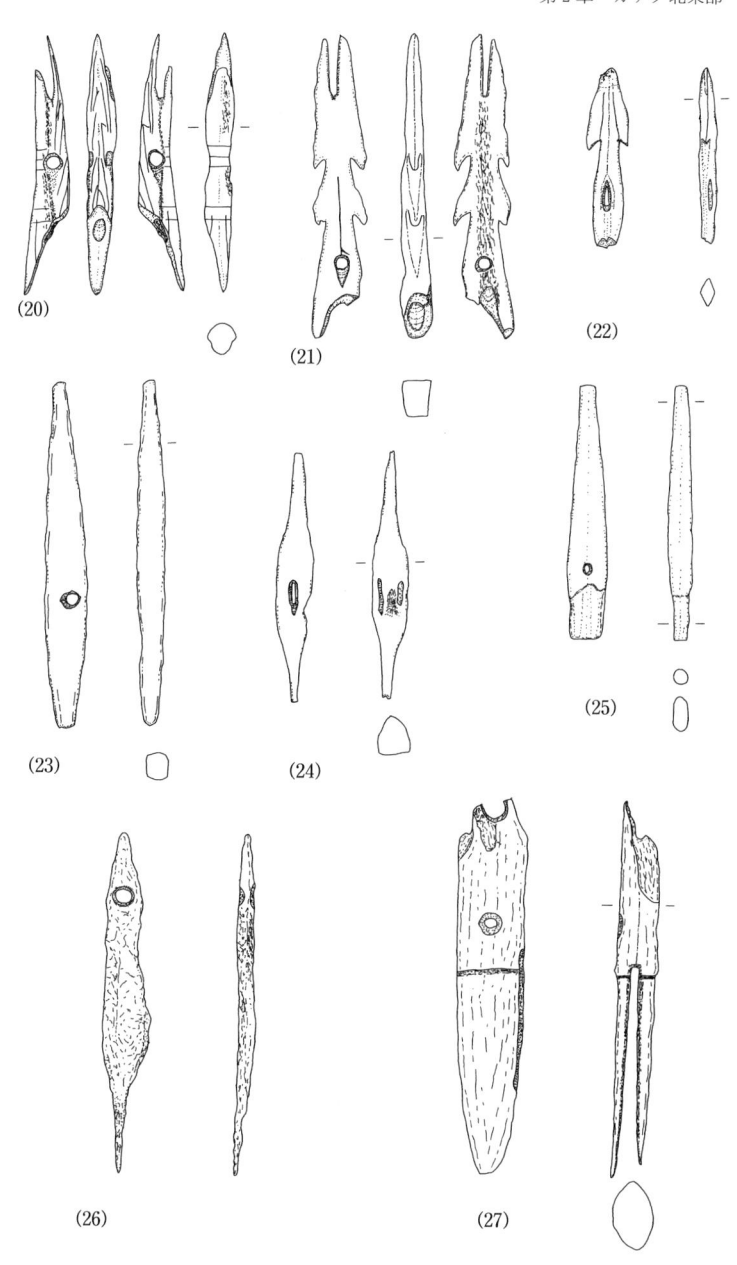

図III-2.4.6 　第4・5・6群　その他(Scale 1/2)

304　Ⅲ　北アメリカ

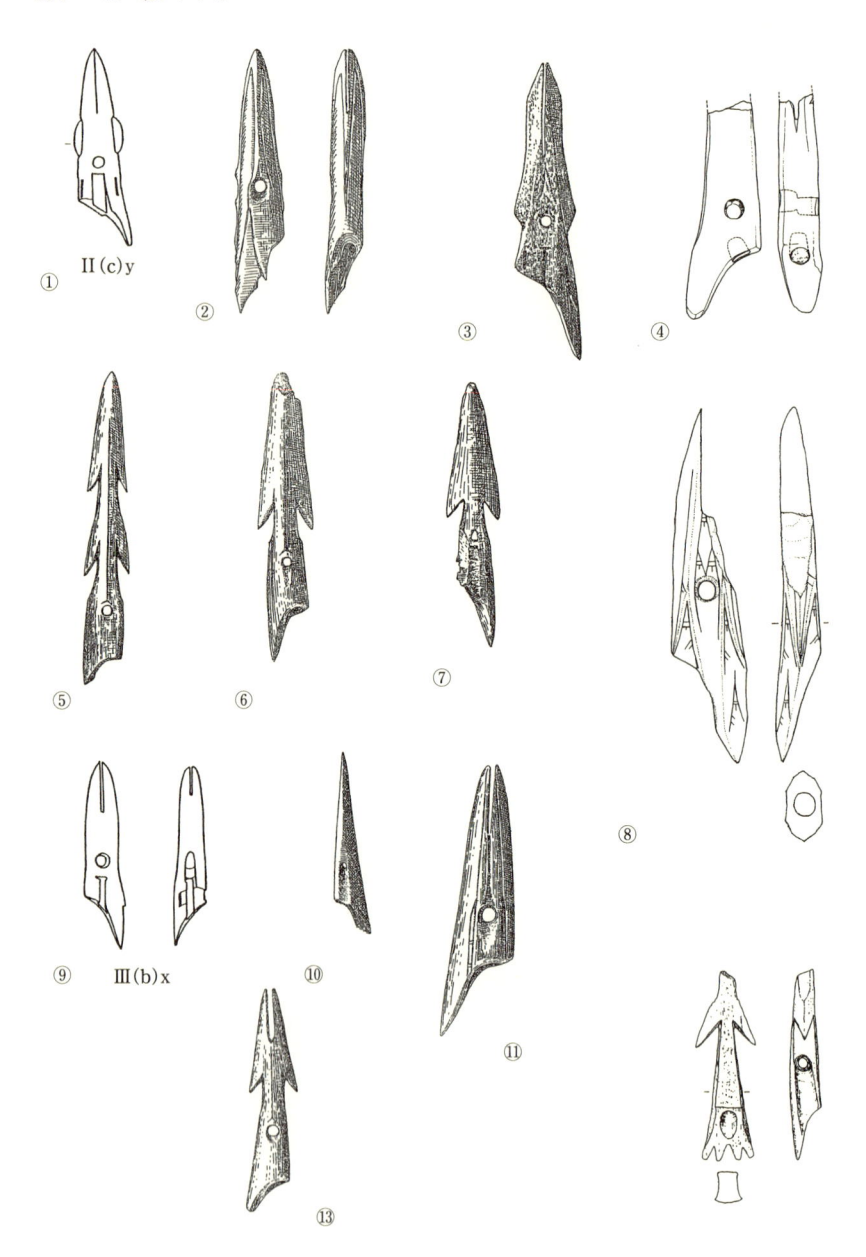

① Ⅱ(c)y
②
③
④
⑤
⑥
⑦
⑧
⑨ Ⅲ(b)x
⑩
⑪
⑫
⑬

図Ⅲ-2.4.7　参考銛頭(⑧：Scale 1/3, ⑫：2/3, それ以外は1/2)

〈その他(23－27)〉(図Ⅲ-2.4.6)

　(23)－(25)は foreshaft(中柄)。(23)・(24)は牙製で，(25)は鹿角製。(26)は破損が激しいが，foreshaft としてよいであろう。(27)は鹿角製 foreshaft receiver。

おわりに

　寄託を受けた資料はその大半が北アラスカのチューレ文化期に相当する銛頭であり，一部が南西アラスカの銛頭である。上記は北アラスカ北極海岸に点在する Birnirk, Kugok, Nuvuwaruk, Nunagiak, Utkiavik, Nuwuk といった遺跡を発掘し，チューレ文化の起源とその展開過程についての詳細な研究をされた Ford の分類を基に紹介してきた。Ford は，遺跡から出土した遺物の数量分析を通じて，遺跡間相互の新旧関係を求めている。その結果，遺跡の数に比例して型式も増加していく傾向にあるが，これについては批判もある(山浦 1980 a：858)。

　しかしながらこのような現状は，理由のあることかもしれない。日本の国土面積の約8倍もあり，交通も便利であるとはいえないアラスカにおいて，遺跡を発見することは非常に困難であるという。土地の大きさに比して，遺跡数が少ないことが一遺跡＝一時期の状況を生み出しているのであろう。

　そして，今後も沿岸部域での分布調査や発掘調査が増加する可能性は少ないだろう。したがって，銛の型式変遷や機能の分析に加えて，個々の銛を利用する際の海面の状況(開氷期か結氷期か等)や動物の種類や大きさ，あるいは銛頭がその使用者にとってどのような社会的意味を有していたのかを調べていくことが，エスキモー文化を探るうえでの有効な1つの方法となるのではないだろうか。民族誌事例が比較的豊富な地域であることがこのようなアプローチを可能にすると思われる。

　今回紹介した民族学班が収集した資料が，たとえ採集・贈与・購入によって得た資料であり，誰から，あるいは具体的にどの場所で収集したのか等，その基本的な情報が不明な部分が見受けられるのは事実であっても，現在までの発掘成果や民族誌との比較検討を重ねれば，エスキモー文化の地域性や多様性を

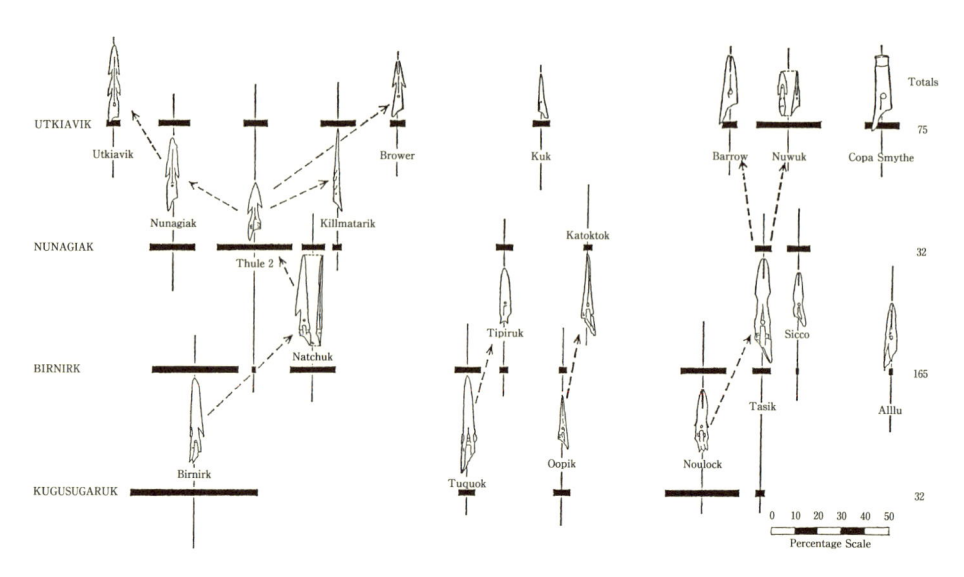

図III-2.4.8　北アラスカ銛頭の型式変化

出所）Ford 1959 Fig. 35

探るうえでの貴重な資料となるであろう。

注

1) 例えば，「SR」と注記された資料は「シシマレーフ(Shishmaref)遺跡出土」のキャプションがついているが，これは地名である。また，「J」や「AC」と注記されたものは調査ルートに入っていた「ジュノー」や「アンカレッジ」での購入品であると思われる。
2) 立教大学の山浦清教授にご教示いただいた。

引用・参考文献

アラスカ学術調査企画委員会
　1960「創立80周年記念　アラスカ学術調査団報告書」東京：アラスカ学術調査企画委員会

Collins, Henry B.
　1937 *Archaeology of St. Lawrence Island, Alaska.* Smithsonian Miscellaneous Collections 96-1

Dumond, Don E.
  2000 *Henry B. Collins at Wales, Alaska 1936: A Partial Discription of Collections*. University of Oregon Anthropological Papers 56
デュモン，ドン E.
  1982 『ツンドラの古代人』小谷凱宣訳　東京：学生社
Ford, James
  1959 *Eskimo Prehistory in the Vicinity of Point Barrow, Alaska*. Anthropological Papers of the American Museum of Natural History 47-1. New York: American Museum of Natural History
Jochelson, Waldemar
  2002 *Archaeological Investigation in the Aleutian Island*. The University of Utah Press: Salt Lake
Larsen, Helge and Froelich Rainey
  1948 *Ipiutak and the Arvtic Whale Hunting Culture*. Anthropological Papers of the American Museum of Natural History 42. New York: American Museum of Natural History
Mathiassen, Therkel
  1927 *Archaeology of the Central Eskimos. Report of the 5th Thule Expedition, 1921-24*. Copenhagen: Gyldendalske Boghandel, Nordisk Forkag
Okada, H. and Okada, A.
  1974 *The Hot Spring Village Site: Preliminary Report of the 1972 Excavations at Port Moller, Alaska*. Tokyo: Hachioji
Okada, H. *et al*.
  1976 *The Hot Spring Village Site (2): Preliminary Report of the 1974 Excavations at Port Moller, Alaska*. Tokyo: Hachioji
  1979 *The Hot Spring Village Site (3): Preliminary Report of the 1977 Excavations at Port Moller, Alaska*. Sapporo: Hokkaido University
  1984 *The Hot Spring Village Site (4): Preliminary Report of the 1980 and 1982 Excavations at Port Moller, Alaska*. Sapporo: Hokkaido University
  1986 *The Hot Spring Village Site (5): Preliminary Report of the 1984 Excavations at Port Moller, Alaska*. Sapporo: Hokkaido University
Stanford, J. Dennis
  1976 *The Walakpa Site, Alaska: Its Place in the Birnirk and Thule Cultures*. Smithsonian Contributions to Anthropology Number 20. Washington: Smithsonian Institution Press
Yamaura, K.
  1984 Toggle Harpoon Head from Kurigitavik, Alaska. *Bulletin of the Department of Archaeology, University of Tokyo* 3: 213-262.

III　北アメリカ

山浦　清
- 1977「南西アラスカ・アリューシャン列島における回転式銛頭の形式学的研究」『北地文化研究会』1-108．根室：北地文化研究会
- 1979「ベーリング海峡周辺における回転式銛頭の発展過程について」『考古学雑誌』64(4)：23-50．
- 1980 a「テューレ文化について」国文直一博士古希記念論集編纂委員会編『国分直一博士古稀記念論集：日本民族文化とその周辺　考古篇』pp.855-885　山口：新日本教育図書
- 1980 b「民族誌に見る銛の構造と機能」『どるめん』26：7-19．
- 2000「カリフォルニア発見の一回転式離頭銛」『貝塚』55：36-44．
- 2002「アムール河中流域で発見されたエスキモーの回転式銛頭」『貝塚』58：21-27．

渡辺　操他編著
- 1961『アラスカ』東京：古今書院

初出一覧

序　論
谷本一之「北方諸民族の生活と文化―北方民族文化シンポジウムと北方文化研究」
　書き下ろし

第I部　環北太平洋圏の環境と文化
ミルトン・フリーマン「北太平洋圏の生態系」
　　The North Pacific Marine Ecosystem.(英文)(北方民族シンポジウム実行委員会編『北方民族文化シンポジウム：北太平洋圏における海への適応』pp.5-17. 網走：網走市，1988年)を邦訳したもの。

ウイリアム・ワークマン「先史期における北太平洋沿岸地域の海獣狩猟」
　　The Development of Sea Mammal Hunting among the Prehistoric North Pacific Cultures.(英文)(北方民族シンポジウム実行委員会編『北方民族文化シンポジウム：北の民族と生活―人と動物のかかわり』pp.23-42. 網走：網走市，1989年)を邦訳したもの。

齋藤玲子「極北地域における毛皮革の利用と技術」
　　Use of Fur and Leather in the Arctic.(英文)(北海道立北方民族博物館編『第9回北方民族文化シンポジウム報告：ツンドラ地域における人と文化』pp.111-126. 網走：(財)北方文化振興協会，1995年)および「極北地域における毛皮革の利用と技術」(『北海道立北方民族博物館研究紀要』7：69-92. 1998年)をもとに，その一部を割愛し，若干の訂正を加えたもの。

第II部　北ユーラシア
第1章　北ユーラシア内陸部
イーゴリ・クループニック「シベリア諸民族の移動様式―伝統的な様式と近代の変容」
　　Classifications of Siberian Nomadism: Traditional Patterns and Modern Transformation.(英文)(北海道立北方民族博物館編『第6回北方民族文化シンポジウム報告：定住と移動』pp.23-42. 網走：(財)北方文化振興協会，1992年)を一部短縮して邦訳し，著者によるコメント(2004年)を付加したもの。

中田　篤「タイガのトナカイ牧畜―ツァータンによる秋季の日周放牧活動について」
　　「ツァータンのトナカイ牧畜―秋営地におけるトナカイ管理と利用」(『北海道立北方民族博物館研究紀要』12：51-67. 2003年)をもとに加筆・訂正したもの。

佐々木史郎「北方ユーラシアのツンドラ地帯におけるトナカイ多頭飼育―ネネツとチュクチの比較」
　　Two Types of Large-scale Reindeer Breeding in North Eurasian Tundra: the Nenets and the Chukuchi.(英文)(北海道立北方民族博物館編『第9回北方民族文化シンポジウム報告：ツンドラ地域における人と文化』pp.15-22. 網走：(財)北方文化振興協会，1995

年)を邦訳し,加筆・訂正したもの.

第2章　北ユーラシア東岸——沿海地方,北海道からカムチャツカ——
津曲敏郎「話者による危機言語の記録とその活用―ウデヘ語絵本作りをとおして」
　　書き下ろし(本稿の一部については,第23回「ローマ字の日」記念講演会(北海道ローマ字研究会主催,2004年5月15日,札幌)での講演「消えゆく言語を文字で残す：少数民族ウデヘの試み」,平成16年度科研費基盤B1「北方諸言語の類型的比較研究」(津曲敏郎代表)による研究会(2004年7月3-4日,北海道立北方民族博物館,網走)における研究発表「ウデヘ語デジタル絵本の試み」として口頭発表した内容をもとにしている).
甲地利恵「北方諸民族の声の彩―アイヌ音楽から考える」
　　On the Variety of Voices in the Musics of Northern Peoples: Focusing on Ainu Music.(英文)(北海道立北方民族博物館編「第15回北方民族文化シンポジウム報告：北方諸民族文化のなかのアイヌ文化―儀礼・信仰・芸能をめぐって」pp.1-5. 網走：(財)北方文化振興協会,2001年)を邦訳し,加筆・訂正したもの.
大島　稔「カムチャツカ半島コリヤークの伝統的生業―トナカイ遊牧の変遷」
　　「カムチャツカ半島コリヤークの伝統的生業(トナカイ飼育)における変化」(北海道立北方民族博物館編『第13回北方民族文化シンポジウム報告：北方の開発と環境』pp.33-40. 網走：(財)北方文化振興協会,1999年)を一部訂正したもの.
渡部　裕「カムチャツカにおける漁業と先住民社会―日本人の果たした役割」
　　Fishery and Indigenous Society in Kamchatka: Role of the Japanese.(英文)(北海道立北方民族博物館編『第18回北方民族文化シンポジウム報告：北太平洋沿岸の文化―文化接触と先住民社会』pp.37-40. 網走：(財)北方文化振興協会,2004年)を邦訳し,加筆・訂正したもの.

資料紹介
笹倉いる美「コリヤークのガーディアンとチャーム」
　　「資料解説　コリヤークのガーディアンとチャーム」(『北海道立北方民族博物館研究紀要』5：115-129. 1996年)を一部訂正したもの.

第Ⅲ部　北アメリカ
第1章　北アメリカ西岸——アラスカからカナダ——
岡田宏明・岡田淳子「ポート・モラー―気候条件と生態環境を克服した人びと」
　　Port Moller: an Ecological Climax under Changing Climate.(英文)(『北海道立北方民族博物館研究紀要』9：1-16. 2000年)を邦訳し,一部訂正したもの.
岩崎まさみ「サケをめぐる混沌―カナダ北西海岸先住民のサケ漁」
　　「カナダ北西海岸先住民族によるサケ漁の歴史的変遷」(北海道立北方民族博物館編『第12回北方民族文化シンポジウム報告：北方における漁撈と文化変容の関係―サケをめぐる文化』pp.29-35. 網走：(財)北方文化振興協会,1998年)をもとに,加筆・訂正したもの.

岡庭義行 「「私たちの文化」の生まれるとき―アラスカ・チムシアンにおける文化の持続・再生・開発」
　　Matsubayasi Yoshiyuki, Immigration and Christianity in Alaska-Tsimshian.(英文)(『北海道立北方民族博物館研究紀要』7：31-50. 1998年)を邦訳し，加筆・訂正したもの．

第2章　カナダ北東部
大村敬一「物語のタペストリー―地図とナヴィゲーションにみるイヌイトの環境観」
　　書き下ろし．
岸上伸啓「イヌイトの食物分配に関する覚書―カナダ国ケベック州アクリヴィク村の事例を中心に」
　　書き下ろし．
スチュアート・ヘンリ「定住と生業―ネツリック・イヌイトの伝統的生業活動と食生活に見る継承と変化」
　　「定住と生業―ネツリック・イヌイットの伝統的生業活動と食生活にみる継承と変化」(北海道立北方民族博物館編『第6回北方民族文化シンポジウム報告：定住と移動』pp. 75-85. 網走：(財)北方文化振興協会，1992年)を一部短縮のうえ加筆・訂正したもの．

資料紹介
角　達之助「明治大学政治経済学部寄託アラスカ収集の銛頭類」
　　「明治大学政治経済学部寄託アラスカ収集資料(1)―シシュマレフ収集資料について」(『北海道立北方民族博物館研究紀要』14：93-104. 2005年)に加筆し，一部訂正したもの．

執筆者紹介

掲載順(2006 年 3 月現在)

谷本一之　北海道立北方民族博物館館長，(財)アイヌ文化振興・研究推進機構理事長

ミルトン・フリーマン(Milton M. R. Freeman)　アルバータ大学カナダ環極北研究所上級調査研究員

ウィリアム・ワークマン(William Workman)　アラスカ大学アンカレッジ校名誉教授

齋藤玲子　北海道立北方民族博物館主任学芸員

イーゴリ・クループニック(Igor Krupnik)　スミソニアン機構国立自然史博物館(アメリカ合衆国)人類学主任研究員

中田　篤　北海道立北方民族博物館学芸員

佐々木史郎　国立民族学博物館研究戦略センター教授

津曲敏郎　北海道大学大学院文学研究科教授

甲地利恵　北海道立アイヌ民族文化研究センター研究職員

大島　稔　小樽商科大学言語センター教授

渡部　裕　北海道立北方民族博物館学芸課長

笹倉いる美　北海道立北方民族博物館学芸員

†岡田宏明　北海道立北方民族博物館前館長，北海道大学元名誉教授，2004 年逝去

岡田淳子　北海道東海大学名誉客員教授

岩崎まさみ　北海学園大学大学院文学研究科教授

岡庭義行　帯広大谷短期大学総合文化学科助教授

大村敬一　大阪大学大学院言語文化研究科助教授

岸上伸啓　国立民族学博物館先端人類科学研究部教授

スチュアート ヘンリ　放送大学教養学部教授

角　達之助　北海道立北方民族博物館学芸員

北海道立北方民族博物館

　北方諸地域に生活する先住民の文化と歴史を研究し，その成果を広く一般に普及することを目的として平成3(1991)年2月10日に開館。国内では唯一，世界的にも数少ない北方地域を専門とする博物館である。
住所：〒093-0042 網走市字潮見309-1
Tel. 0152-45-3888/Fax. 0152-45-3889
E-mail. tonakai@hoppohm.org
http://hoppohm.org

環北太平洋の環境と文化
2006年6月25日　第1刷発行

編　者　　北 海 道 立
　　　　　北方民族博物館

発行者　　佐　伯　　浩

発行所　北海道大学出版会
札幌市北区北9条西8丁目 北海道大学構内(〒060-0809)
Tel. 011(747)2308・Fax. 011(736)8605・http://www.hup.gr.jp/

アイワード／石田製本　　　　　©2006　北海道立北方民族博物館

ISBN 4-8329-6671-5

書名	著訳者	体裁・価格
ウイルタ語辞典	池上 二良 編	A5・320頁 価格9700円
ビキン川のほとりで ―沿海州ウデヘ人の少年時代―	A.カンチュガ 著 津曲 敏郎 訳	四六・248頁 価格1800円
文化と環境 ―エスキモーとインディアン―	岡田 宏明 著	B6・266頁 価格1300円
どんぐりの雨 ―ウスリータイガの自然を守る―	M.ディメノーク 著 橋本ゆう子・菊間満 訳	四六・246頁 価格1800円
アイヌ絵を聴く ―変容の民族音楽誌―	谷本 一之 著	B5・394頁 価格16000円
日本北辺の探検と地図の歴史	秋月 俊幸 著	B5・470頁 価格8300円
日本北辺関係旧記目録 ―北海道・樺太・千島・ロシア―	北海道大学 附属図書館 編	B5・476頁 価格8500円
北東アジア古代文化の研究	菊池 俊彦 著	A5・562頁 価格8700円
中尾佐助著作集〈全6巻〉	中尾 佐助 著	A5・平均820頁 平均12300円
照葉樹林文化論の現代的展開	金子 務 山口 裕文 編著	A5・622頁 価格8500円
東北アジア諸民族の文化動態	煎本 孝 編著	A5・580頁 価格9500円
Circumpolar Animism and Shamanism	山田 孝子 煎本 孝 編著	B5変・348頁 価格18000円

北海道大学出版会

価格は税別